女性・戦争・アジア

——詩と会い、世界と出会う

高良留美子

土曜美術社出版販売

目次／女性・戦争・アジア——詩と会い、世界と出会う

Ⅶ 現代詩の地平——詩壇時評より 363

女性・戦争・アジア——詩と会い、世界と出会う

Ⅰ　女性詩人

石垣りん・詩にひそむ女の肉体、女の性

1　女の肉体、女の性を奪いつくす家と社会

石垣りんの詩については、「生活の詩」「民衆の生活現実に根ざした詩」などと評されるが、その生活表現の裏側に、石垣りんはしばしば女の肉体、女の性をひそませている。それらまでも奪いつくす家の重み、家族を養う重みを表現しているのである。

負えという
この屋根の重みに
女、私の春が暮れる
遠く遠く日が沈む。

（「屋根」より）

柱が折れそうになるほど
私の背中に重い家
はずみを失った乳房が壁土のように落ちそうな

（「家」より）

石垣りんは一〇代前半の若いときから働いて、父親とその何度目かの妻や弟を養ってきた人である。家父長制家族のなかで、通常男性が担う役割を担ってきた女性なのだ。水田宗子は、石垣りんの詩には「性に依拠する家族への嫌悪感」が見え（「きんかくし」）、「社会の表面／表層からは隠されている性を基盤とした家族の深層への鋭く、辛辣な嫌悪が根底を作っている」と正確に指摘する。そして石垣は、「個人として生きるという願望を、個体として生きる孤独を引き受けるという信念にまで徹底して」いった詩人だという（『モダニズムと〈戦後女性詩〉の展開』思潮社、二〇一二年）。

ただ石垣りんが嫌悪するのは、社会の深層にあって人間を縛る家族のなかの性であって、人間の、女の肉体や性そのものではない。むしろ社会と家族の重みの下で圧殺されていく女のいのちを哀惜する詩を、彼女は数多く書いている。

2　枯れる前の女のいのち

石垣りんには、自分のいのちを砂漠に喩えた詩もある。〈私のいのち、私の血の流れ／それがじりじりと焦げ／おとろえ、力つき／炎天下の乏しい河水のように終っているのが／見える／明日、この白い砂漠に／渇き、耐えているのが――〉（「風景」後半）。

清岡卓行が指摘するその「生得の残酷明澄な視力」（「石垣りんの詩」『抒情の前線――戦後詩十人の本質』新潮選書、一九七〇年）には驚かされるが、ここでは特に自分を生きものに喩えた詩に注目したい。彼女が表現する女のいのちは、成長期の春のものでも最盛期の夏のものでもなく、枯れる前の秋のものだ。

ゆたかなるこの秋
誰が何を惜しみ、何を悲しむのか
（略）
それは凋落であろうか、

いっせいに満身の葉を振り落す
あのさかんな行為は――

私はいまこそ自分のいのちを確信する
私は身内ふかく、遠い春を抱く
そして私の表情は静かに、冬に向かってひき緊る。

（「用意」より）

ここには凋落の自覚によって抱くいのちへの確信があり、哀惜はあっても後悔やセンチメンタリズムは微塵もない。

3　老いを語ってこなかった女性

そもそも自分の身の衰えについて語る女性詩人は、きわめて珍しい。ほとんど他にいないのではないだろうか。これは詩人の場合だけではないようだ。女性が老いを語ってこなかったことについて、水田宗子は次のようにのべている。

「女性の場合は、老いというものは明らかにネガティブな意味が付加されます」、「女性でなくなるとか、子どもを生めなくなるとか」、「ですから、老いというものを語ってこなかった。ボーヴォワールが「老いという陰謀」と、女性が語らなかったものを自分の老いの現実を見ながら書いた。そういうこともフェミニズムの表現の一つだったと思うのです」（谷川俊太郎との対談「老いと成長」『現代詩手帖』二〇一五年九月）。

フェミニズムより十数年も前に石垣りんは女の肉体の凋落を書き、むしろそこに〈自分のいのち〉を確信するのである。「私はこの頃」では、〈いのちのまっ盛り〉に〈滅び〉を予感し、その〈支度について　考える〉。

海に最後の潮が満ちたとでもいうのか
両手の中にたっぷりとくる乳房のおもみよ

りんごは今がとりごろ
魚なら秋のさんま
キラキラと油の乗った食べざかり
（ふと醒めて、ほかでもない、私はあたたかい自分の肉体にびっくりする）

これはいのちあるものの
やがては滅びゆくものに与えられたいのちのまっ盛り

（略）

やがては枯れ、やがては散る
生けるもののただひとつの季節

（略）

私はこのごろ不安な心で
滅びの支度について　考える――。

これらの詩を書いた作者の実年齢は、当時の常識的な出産年齢を過ぎかけてはいたが、女盛りといえる二〇代後半である。

4　生み育てる詩――異形視も組みこんで

石垣りんは生み育てる詩も書いている。文語体の「ひめごと」は不思議な詩である。石垣りんは〈生む〉ことを肯定するが、驚くべきことに〈我〉が生むのは人間ではない。

我は鳥を生み　唄うことを教えむ
我は蝶を育て　舞うことを教えむ
水に入りては魚を生み
光に入りては風をはぐくむ
人の衣縫いてそを着せなば

人はなんと呼ぶならん
　牛は子を生み　牛の衣をきせました
　馬は子を生み　馬の衣をきせました
われは生きとし生けるものの母らと篤くまじわり
世にさりげなく吾子をそだてむ。

地球的な母というべきだろうが、〈人はなんと呼ぶならん〉という世間の眼差し――異形視――もしっかり組みこまれている。「この光あふれる中から」にも、〈りすはりすを生み／蛇は蛇を生む　とくちづさむ〉という詩句がある。そして〈すべての生きものにならい　母になる〉ことへの問いに、答えのないまま〈さらばよし　母にならむか／おろそかならず　こころにいらえもなくて――。〉と終わる。

石垣りんにとって、母を問うことは自分を生んだ母を問うことでもあったのではないだろうか。

また〈待つものはこないだろう／こないものを誰が待とう〉で始まる失恋詩ともいえない「風景」もある。これらはすべて、第一詩集『私の前にある鍋とお釜と燃える火と』（書肆ユリイカ、一九五九年）の後半に収められている。

5　「シジミ」にみる比喩の真髄――鬼ババの笑い

「シジミ」は第二詩集『表札など』（思潮社、一九六八年）の冒頭におかれた詩である。

夜中に目をさました。

ゆうべ買ったシジミたちが
台所のすみで
口をあけて生きていた。

「夜が明けたら
ドレモコレモ
ミンナクッテヤル」

鬼ババの笑いを
私は笑った。
それから先は
うっすら口をあけて
寝るよりほかに私の夜はなかった。

〈うっすら口をあけて〉という在り方は、〈私〉だけでなく、シジミたちの在り方そのものではないか。そしてシジミとは、夜が明けたら（家や社会の仕組みによって）食われる自分自身なのだ。この詩のなかで、食う者である〈私〉と食われる者である〈シジミ〉とは、実は同一物なのである。〈台所のすみで／口をあけて生きてい〉るシジミは、シジミたちの在り方であると同時に、〈うっすら口をあけて／寝るよりほかに〉ない〈私〉の人生を凝縮している。シジミとは、女の性のシンボルでもある。

自分をシジミに喩え、シジミを自分に喩える。食うものが食われるものになり、食われるものが食うものである。人間が物と入れ替わる。これは比喩の真髄であろう。そしてこの詩には、〈鬼ババの笑い〉が響いている。それは人間社会から疎んじられ、神々の序列からもはじき出された魔女の笑い、山姥の哄笑である。

6　人と物が入れ替わる――この社会の仕組み＝本質

石垣りんの詩における人と物の入れ替わりは、「月給袋」「貧しい町」「土地・家屋」「鬼の食事」「経済」にも表れている。そこにも山姥の哄笑が響いている。

「土地・家屋」では、不動産を「手に入れました」という隣人が、〈にっこり笑い／手の中の扉を押してはいって行った。／／それっきりだった〉。隣人は、まるで不動産に呑みこまれて死んでしまったかのようだ。ここにも諷刺的な笑いがある。

あかるい灯がともり
夜更けて消えた。

ほんとうに不動なものが
彼らを迎え入れたのだ。

どんなに安心したことだろう。

「鬼の食事」では、おんぼうのひろげた〈火照る白い骨〉に向かって〈物を食う手つきで／箸を取り上げた〉のは、〈行年四十三才／男子。〉の遺骨をひろう会葬者たちだ。かれらは礼装のまま突然死者の骨を食う鬼の形相をあらわにし、悲しみの場面は鬼の食事場面に変わる。
「経済」では、大会社の女子社員のつくったドライフラワーが、やがて彼女たち自身に変身する。

こんどは逆さにぶらさがり
揺れながら笑っているのは彼女たちだ
あの新しい花をつくった
手先をヒラヒラさせて。

視覚的にも衝撃的な映像である。これらの詩はすべて、人間が物と等価にされ物が人間を呑みこんでしまうこの社会の仕組み＝本質そのものを衝いている。

7　戦争もまた

戦争もまた、この社会の〈ゆき場のない〉女たちがとびこんでいく崖である。

戦争の終り、
サイパン島の崖の上から
次々に身を投げた女たち。

美徳やら義理やら体裁やら
何やら。
火だの男だのに追いつめられて。
とばなければならないからとびこんだ。
ゆき場のないゆき場所。
(崖はいつも女をまっさかさまにする)

それがねえ
まだ一人も海にとどかないのだ。
十五年もたつというのに
どうしたんだろう。
あの、
女。

(「崖」)

海は彼女たちの望む〈ゆき場所〉ではない。だから一五年たっても七〇年たってもとどかないのだ。
石垣りんは「弔辞」で死者たちに呼びかける。

戦争の記憶が遠ざかるとき、
戦争がまた
私たちに近づく。
そうでなければ良い。

八月十五日。
眠っているのは私たち。
苦しみにさめているのは
あなたたち。
行かないで下さい　皆さん、どうかここに居て下さい。

（二〇一五年八月一四日）

〈付記〉石垣りんの詩とエッセイの引用は『石垣りん詩集』（現代詩文庫46、思潮社、一九七一年）に拠った。

茨木のり子・日常の視点から世界へ——「生きているもの・死んでいるもの」

日常に生と死を区別する——第一連と第二連

茨木のり子は一九五五（昭和30）年に、最初の詩集『対話』を出している。そのなかの「生きているもの・死んでいるもの」はきちんとした三行ずつの定型詩で、シンガーソングライター・吉岡しげ美さん作曲の美しい曲になって歌われている。

詩は買い物かごを下げて明るい店先でりんごを買う、平和な日常の場面から始まる。だが、りんごのなかにいきなり生と死を区別しようとするのは、やはり戦争を生きてきた人ならではの感覚だろう。

生きている林檎　死んでいる林檎
それをどうして区別しよう
籠を下げて　明るい店さきに立って

生きている料理　死んでいる料理
それをどうして味わけよう
ろばたで　峠で　レストランで

生きているりんごと死んでいるりんごを区別するのは、とても難しいと思う。腐敗と死の芽は、どのりんごにもあるからだ。

つぎの連は料理の話だ。作者はお料理が上手な方のようだ。そういう人は材料選びにも念を入れるし、外食をするときも味には細かいにちがいない。しかしこの詩のなかの料理は日々の生活からそうかけ離れていない。いまの「グルメ」などとは縁遠い時代の話だ。

またここには、〈味わけよう〉という独特で印象ぶかい言葉が使われている。あまり聞きなれない言葉だが、「見分ける」「聞き分ける」「かぎ分ける」があるのだから、〈味わける〉があってもいいと思う。

心のあり方を耳で聞き分け、夫婦や恋人たちの深層を見通す——第三連と第四連

生きている心　死んでいる心
それをどうして聴きわけよう
はばたく気配や　深い沈黙　ひびかぬ暗さを

生きている心　死んでいる心
それをどうしてつきとめよう
二人が仲よく酔いどれて　もつれて行くのを

第三連は一転して「心」について語る。茨木のり子は耳のいい人だと思う。心のあり方を耳で聞き分けるのは難しいが、目に見えない心を言葉にするというさらに難しいことを、この連で作者はしている。〈はばたく気配〉は鳥や虫のはばたきを思わせるが、人間の心もはばたくのだ。〈深い沈黙〉は、心の深いところで何かが起こっていることを思わせる。〈ひびかぬ暗さ〉は、他者《ひと》とコミュニケーションのできない〈死んでいる心〉を暗示している。

四連目でも、やはり心が語られている。〈生きている心〉と〈死んでいる心〉が、仲よく酔いどれながらもつれていく二人に喩えられているのだ。恋人たちや夫婦のように、〈生きている心〉と〈死んでいる心〉は仲よくもつれて、一緒に歩いている。でも二人とも酔いどれているのだ。

この連は恋愛、または結婚している二人の心の深層を見通している。表面は仲良く歩いていても、お互いの心が生きているのか死んでいるのかつきとめられない。それを語っているのである。

国に視野が広がる——大日本帝国はいつ〈死んでいる国〉になったのか（第五連と最終連）

生きている国　死んでいる国
それをどうして見破ろう
似たりよったりの　虐殺の今日から

生きているもの　死んでいるもの
ふたつは寄り添い　一緒に並ぶ

いつでも　どこででも　姿をくらまし

姿をくらまし

第五連ではさらに一転して視野が広がり、国のことになる。今日の世界を生きているわたしたちにとって、残念ながらとても分かりやすい連だ。世界では今日も虐殺がつづいている。やり方は多少変わっても、虐殺という点では同じことだ。

作者は太平洋戦争が終わったとき、一〇代の女性だった。戦争を通して、国というものが生きたり死んだりする有り様を十分に見てきたはずだ。これはそういうところから生まれた連だと思う。

たとえば大日本帝国という国は、いつ〈死んでいるもの〉になったのだろう。二〇代はじめや一〇代後半の若者たちまで特攻隊として死地に送りだしたとき、明らかに日本という国家は死んでいた。茨木のり子の「わたしが一番きれいだったとき」という詩には、特攻隊の青年たちのことを歌った詩句がふくまれている。

わたしが一番きれいだったとき
だれもやさしい贈物を捧げてはくれなかった
男たちは挙手の礼しか知らなくて
きれいな眼差だけを残し皆発っていった

青年たちは女性たちに贈物ではなく、自分自身を帝国に捧げなければならなかったのだ。

最終連はまとめの連である。〈生きているもの〉と〈死んでいるもの〉は見わけ難く、味わけ難く、聴きわけがたく、つきとめ難く、そして見破り難い。そういう二つが寄り添って、一緒に並んでいる。わたしたちがちょっと油断すれば、すぐに姿をくらまして、その区別は見えなくなってしまう。〈姿をくらまし〉という繰り返される詩句から、作者の抑えられた憤りが伝わってくる。

いま作られたような新鮮さ、みずみずしさ

この詩を読んで驚くのは、何十年も前に書かれたのにいま作られたような新鮮さ、新しさ、みずみずしさをもっていることだ。生きているものと死んでいるものの見分け難さは、中身は多少変わっても、今日でもつづいている。主婦は買い物をするとき、食べ物が安全かどうかを考えないわけにはいかない。家族や結婚が揺れ動いている今日では、並んで歩いている恋人や配偶者の心が生きているのか死んでいるのかも大問題だ。〈虐殺の今日〉は、まさに今もつづいている。自分もどこかで、死んでいるものに荷担しているかもしれないのだ。

しかしそこには死んでいるものばかりではなく、生きているもの、生きようとしているものが確かにある。作者はこの詩で何かを声高に主張しているわけではないが、自分自身に向かって問いかけるような静かな口調で、生きているものと死んでいるものを見分けよう、味わけよう、聴きわけようといっているのだ。店先での買い物からはじまって国や世界にまで拡がる、とても広い視野で作られている詩である。

生きることへの勇気をふるい起こさせる

ここには買い物をするのが男か女か、料理を味わけるのが男か女かということは書かれていない。水田宗子がいみじくも指摘するように、茨木のり子の個体としての「わたし」に顕著なのは、ジェンダーとセクシュアリティが

その存在根拠に置かれていない、少なくとも見えないことだ（「序　帰路半ば――「わたし」語りから自己表象へ」『モダニズムと〈戦後女性詩〉の展開』思潮社、二〇一二年）。

この詩においても、作者が主婦であるかどうかは問題でない。しかしここには男性の詩にはめったに見られない生活者・消費者の視点が現れている。男性も女性も消費をするが、買い物や料理を通して生産と消費を媒介するのが、現在もなお主に女性であるとすれば、この詩にジェンダーの視点は欠けているのではなく、潜在しているのだ。作者はおそらくその役割をこともなげにこなしながら、それを接点として、世界を生き生きしたものにつくり変えようとしている。

茨木のり子の詩はいつも易しい言葉で書かれているが、読むとドキッとするような鋭いもの、日常の表皮を破ってそれまで気がつかなかったことを気づかせてくれる鋭さをもっている。黒田三郎が「茨木さんの言葉はズバリと切り込んでくる。ズバリと切り込んで、しかもよむ者が勇気をふるい起すようにとつよく鞭うつ」と書いている。[1] その通りだと思う。茨木のり子の詩を読むと、生きることへの勇気、あるいは生きることのなかにある見分け難いものを見分けてきっぱりと生きていく勇気を与えられる。

（一九八八年度ＮＨＫ第二放送「季節の詩《うた》」で放送、加筆）

注

（1）『茨木のり子詩集』（現代詩文庫20、思潮社、一九六九年）裏表紙。茨木のり子の詩の引用は本書に拠った。

新川和江・暮らしから生まれた幻の恋のうた――「ふゆのさくら」

夢幻の世界にふさわしい詩形――心の響きあう関係への理想

「ふゆのさくら」は新川和江の詩としても珍しく、全篇平仮名で書かれている。句読点も連もない。耳で聞いても感受できる柔らかな、静かな詩である。夢幻の世界の詩といってもいい。丁寧な会話体に近い言葉が、穏やかな旋律を奏でている。夢幻の世界に適した詩形だと思う。

おとことおんなが
われなべにとじぶたしきにむすばれて
つぎのひからはやぬかみそくさく
なっていくのはいやなのです

「割れなべにとじぶた」という表現は今では使われなくなったが、「ぬかみそ臭い女房」などは、結婚生活で新鮮さを失った妻への愛想づかしとして、男たちが秘蔵する台詞《せりふ》だった。ここではそれを女性の側から、そうはなりたくない自覚的な繰り言として表現しているところに、新鮮さがある。

あなたがしゅろうのかねであるなら
わたくしはそのひびきでありたい
あなたがうたのひとふしであるなら
わたくしはそのついくでありたい
あなたがいっこのれもんであるなら
わたくしはかがみのなかのれもん
そのようにあなたとしずかにむかいあいたい
たましいのせかいでは
わたくしもあなたもえいえんのわらべで
そうしたおままごともゆるされてあるでしょう

男と女、恋人同士の心の響き合う関係、映し合う関係への理想が書かれている。男と女が一対になって奏でる、響き合い映し合う世界である。

世帯暮らしの一面をすぐれた比喩で活写

しかしそういう関係が成り立つのは魂の世界においてであって、そこでは〈えいえんのわらべ〉の〈おままごと〉も許されるかもしれないが、現実にはあり得ないことを作者は認識している。

しめったふとんのにおいのする

まぶたのようにおもたくひさしのたれさがる
ひとつやねのしたにすめないからといって
なにをかなしむひつようがありましょう

もう一度所帯持ちの暮らしがリアルに描かれ、そういう暮らしができないからといって悲しむ必要はないという。湿った布団とまぶたを重ね合わせ、さらにそれを庇と重ね合わせる、すぐれた比喩である。まぶたが垂れ下がるとは、眠ることだ。この二行は、安全ではあっても同じことを繰り返し、人を眠らせてしまう所帯暮らしの一面を過不足なく表現している。

ごらんなさいだいりびなのように
わたくしたちがならんですわったござのうえ
そこだけあかるくくれなずんで
たえまなくさくらのはなびらがちりかかる

まわりは夜になっていくのに、内裏びなのように二人が並んで座ったござの上には、そこだけ夜がやってこない。明るく暮れなずんで、絶え間なく桜の花びらが散りかかっている。それは時間のない世界、永遠の愛の世界である。新川和江の詩には豊かな自然のイメージがあり、色彩に富み、響きも美しく、その点では他の追随を許さない。言葉遣いも都会育ちのモダニズム系の詩人たちのそれより柔らかく、普段話している女言葉の響きに近い。同時に西洋から学んだ詩の形や微妙な脚韻も使われていて、両者が調和して一体になっているところに魅力がある。

「ふゆのさくら」は恋愛詩である。それも惰性に陥る結婚や同棲を退ける、恋のうただ。しかもこの詩はまことに現実的なところから発想されている。結婚生活への醒めた目から、といってもいい。湿った布団のにおいのするような暮らしの現実のなかから、批評と自戒・他戒をこめて生まれた幻の恋のうたである。

（一九八八年度ＮＨＫ第二放送「季節の詩《うた》」で放送、総合詩誌『ＰＯ』156号、二〇一五年二月、加筆）

〈付記〉「ふゆのさくら」は詩集『比喩でなく』（地球社、一九六八年）所収。引用は『新川和江詩集』（現代詩文庫64、思潮社、一九七五年）に拠った。

滝口雅子・異質なものに開かれた目——戦前文学の継承と変容

戦前に行なわれた自己と感性の形成

明治から大正、昭和にかけて、男性詩人たちの居並ぶ星座群はまことに華やかだが、女性詩人の数は少なく、なお埋もれたままになっている人もいると思う。女性詩の近代を総合的に見渡すことのできる地点に、わたしたちはまだ立っていない。

滝口雅子はそのなかで、戦後の女性詩のはじめに位置する詩人の一人として、また独自の表現世界をつくり上げている詩人として、早くから注目されてきた詩人である。その仕事は戦後の詩の世界に清冽な風を吹き送りつづけ、とりわけ女性詩人たちに多くの励ましや影響を与えつづけてきた。

しかし滝口雅子はどのような詩人かということになると、わたしは、この詩人はまだほんとうには理解されていないのではないかという疑問に出会う。滝口雅子を戦後詩として位置づけようとする評論を書いていながら[1]、いまではむしろ、〈戦後〉という枠を一度とりはらって、はじめから考え直してみたいという誘惑に駆られている。

読む者はその詩語の新しさに目を奪われて、この詩人が一九一八（大正7）年という早い時期に生を受けたという事実を、見落としてしまう。それは第一次世界大戦終結の年、ロシア革命の翌年、日本軍のシベリア出兵の年である。そしてその生地は当時の日本の植民地・朝鮮であった。また彼女がはじめて詩を発表したのは戦後ではなく、「大東亜戦争」たけなわの四三（昭和18）年のことだ。敗戦時、滝口さんは満二六、七歳の大人であり、鮎川信夫や田村隆一など、戦後詩人の誰よりも年上なのだ。

このことは、この詩人の自己形成と言語感覚の形成が戦前に、しかも外地で行なわれたことを物語っている。『滝口雅子詩集』（日本現代詩文庫13、土曜美術社、一九八四年）の年譜には、女学校の「二年生の頃から、文学全集などに親しみ、横光利一、川端康成などをよく読む」と書かれている。卒業後は萩原朔太郎『氷島』、室生犀星『愛の詩集』、宮沢賢治などを読んでいる。

社会性をはらんだ多くの死

詩人にとって詩を書き始める前の、初期の読書傾向は重要な意味をもっている。とくに川端康成は、言語感覚の面からいっても、また四歳で実母、小学校四年で実父を失い、養母と養父にも次つぎと死に別れるという肉親との縁の薄さからいっても、滝口雅子を考える上で無視できない文学者である。

川端のような一種爬虫類的な薄気味わるさとは無縁だが、滝口雅子の世界も徹底した冷たさをはらんでいる。

つめたい風は墓の中まで吹きこむ
風は　花粉になった骨を吹きとばす
死者はくだけて　宇宙によって充たされる
風はまたあたらしい死を吹きつける

（「早春」詩集『蒼い馬』書肆ユリイカ、一九五五年所収より、以下同じ）

肉親だけでなく、同級生をはじめ実に多くの人たちが死んでいる。その意味で、滝口雅子における死は川端の場合とちがって、最初から社会性をはらんでいる。詩集『蒼い馬』には、「兵士たちは」と題するすぐれた詩がある。

（はばたいていた自分たちの生を
　その未知なものを返してくれ）と
地上に延びてもの云いたげな彼らの手
電柱よりも数多く
葦のそよぎよりも切なく

ひどくきしむ手押車にのって
車をまわすその手も　しまいにしびれて

ふいに消えていった彼ら
そのはるかな生の国ざかいは
今もあたらしい血の色に光る――

滝口雅子の抱く冷たさや死は、決して自己完結することはなく、モダニズムの〈頽廃〉に陥ることはない。この詩人が生きるのは、海の向こうで〈死んだ人の声がする〉ところであり、〈生と死のぶつかる光〉（「人と海」）の射すところなのだ。

わたしたちの苦しみが深くなると
現実の果てにある扉が開く
開いた扉のところで
生と死が向き合う

（「扉」より）

異質なものや他者にひらかれた姿勢――川端康成との違い

川端康成が生涯、その人生の初期に抱かされた冷たさの外に出ようとせず、そこから外界や他者や自分を静的な視線で〈見る〉という姿勢を崩そうとしなかったのに対して、滝口雅子には異質なものや他者に向かってひらかれた心、ひらかれた姿勢がある。

そのとき　どうして

ふいに後をふり向いたのか
しかし　前ぶれもなく
あなたが振りむいたということは
二つのものの近づきの証しだ

（「生の影」より）

花はまだ咲いている
昨日よりは花びらのすきまをひろげ
きっちりと固かった線を外側にひらいて

（「夜の花」より）

滝口雅子の詩は、これまでとっつきやすい作品だけが論じられてきたきらいがあるが、戦前の文学との継続と変容の面に焦点をあてて考えると、より豊かなものが見えてくると思う。それは「日本内地の動きと隔絶され」ていた（前掲詩集「あとがき」）朝鮮の文化のなかで育まれたのである。日本現代詩人会による先達詩人としての顕彰が、そのよい機会になることをわたしは願っている。

（『詩学』一九九五年六月）

注

（1）「滝口雅子の詩と戦後」『滝口雅子詩集』（日本現代詩人文庫13、土曜美術社、一九八四年）解説、『モダニズム・アジア・戦後詩』（御茶の水書房、一九九二年）および『新編　滝口雅子詩集』（新・日本現代詩文庫21、土曜美術社出版販売、二〇〇三年）に収録。

宗秋月・在日への挽歌と賛歌

1　リズム感とユーモア感覚――在日であることの肯定

宗秋月は一九七一年、第一詩集『宗秋月詩集』（編集工房ノア）を出している。そこではすでに言葉の才能やリズム感が、ユーモア感覚と共に生き生きと躍動している。また在日であること、朝鮮人であることとその文化、生きることへの肯定が見てとれる。

冒頭の「キムチ」「祖国がみえる」「チェオギおばさん」などは、語彙もリズムも平明で、日本人の読者にもよく伝わる詩である。翻訳もされている。これら初期の詩の多くは、中学を出ても朝鮮人という出自のためかただひとり就職の叶わなかった宗秋月が、大阪・猪飼野で朝鮮人の営む洋服加工業の家に住み込みで働いていたとき書いたものだ。「大阪の生活に慣れようとするものの佐賀の方言が笑いの種となり、自閉症のようになる。孤独感のなか、発語できぬ思いを一人きりになれる便所や寝床で言葉として紡ぎ、新聞の折り込み広告の裏などに書きとめ始める」（清水澄子作成「宗秋月年譜」『宗秋月全集』所収より）。

その詩のリズムは〈かわらのうねりに／朝がくると／女は壺の中から　キムチを出して／シャク　シャク　シャク　刻む〉というように、各行が独立し、一行一行を読者の胸に叩きこんでいくつよいリズムをもっている。詩を読み終えたあとも、シャクシャクシャクという音が読者のなかで響きつづけるようだ。

宗秋月は安保闘争のあった一九六〇年代に大阪文学学校に通っている。当時事務局にいた日野範之さん（今は浄土真宗東本願寺派の僧侶で千年紀文学の会会員）は、最近の電話でこう語った。「毎年の文学集会での宗さんの詩の朗読は、圧倒的でしたよ。チマチョゴリを着て、胸はって、堂々としていました。姐御肌でしたね」。大阪でも本名を名乗るのは容易でなかった時代、チマチョゴリ姿の朗読は、それ自体が強烈なメッセージ性をもっていたのだ。宗秋月の出現は、当時大阪文学学校のチューターをしていた作家の真継伸彦氏や日野さんなど多くの人びとに応援された、文学運動の大きな成果だったのである。

「チェオギおばさん」（梶原信幸訳）、「キムチ」（中山容訳）などの英訳（『ＬＯＴＵＳ』16号、一九七三年）は、一九七二年に日野氏が創設した「ＡＡＬＡ文学の会」の仕事だった。『ＡＡＬＡ文学』は、「キューバ詩特集」「朝鮮文学特集」「ベンガル詩人、カジ・ノズルル・イスラーム特集」「パレスチナ抵抗文学特集」「アフリカ文学特集」「インド現代文学特集」などの先駆的な特集号を出している。

2　肉体でのみ詩をつづる日々――在日の〈家〉に身を置いて

宗秋月の詩に新たなリズムが現れるのは、第二詩集『猪飼野・女・愛・うた』（ブレーンセンター、一九八四年）においてである。〈おおぎいちゃあらん／おおぎいちゃあらん（略）五木の子守唄でなく／島原の子守唄でなく／雨降る午後の濡れそぼる土間の隅っこで／片膝たてる正座を崩してワラ打ちつける／手を休めずに蹴とばした竹籠のなかに／ゆれる　ゆれる　ゆれる　子守唄〉

うねるような、地を這うような、ゆさぶるような、読者の身体感覚に直接訴えかけてくるそのリズムは、第一詩集にもなく、日本の現代詩にもないものだ。それはどこから生まれてきたのだろうか。

宗秋月は第一詩集を出したあと、「私は詩を書くことと無縁の日々を送っていた」と書いている（「文今分オモニのにんご」『猪飼野タリョン』思想の科学社、一九八六年）。

「詩を書くこと、つまり文字に意味を見出せなかったのである。「言葉を喋るやつは死ね」と、三里塚の老婆が叫んだ、あの民衆の側、その民衆という言葉にさえ組みついて組みつけない在日の衆が点在する日本列島の辺境最深部、つまり在日の家という最も深い部分に身を置いて、初めて私は、在日を生きる衆の側に立ったのであった。／衆の側に位置して「言葉を喋るやつは死ね」とさえ言わぬ優しき性の母なる者に私もいつしか組み込まれていったのだ」(同)。

「身をもむように、手を合わせて祈るがように、たった一日の、その日の、つつがなきを希って我を殺してきた朝鮮の女たち、在日の女たちの前で、文字が、言葉が、いかほどの意味を持とうか。私は肉体でのみ詩をつづって生きることにした。／身体につづる詩のなんと痛いことか。／出口のない溶岩のような在日の男の荒ぶりを、火の水を、受精できない女は耐え、忍ぶ母性に包みこまなければ一日たりともたちゆかぬのだ」(同)。

「しかし、それでも、私は言葉を黙殺できなかった。／言葉と決別した後に、真の言葉との出会いが始まったのだ」(同)と宗秋月は書く。ふるさと佐賀で出会っていた在日の言葉である。

「底辺の匂い、異端の匂い、粱を染める肉の臓物を焼く煙、壺にねむるキムチのおどろしきニンニクの匂い。どぶろくに酔った男たちの国恋いの歌。ハマリ着であるナッパ服。地下足袋。八枚ハギ。ゲートル。共同便所の溜壺に盛りあがる湯気たつ糞。を、目をふたぎ、鼻つまみ、耳ふさぎ、言語を光景を拒絶することで、仲間入りした人間社会、日本人とつながった私であったのだ。(略)振り返るとき、そこに恥しかない」(同)。

宗秋月はみずからの「恥」と向き合うことで、「真の言葉」を再発見したのである。「私が詩の表現方法として用いる日本語は、「言葉を喋るやつは死ね」の類であったのだ。／私は十余年、詩を書かなかった。書けなかった。そして肉体でのみ詩をつづった」(同)。

3　母としてしか存在し得なかった在日の女たち

その十余年のあいだに宗秋月が何を見、何を体験したかを知るには、少なくとも『猪飼野タリョン』一冊を読む必要がある。それらのエッセイを掲載した『思想の科学』をはじめとする一九七〇～八〇年代の民衆メディアの背後には、時代のうねりがあった。心ある人びとが在日の、女の言葉に耳を傾けていたのである。

一九八四年、宗秋月はふたたび「つたない詩集」を出す。「どうしても出さなければならなかった」詩集であった。それは韓国の全斗煥大統領が来日し、昭和天皇が謝罪するという「空前絶後のイベント」を前に、「ただ目撃する生でありたくなかった」ためだという。

「佐賀も辺境の地であったが、たどりついた大阪、在日朝鮮人二十余万を包容する大阪も、国家としての日本の辺境の地であった。／辺境最深部、つまり〈家〉というものの中から撃つために、私が手にした武器が、唯一持ち合わせた武器が、日本語でしかないことの悔しさに、地団駄を踏みながら、詩集を出版したのだ。たった一人の反乱だった」（同）。

しかも宗秋月は、天皇の謝罪、在日者の指紋押捺の撤廃をうたった全斗煥の来日が、圧殺した光州事件への人々の怒りの声を「その場しのぎ的に他に向ける必要があった」ためだということを見抜いていた（「一九八五年、列島最深部から今」『猪飼野タリョン』）。

在日の「家」について、宗秋月は書く。「主婦は、女でなく、個人でなく、母としてしか存在しえなかった。／はるかな昔も今も、男たちは抱え持つ夢と合致する転職や、生き様に拒否され続け、夢を抱くことにさえ疲れた男たちの、その男社会に巻きこまれた女たちは、女でなく、個人でなく、家そのものの思想家であった」（「路地裏の音」『猪飼野タリョン』）。

4 在日への血を吐くような挽歌――同時に渾身の賛歌

「家」のなかには、「家そのものの思想家」である女がいるのだ。第一詩集の「酒筵《しゅえん》（繰言をする父）」で父親の視点から書いた酒を、宗秋月は「まっこり・どぶろく・にごり酒」では、まず母親、女の側に立って書く。

〈女であり母である人は／人間である事を男に、まず　ゆずらねば／一日たりとも　たちゆかぬ　その日の／つつが無きを祈るように身をもみながら／壺の中に手を入れて酒を汲んだ。／／男が　ただ　男であるためへの扶助は／酒しかないことを　ようよう保つ正気の／人間にあらぬ暮らしの女だからこそ／心得え　がってん承知の密造酒だった。〉

しかし宗秋月は、父を見捨てない。〈赤い眼をした私の父が／おびただしい数の私の父が／〜マッコォリ　マッコォリ／ウーリナラ　スル／サンチョンリ　カンサネ／ウーリナラ　スールと／唄をうたった私の父が／日本の地形の至る所／列島に散った、列島に在った父が／その生の名残りの色の／その生の証かしの色の／マッコリ・どぶろく・にごり酒の色の／白い骨となって　ぽつねんと墓所に／埋まる。還えることとなく。／出生の地の父祖の墓所に還えることとなく。〉

そのあと、宗秋月はふたたび母をうたう。〈一秋、一日、一年でもと、／男より寿命をのばしたいと／ゆずってきた人間を奪り戻したいと／恨《はん》を抱き恨を育ぐくみ恨を無くした／女三界に家なしの　老いては／子に従えの　優しき母がその性《さが》の／哀しいまでの優しさが犯した性《さが》の／生みだした次代に残す遺産は／マッコリ・どぶろく・にごり酒の色の／一代の骨、白い骨、埋めた土。日本に点在した朝鮮人の骨。埋めた土。〉

身をもむような、かきくどくようなリズムである。それは哀しみをユーモアでくるんだその柔らかい舌先で、女が怨念を溜めこんだ内臓の襞々をやさしく舐めとり、巻きとってくれる。決して嫋々とした嘆き節ではない。

この詩は、母と父、生きて死んだ在日への血を吐くような挽歌として、そして渾身の賛歌として終わる。

マッコリ・どぶろく・にごり酒色の骨を埋めた
墓に参うでる代々の人の耳に
風のそよぎ　草のささめきが
ひょっとすると
マッコリの唄に聞こえるかも知れぬ
在日の原初の墓だ。生きて死んだと

母は糀を作り酒を造った。父は壺を抱き酒を呑んだ。

5　自らの詩を日本史と対峙させる――食肉文化にも注目

宗秋月は己れのなか、在日の歴史のなかから〈ひり出した〉（「我が輪廻の五月」）これらの詩を、日本という国家に対峙させる。詩「これは一つの物語《デジャブー》です」で語るように、〈自分史が　日本史と／重ならない人間が誰ひとりとていない〉韓国人が、〈苦難の歴史〉を歩まねばならなかった、その源にある日本史と対峙させるのである。

彼女の詩と散文が、長い政治的・歴史的射程と広い裾野をもつ理由は、そこにある。彼女が光州や民主化運動のるつぼのなかでたたかった韓国人にばかりでなく、たたかう日本人に連帯感をもつ理由も、またそこにある。

宗秋月は日本史のなかに、「長い戦乱の世にあって痛めつけられてきた民衆が一向宗と合体し、厭離穢土欣求浄土の念仏を唱和しながら、クワを持ち、カマを持ち家康を追いつめ」た一向一揆を見出す（「道」『サランへ』影書房、一九八七年）。

またお上の肉食禁止の命に屈しなかった「アイヌ、沖縄、被差別部落の人たち」の食文化が、「シバリから抜けた解放文化である」（「漬物の巻」『サランヘ』）ことを、先見性をもって指し示すのである。

わたしにとって、第二詩集との出会いは鮮烈であり、その後『詩と思想』や『新日本文学』の編集に関わったとき、真先に詩を依頼することにつながった。こうして世に出たのが、本書にも収録されている「緑豆《ノクト》を恋うる唄」と「恋をんな口説の序論」である。宗秋月の詩の朗読を聴けなかったこと、女性文化賞をさしあげたいと願いながら果せなかったことが、心に残る。

今度の本がわたしたち編集委員の総力を結集したものになったことを喜び、感謝したい。

（高良留美子、佐川亜紀、清水澄子、朴和美編『宗秋月全集――在日女性詩人のさきがけ』
土曜美術社出版販売、二〇一六年九月、加筆）

Ⅱ

追悼

黒田喜夫氏の死を悼む——時代を共にした思い

黒田喜夫氏が七月一〇日に亡くなったことを、わたしは一四日まで知らなかった。治りつつある、と信じていたのだ。

他人にその人自身の在り方を知らせる

黒田さんとお会いしたのは一度だけ、清瀬に移られると聞いて一九六三年の早春代々木病院にお見舞いに行ったときだが、評論や手紙や電話で何度かの接触があった。接近しては、離れる、というパターンをくり返したように思う。離反するというのではない。わたしはその接触から何かを学んできた。他人にその人自身の在り方を知らせる、という意味で、黒田氏は批評家であった。

（『詩と思想』一九八四年一〇月、「短い詩を見直そう」より）

〈付記〉黒田さんはわたしが雑誌『21世紀』（一九六一年一月）に書いた評論「黒田喜夫の夢と覚醒（『モダニズム・アジア・戦後詩』御茶の水書房、一九九二年に収録）に、実に適確な反論の手紙をくださった。『地中の武器』（思潮社、一九六二年一二月）の解説（本巻所収）を依頼されたのは、そのあとのことだ。『現代詩手帖』の年鑑の名簿に電話番号が載りはじめた六〇年代の後半には、一緒に雑誌を出さないかという電話をいただいた。即答はできなかったが、清瀬からかなり遠い百合丘に住んでいたし、子どもがまだ幼なかったのでお断わりせざるを得なかった。いろいろなことを機会があったら書きたいと思うが、時代を共にした思いは深い。

滝口雅子さんを追悼する——孤独感とつよい意志

清冽なイメージに結晶した「蒼い馬」の感動

滝口雅子さんは茨木のり子さんと、また少しあとに登場した石垣りんさんと並ぶ、戦後の数少ない第一世代の女性詩人である。

わたしが滝口さんの詩に接したのは、『戦後詩人集』第3巻（書肆ユリイカ、一九五九年）によってだった。とりわけ孤独感とつよい意志が清冽なイメージに結晶した「蒼い馬」から受けた感動は、忘れがたい。

一九六四年、新日本文学会の大会会場ではじめて見かけ、その後しばらくして知り合いになった。そして『蛸』という小雑誌に誘った。八四年には日本現代詩文庫『滝口雅子詩集』（土曜美術社）を編集し、その解説にわたしの滝口雅子論のほとんどすべてを書きこんだ。

わたしは滝口さんを天涯孤独な方だと思っていたし、ご自身もそのように語っていた。しかし義理の姪の小南《こみなみ》由紀さんと連絡がつき、最後のひと月のあいだ心のこもった看護を受けられたことは、本当に幸せだったと思う。世代は違うが、二人は滝口さんを愛した義父のことなど、さまざまな共通の話題をめぐって語り合えたはずだ。小南さんは滝口さんが二〇歳までを過ごした朝鮮での生活とそれとの決別について、わたしにも話してくれた。

養父の滝口松治氏は東洋牧場の経営者で、乳牛が五、六〇頭、軍供出用の馬が一〇頭近く放牧されていた。軍用犬も飼育していたという。

その新たな知見にも触発された白井知子さんの滝口雅子論(1)が、『新日本文学』二〇〇三年一、二月合併号に発表される予定である。滝口さんの朝鮮との、また戦争との深く内面化された関係が解き明かされていくと思う。それが滝口雅子再評価につながることを、わたしは信じている。

（「日本現代詩人会会報」二〇〇三年一月、加筆）

注

（1）「海底をくぐった瞳」。『新編　滝口雅子詩集』（新・日本現代詩文庫21、土曜美術社出版販売、二〇〇三年一〇月）に再録。

〈付記〉滝口雅子は一九三八年、一九歳で単身日本に渡り、東京で速記の勉強の仕上げをした。四〇年、歌誌『月光』（北見志保子・川上小夜子責任編集、三九年七月創刊）に参加する。桑原雅子の筆名でここに発表された彼女の短歌と短文を、川上小夜子の次女で詩人の古谷鏡子氏が送ってくださった資料によって紹介したい。作者の生き方に関して印象深い短歌を、旧字体を新字体に改めて引用する。5巻1号の三首については、その内容の複雑なねじれに注目したい。

〈肌荒れて暮し貧しき我が友に何贈り得べきや我も貧しく〉〈野に出でて働く時も銀河ゆめみて心燃えゐし宮澤賢治〉ほか三首（4巻6号、一九四二年六月）。

〈訃報手に怒りにも似し吾思ひ生きむ熱意のあらば起ち得しに〉〈一すぢにのびやかにゆけわが性は愚かなるとも陽に真向ひて〉ほか四首（4巻7号、同年七月）。

〈知らぬ道を尋《と》めつつ行くは楽しかり我に流転の血や潜むらむ〉ほか四首（4巻8号、同年八月）。

〈身の内に幾重かさなる思ひありその一さへ歌ひつくさず〉ほか四首（4巻9号、同年九月）。

〈わが素質貧しきに耐へて尚生きむ自らのいのち歌にこめつつ〉〈国と共に起たむ決意のきわまりて思はずも我涙落せし〉ほか八首（4巻12号、同年一二月）。

〈いのちもて生くべき道を示し給へる軍神の姿いよよさやけし〉〈楽音の純粋を思へり人間の言葉も時に自由ならざる〉〈心のみ燃やしつつ身は疲れたりかくて過ぐべきや我の一生を〉ほか四首（5巻1号、一九四三年一月）。

〈旅ゆかむ朝を仰げば北斗星光さやかに我が真上なり〉〈浅間嶺の雪を仰ぎつつしみじみとこの国の詩《うた》に生きたしと思ふ〉ほか七首（5巻2号、同年二月）。
〈野放図に育ちし性のかなしけれ矯め給ふ母われにおはさず〉〈母と娘《こ》が和み坐れるゆたけさよ孤り心には眩しきばかり〉〈天地に一人の我と思ふ日を冬空高く雲移るなり〉〈風強き街のま中に我立ちぬ遠き思ひのにじむ如き日〉ほか六首（5巻3号、同年三月）。
〈人ゆきしこの道にこそ吾も死なむ心きまる日を春あらし吹く〉ほか七首（5巻5号、同年五月）。
〈物を書き独り立して生くるとふ証《あかし》にふれて今宵おののく〉ほか六首（5巻11号、同年一一月）。

なお4巻8号（一九四二年八月）には、曖依村荘で撮った「月光三周年記念歌会」の写真が掲載され、向かって左から二人目に和服姿の桑原雅子が映っている。5巻2号にはエッセイ「新年会より帰りて」が、また5巻5号にはエッセイ「奈良の印象」が掲載されている。歌誌『月光』については古谷鏡子『命ひとつが自由にて――歌人・川上小夜子の生涯』（影書房、二〇一二年参照）。

「桑原」とは、桑畑という意味のほかに、伝説に基づいて雷鳴のとき落雷を避ける呪文として唱える語であり、また一般に忌まわしいことを避けるためにもいう言葉である（『広辞苑』第四版）。滝口さんが用いたこの筆名には、そういう意味がこめられているとわたしは思う。

彼女が日本に渡る前、養父は養女雅子と、あらたに養子に迎えたしっかり者の甥（養父の兄の子）を結婚させ、東洋牧場を継がせるつもりだった。しかし雅子は反撥する。上京に向けて支度する雅子と、それに反対する養父とのあいだで、連日口論が絶えなかったという（白井知子「海底をくぐった瞳――滝口雅子の詩を読む」『新編　滝口雅子詩集』）。滝口さんは養父の計画に〝くわばらくわばら〟と唱えて海を渡ったのではないだろうか。

詩「歴史　1海への支度」には、次のような詩句がある。〈思い出の暗さの／底で光りうめきながら月の形を抱きながら／前よりもやせてせきとめられた激しい流れが／夜も休むことなく眠りもなく／流れつづけることで海への遠い／ひそかな支度をする／（略）時間は／時間みずから／流れすぎていくためにあり　あたらしい／思い出をくみ立てて／歴史の深いダムのなかへ流れこむ〉（詩集『蒼い馬』所収）。

滝口雅子は一九四三年、浅井十三郎の詩誌『詩と詩人』の同人となった。詩を発表し始めたのである。

石垣りんさんを悼む——生の孤独な根源に根をすえる

戦後第一世代の女性詩人

石垣りんさんが亡くなられた。八四歳だったという。

石垣さんは茨木のり子さんらと並んで、戦後の第一世代に属する数少ない女性詩人の一人である。わたしは薄みどり色の表紙の『銀行員の詩集』で、石垣さんの詩を読んだことをはっきり覚えている。職場の詩が注目されていた、今から半世紀以上も前のことだ。

石垣さんはその後一九五九年に詩集『私の前にある鍋とお釜と燃える火と』を出し、六八年には『表札など』で第一九回H氏賞を受賞された。『略歴』『やさしい言葉』などの詩集のほか、エッセー集も名高く、『ユーモアの鎖国』『焰に手をかざして』などがある。

詩人の会などには、あまり出席されなかったように思う。一度だけ、石垣さんと茨木さんと、わたしの詩に曲をつけてくださったシンガーソングライター吉岡しげ美さんのコンサートでお会いして、夕食をご一緒したことがある。三人で、とても楽しかった。ふくよかで柔らかい人柄は、詩から受ける感じとまったく同じだった。

そしてご自分の居場所を徹底して低いところに定めておられることに、わたしは石垣さんの人生と批評の在りかを感じたのだった。

生の孤独な根源——食べること、働くこと、排泄すること、死ぬこと

石垣さんが一五歳のときから日本興業銀行に勤め、四一年間働いたこと、父とその四番目の妻をふくむ五人家族を支えつづけたことなどは、よく知られている。家について、血縁や家族について、薄い月給袋と金について、また便所（当時はトイレとはいわなかった）のきんかくしについて書かれた石垣さんの詩は、食べること、働くこと、排泄すること、死ぬことという生の孤独な根源に根をすえていて、暮らしと人間存在の裏側をもあらわにするような、一種の恐ろしさをもっている。

しかもそれは小海永二がいうように、「その内部にこめられた生活感情の深さ、確かさによって、真実の言語のみが持つすぐれて強靭な美しさを保っている」のである。

好きな詩はいくつもあるが、わたしは「シジミ」という短い詩が一番好きだ。夜中に目を覚ますと、ゆうべ買ったシジミたちが台所のすみで口をあけて生きている。〈「夜が明けたら／ドレモコレモ／ミンナクッテヤル」〉〈鬼バの笑いを／私は笑った。／それから先は／うっすら口をあけて／寝るよりほかに私の夜はなかった。〉最近はやりのオニババ観を吹き飛ばす豪快な、しかし底に深い哀しみをたたえた笑いではないだろうか。自分も食われるシジミだという、最後の深い自己認識が胸を打つ。

石垣さんとの最後の交流は、二年前ある詩誌の扉のページに、「弔辞」という詩の引用をお願いしたことだった。石垣さんは快く承諾してくださった。その引用は次のように終わっている。〈戦争の記憶が遠ざかるとき、／戦争がまた／私たちに近づく。〉

近年、水田宗子や渡辺みえこによる本格的な石垣りん評価がはじまっている。石垣りんさんの死を悼み、その仕事が女性の戦後詩の、また女性によってはじめて表現された戦後日本の民衆の言葉として、位置づけられることを望まずにはいられない。

（共同通信配信・「中国新聞」二〇〇四年一二月二九日、「信濃毎日新聞」「山陰新聞」「徳島新聞」一二月三〇日、「京都新聞」「静岡新聞」一二月三一日、「岩手日報」「山梨日日新聞」「琉球新報」二〇〇五年一月六日、「日本海新聞」一月一〇日、「長崎新聞」一月一一日、「秋田さきがけ」一月一四日。『追悼文大全』共同通信文化部編、三省堂、二〇一六年に収録）

茨木のり子さんの手紙——追悼

最近の手紙

茨木のり子さんが亡くなったことを知ったとき、わたしは一瞬茫然とした。まさか、という思いがした。ついこの間、お手紙をいただいたばかりだったからだ。

昨二〇〇五年の秋、茨木さんの詩も入っている韓国語訳の『最新日本女流名詩選』（呉英珍編訳、民文社）と、共同通信に出した石垣りんさんの追悼文を遅ればせにお送りしたのだが、茨木さんの手紙はその礼状だった。追悼文はすでに何人かの人から送られているらしかった。手紙は代筆の文字で、そのあとにこう書かれていた。

「吉岡しげ美さんのコンサートで御一緒した時のこと私もなつかしく思い出します。韓国語の女性詩集も大変なお仕事でしたね。韓国の人に伝わってくれるといいですね。（略）私も五つも病気を抱えていて、よれよれですが、まだ少し書きたいものもありなんとか息をしております。一寸電話でお話したいと思い何度かかけましたがお留守でしたので一筆いたしました。どうぞお元気で」。

一一月一四日の日付になっていた。

わたしは茨木さんと電話で話す機会を失ったのを悔やんだが、お手紙をいただいたことは嬉しかった。そしてふと、自分がいつか茨木さんの追悼文を書くことになるのではないかという予感に、一瞬おそわれた。しかしそれはずっと後のことになるはずだった。こんなに早くその時がくるとは、思いもしなかった。

茨木さんの「まだ少し書きたいもの」とはなんだったのだろう。絶筆はあったのだろうか。

女性無視に怒り、傷ついていた

茨木さんから思いがけないお手紙をいただいたのは、これで二度目だ。最初はある座談会でのわたしの発言への礼状だった。新川和江、麻生直子、佐川亜紀（司会）の三氏と共に出席した座談会「女の詩が変える、アジアが変わる」（『詩と思想』一九九九年七月）で、女性たちの詩が元気なことが話題になった。

そのあと、わたしはこんな発言をしている。「評論の世界は男性なんですよ、まだね。戦後詩史なんか出る時に、突然女性は無視される。女が女を評価することはだんだんできるようになったけれど、男性が女性を評価するのは、男性の尺度なんですね。「評価するのはオレだ」とばかり」。「突然無くなるんですよ。限りなくゼロに近くなって。男女区別なくやればいいけどそうではない。ほとんどゼロになる」。「吉本さんの『戦後詩史論』では茨木さんに対して失礼なことを言ってますよ」。

吉本隆明がこの本でとり上げている女性詩人は茨木のり子だけで、しかも「最近小言ばあさんになってきた」という失礼な言辞が書かれていた。

茨木さんの手紙は、「言って下さってありがとう」というものだった。わたしは茨木さんが怒っていたこと、そして傷ついてもいらしたことを感じたのだった。

その後吉本隆明が茨木さんの詩についてまともに論じたものを、新聞で見た記憶がある。しかし戦後詩史論と銘打った本で、女性の詩がこの程度に評価（？）され、通用していたことこそ、戦後詩史の汚点として記録しておく必要があると思う。

毅然とした応答の精神

茨木さんの詩でわたしが好きなのは、詩集『見えない配達夫』のなかの「生きているもの・死んでいるもの」である。NHKのラジオ番組「季節の詩《うた》」でこの詩を紹介したこともある。とくに二連と四連が好きだ。〈生きている心　死んでいる心／それをどうして聴きわけよう／はばたく気配や　深い沈黙　ひびかぬ暗さを〉〈生きている国　死んでいる国／それをどうして見破ろう／似たりよったりの虐殺の今日から〉。

この詩をはじめ、茨木さんの代表作の多くは、各連の各行を対応させて少しずつ変奏していく形式で作られている。詩のジャーナリズムでかつて詩の定型について論じられたことがあるが、この形式が注目されたことはなかった。リフレーンでもなく、杉山康彦が『ことばの芸術――言葉はいかにして文学となるか』（大修館書店、一九七六年）で紹介しているヨーロッパ詩の「詩行並行《しぎょうへいこう》」とも違うもので、まだ名前がないとしたら「詩行対応《しぎょうたいおう》」とでも名づけたい形式である。

茨木のり子さんは戦後現代詩の先駆者の一人である。一人ひとりの人間の対等な尊厳性を体現する、その毅然とした応答の精神を受けついでいきたい。


（『現代詩手帖』二〇〇六年四月、加筆）

Ⅲ　アジア、戦争、植民地支配

タゴールの詩と日本の現代詩――生誕１５０年祭のために

本日はグルデバ・タゴールの生誕１５０年祭を記念して、このような席で「タゴールと日本の詩」についてお話させていただくことを、大変光栄に存じます。わたしは一九七〇年に「アジア・アフリカ作家会議」のためにニューデリーを訪れましたが、生涯のうちにもう一度インドを訪れ、タゴールの創設されたシャンティニケトンのタゴール大学を訪ねたいと切望しておりました。この貴重な機会をつくってくださったインド国立文学院（サヒティア・アカデミー）と日印文学文化協会、そして日本詩人クラブの皆さんに心から感謝し、お礼を申し上げます。

タゴールの五回の日本訪問

詩聖ラビンドラナート・タゴールは生涯に五回、日本を訪れています。一九一六（大正５）年、一七（大正６）年、二四（大正13）年、二九（昭和４）年であり、最後の旅では帰路にも日本に寄っています。インドを訪れた岡倉天心を通して日本を深く理解し、心から日本人を愛した方でした。

一九一六年、タゴールは軍国主義に向かいつつあった日本を深く憂慮し、西洋の毒をとりいれてきたその自己優越的ナショナリズムと「他民族への侮蔑」をきびしく批判しながらも、日中戦争前の一九三五年末にシャンティニケトンを訪れたわたしの母高良とみに、繰り返しいわれたのです。「日本の方のためにいつもいつもわたしのドアは開かれてあり、いかなる研究者でも、学生でも、文化の交換でも喜んでご奉仕する用意がある」と。

高良とみは戦後参議院議員になりましたが、若き日に日本女子大学校の生徒として、初回の一九一六年にタゴールに会い、軽井沢の三泉寮での交流を通して深い感銘を受けました。朝露に光る野の花々が飾られた食卓で、山から歩いてきたタゴールは女子学生たちに、生まれたばかりの詩をやさしい英語にして読んで与えました。英文学部にいた高良とみはそれを皆のために日本語に訳したのです。


〈神は名もない野の草に何億年もかけてひとつの花を咲かせ給う。〉

〈かつてわたしたちは互いに識らぬ他人だと夢で思ったのに、めざめてみればお互いに、いとおしいことをさとった。〉


二〇〇六年に、NHKで岡倉天心の番組をつくることになり、わたしは軽井沢に行きました。かつては亭々と繁っていた大樅の木の下に立ってこれらの詩を朗読し、少し話をしたのです。わたしは思わず木に抱きついて、頰ずりしてしまいました。今は年老いた大樅の木は　亡き母のようにも、またタゴールさんその人のようにも感じられました。

当時のことを、高良とみはこう語っています。「天上の言葉のような美しい声でタゴールが話したあとで、よく一人で立ち上がって浅間山に太陽が沈んでいくのを見ていた。夕陽が浅間山の噴煙を赤々と染め、瞑想する詩人の長い髪と髭をピンクに染めると、かれが自然と一体化されていくように感じられた。かれの思想に並々ならぬ影響を受けたわたしは、自分の人生を異なる民族間の平和のために捧げようと決意しました」。

彼女はその後米国コロンビア大学留学中の一九二〇（大正9）年一一月にも、ニューヨークのホテルにタゴールを訪ねています。このときタゴールはパンジャーブ州で起こった英国軍隊による〝アムリッツァルの虐殺〟に抗議して五月にサーの称号を返還したため、講演の依頼もない状態でした。

三回目と四回目の訪日については、高良とみはタゴールの日本への招待に主導的な役割を果たしました。そして『ギタンジャリ』や『新月』から多くの詩を訳し、日本訪問時の講演「日本の精神」なども訳して出版しました。わたしはそれらを読むことを通して、タゴールを知っていったのです。

タゴールの挽歌の力――東日本大震災の遺族にも伝わる思い

今年の三月一一日、日本の東北地方はマグニチュード9・0という最大級の地震に襲われました。二万人近い犠牲者を出し、フクシマの第一原子力発電所が水素爆発を起こして、今日もなお被害を与えつづけています。その直後、日本の詩の月刊誌『詩と思想』が特集「タゴール生誕150周年」を組みました。わたしはそこに、高良とみといっしょに訳した『新月』から挽歌を中心に三篇の詩を選んで載せました。「帰っておいで」と「おわり」、そして「子供の天使」です。

詩集『新月』の詩は、インドの豊かな自然や風習、母の愛に包まれて遊ぶ生き生きした子どもの姿だけでなく、ベンガルの風や洪水など、自然の大きさや恐さなども、子どもの目を通して描いています。またタゴールは夫人を失い、次女を失い、末の男の子まで失った後に、とても心に沁みる挽歌を書いています。

「帰っておいで」という詩は、〈あの娘《こ》が　いってしまった　とき／よるは　くらかった　そして／みんな　ねむって　いました。〉という言葉で始まります。「おわり」は、〈ぼくの　ゆくときが　きました。／おかあさま　ぼく　ゆきます。／さびしい　あけがたの　しらんでゆく　闇のなかで〉という詩句で始まります。

ベニヤンの木など、個々の自然のイメージは日本と違いますが、今度の震災で肉親を亡くした方、とりわけ子どもを亡くした方にも伝わる詩だと思って、選びました。これらの詩はラジオでも放送されることになりました。

一〇〇年近く前にインドで書かれた詩が、遠く離れた日本人の心に直接ひびくということは、驚くべきことです。それはタゴールが人間の生命《いのち》だけでなく、宇宙のなかのすべての自然の生命《いのち》に深く思いをこらしていたからだと思います。

わたしはタゴールの詩に、生と死と再生の〈循環する時間性〉、開かれた国際性、そしてすべての人のための〈柔らかな心〉を感じています。

タゴールの詩と日本の詩（1）――永瀬清子

タゴールの詩を愛し、その影響を受けた日本の詩人として、まず永瀬清子（一九〇六～九五）を挙げたいと思います。日本に女性詩人がほとんどいなかった時代に、詩人になった方です。

永瀬清子は一九五五年に、ニューデリーで開かれたアジア諸国会議に高良とみや火野葦平らと共に出席し、コルカタ（カルカッタ）にも行きました。永瀬さんが、高良とみ訳のタゴールの詩「天駆ける白鳥」についてわたしへの私信に書いた感想を、引用します。

タゴールの詩の中の村や並木は、私がカルカッタの郊外やデリーの町でみたものと同じに思われます。ツワイライトの中の榕樹の並木をいく時、少年が突然のように祈りとも歌ともつかぬ長い長い声をひびかせていった、あの声の中にアジアのいのりとうめきが、こめられていたように思いました。それが又「天駆ける白鳥」の中にもひびいています（この前みせていただいた、クレセントムーンの第一の詩もそのことをまざまざと思わせましたが）。

タゴールがアメリカのかえり日本へ立寄った時、私は小さな小学生であったと思います。タゴールは文学者やその他思想的な人々にも、その平和と国際主義が充分に理解されず、戦勝に酔っている日本では、ほんの一部の人のみに観念的な「詩人」としてのみ考えられ、深いもの想いをうけつぐよすがもなかった、と片山（敏彦）氏もいつか書いていられましたが、本当だと思います。負けた今の日本としてはじめて、新らしい生きた心で、その詩を受けとる事が出来ると思います。又詩そのものは、一行ごとに力があり、大変美しいと思います。時が経っても少しも古くなっていないその立派さ、それはやはり日本の今として、又世界として必要なものだからです。「今要《い》る詩」、それが書きたいとわたしは「日本未来派」のアンケートに書きました。日本は今詩を書く人は多いのですが、それでいて詩は欠乏しているのです。タゴールの詩はまさしくそれだと思いました。

（一九五七年）

永瀬清子はタゴールが憂慮し批判した日本の軍国主義がもたらした惨禍と敗北をくぐって、このような形でタゴールとの再会を果たしたのです。そこには詩人の反省と喜びが表現されています。

永瀬清子は日本の西南地方の岡山に生まれ、父や夫の転勤により各地に住みましたがこの前後の時期、郷里で農民として農作業をしていました。タゴール家はムガール帝国時代にバラモンから外れた一族だということですが、永瀬家は日本仏教の日蓮宗の一派で、幕府によって禁止された宗派の信者でした。彼女の生家には、忍んで布教にくる導師を泊める隠し部屋がありました。

タゴールの詩と日本の詩（２）——新川和江

もう一人はとうに八〇歳をこえて健在の、新川和江（一九二六〜）です。彼女は自分の詩について、こうのべています。「日本が藤村や啄木がブームだった時、わたしにはそれらはつまらなかった。堀口大学の『月下の一群』が面白く、シュペルヴィエルやキーツやハイネの詩から影響を受けたが、でもタゴールから一番影響を受けた」と。そして今度の『詩と思想』のアンケートで、〈私は／私の歌のなかで遠い神にさわっている。／ちょうど丘が／滝の流れで遠くの海につながっているように〉という『ギタンジャリ』中の詩句に「つよくとらえられた」と語り、次ぎのようにのべています。

さて作中の〈神〉だが、詩人の生地ベンガルの宗教や思想にひきつけて考える必要は無い、とわたしは思う。すぐれた詩は国境を越え、全人類に感受される力をもっている。／爾後四十年、詩作の都度わたしはこの詩を思い出し、ペンを持つ自分にささやくことにしている。文字面には表わさなくてもよいが、〈より崇高なもの〉〈より深遠なるもの〉とつながる詩を書きなさい、と。

永瀬清子も新川和江も、タゴールの詩とその精神を深いところで受けとめた詩人だと思います。新川和江は関東の養蚕地帯の生まれで、おそらく結婚までそこに住んでいました。タゴールの影響を受けた日本の二人の詩人が、たとえ生涯にわたるものではなくても農村に想像力の根をもっていたことは、偶然とはいえない共通点だと思います。二人とも日本の代表的な女性詩人で、広い意味でのフェミニストです。新川さんの詩「わたしを束ねないで」は、日本の現代女性詩の代表作の一つです。

タゴールの詩と日本の詩（3）――宮沢賢治、チカップ美恵子、金子みすゞ

農村といえば、宮沢賢治（一八九六～一九三三）は冷害の多い日本の東北の農村に生まれ住み、農民のために活

動し、タゴールに近い自然観・人間観をもっていた詩人です。〈東ニ病気ノコドモアレバ／行ッテ看病シテヤリ／西ニツカレタ母アレバ／行ッテソノ稲ノ束ヲ負ヒ〉という詩「雨ニモマケズ」は、今も人びとの心に生きています。日本の最北の地北海道には、最近亡くなりましたがチカップ美恵子（一九四八〜二〇一〇）という詩人・織物作家がいます。自然を畏敬する先住民族アイヌの自然観・世界観を体現し、アイヌの織物文様からインスピレーションを受けた美しい文様の織物をつくりました。

最後に、短い言葉で生と死、平等と差別に深く思いをこらした童謡詩人、金子みすゞ（一九〇三〜三〇）をご紹介したいと思います。彼女はタゴール初来日のとき一三歳でした。不幸な結婚と女性を抑圧する制度のため、若くして自らいのちを断った詩人です。近年復活し、多くの人びとに読まれています。

日本の現代詩とモダニズム——低かったアジアへの関心

高良とみが訳した『新月　ギタンジャリ』などを若いころから読んでいたため、タゴールの詩はわたしのなかに地下水のように流れていました。しかし同時に、都会生活をして働くことは、ビルディングや機械や鉄筋コンクリートの橋といった「硬い」環境に囲まれて生きることでした。タゴールの水とちがって、ガソリンの匂いのする水がアスファルトの道路に溜まっていたりするのです。都会の物質文明を批判するためにも、それと対峙しなければなりません。ですから表現の方法として、新即物主義やアヴァンギャルドに惹かれていきました。

わたしがもっとも影響を受けたのはアルチュール・ランボーです。やがて一九五〇年代にアンリ・ミショーを読み、ロルカやブレヒト、そしてポンジュと出会いました。

第二次世界大戦後の日本の詩は、概してモダニズムの道を歩んできました。そこにはいくつかのグループがあります。戦前にモダニズムの詩を書き、召集されて戦争に行った世代の詩人たちは、現代を荒地とみなし、エリオットの『荒地』にちなんだグループ「荒地」をつくりました。かれらはオーデンやスペンサーなどイギリス詩の影響を受けていました。

戦争中の日本の詩は、超国家主義に鼓吹された空疎な神話的思考に侵されていました。それを克服するためにも、物や物質と向きあう必要がありました。小野十三郎という詩人は「山」という詩で、大日本帝国の象徴とされた〈霊峰〉富士を、〈含銅硫化鉄の大コニーデ〉と表現することによって、神話的思考に抵抗しました。広い意味でその影響を受けた詩人たちは、『列島』という詩誌のグループをつくりました。初期の反米ナショナリズムの傾向を経て、人間が物と等価にされる疎外状況から自らを解放するために、〈物〉や〈物質〉にこだわる詩を書きました。そこには労働者出身の詩人も多く、社会主義への関心をつよくもっていました。

一九三〇年前後生まれの、わたしとも世代の近い詩人たちは、フランス詩の影響を受けていました。当時はエリュアールやアラゴンなど、フランスの対独レジスタンスの詩が紹介され、次第にシュペルヴィエルなどからシュールリアリズムに至る詩が読まれていきました。この世代の詩人たちは、軍国主義のもとで抑圧されていた感性を解放する役割を果たしましたが、現在を〈白紙に戻す〉ことによって、過去への罪悪感を忘れ、解消しようとする傾向をもっていました。

一九六〇年代半ばごろまで外国旅行が制限されていたためもあり、日本人のアジアへの関心は低く、戦争や、日本のアジア侵略への反省は全く足りなかったと思います。わたしは機会を得て一九五六年に海路フランスへ行き、植民地から自らを解放しつつあったアジアに触れることができました。香港、シンガポール、マニラ、サイゴン、コロンボ、ジブチを経てスエズ運河を通り、マルセーユまでの船旅でした。

しかし全般に日本の文化界には、明治維新以来の西欧崇拝の傾向がつづいていました。タゴールの詩を受けいれたのが、前述したような女性やマイノリティの詩人たちだということも、そこに理由があるといえるでしょう。

循環する時間性、開かれた国際性と歴史性、柔らかな心——モダニズム克服のために

わたしが具体的にタゴールに近しさを感じたのは、子どもを産み育てる経験を通して、人間の身体や心が大きな環によって自然と結ばれていることが感じられてからです。それ以来、「木」や「海鳴り」などの詩を書きました。わたしはその頃から「モダニズムの克服」を目指しています。近代以降の物質文明は、人間と自然との循環を断ち切る傾向をもっています。その鋭い切断面から、モダニズムが生まれました。モダニズムは現代文明への反抗や批評精神をもっていますが、断ち切られた循環を回復するには至っていません。

わたしがタゴールの詩に感じる生と死と再生の〈循環する時間性〉、〈開かれた国際性と歴史性〉、そしてすべての人のための〈柔らかな心〉は、物質文明を超え、モダニズムを克服した未来の詩の地平を暗示しています。大きな犠牲を払った今度の大震災、ことに福島第一原子力発電所の爆発は、自然への畏敬の念を失った文明の破壊性をわたしたちに教えました。そして人間の生命が自然の大きなサイクルのなかにあること、自分たちが国境をこえて多くの人びとに支えられていることを知るよい機会になりました。

人間が自然を支配する文明を超え、再生の文明をつくるために、タゴールの詩と思想はこれからも貴重な導きの糸になるでしょう。その意味で、このたびのデリー、コルカタとシャンティニケトン訪問は、わたしたち日本の詩人がタゴールに近づく最高の機会になったと思います。ありがとうございました。

（日本詩人クラブ主催「タゴールの故郷を訪ねる旅——生誕150年祭のインドへ」開会式における基調講演。国際交流基金日本文化センター・デリーにて、二〇一二年二月三日、加筆）

〈付記〉このインド旅行での経験については「木を愛したタゴールとコルカタの動物供儀」参照。

鮎川信夫「サイゴンにて」からベトナム戦争へ——自由主義国家への憧れ

1　夢にみたフランスの街をサイゴンに見る

鮎川信夫は一九二〇（大正９）年東京で生まれ、早稲田大学英文科を中退、召集されてスマトラへ行き、一九四四年、傷病兵となって病院船でベトナムのサイゴン埠頭に立ち寄っている。「サイゴンにて」はそのときのことを書いた詩である。詩は次のように始まる。

埠頭に人かげはなく
ぼくらの船を迎えるものはなかった
夢にみたフランスの街が
東洋の名もない植民地の海に浮かび
カミソリ自殺をとげた若い軍属の
白布につつまれた屍体が
ゆらゆらとハッチから担ぎ出されてゆく
これがぼくらのサイゴンだった

戦前の日本人にとって、フランスは憧れの地であった。芸術の都としてだけでなく、自由の国として。「ふらんすへ行きたしと思へどもふらんすはあまりに遠し」という朔太郎の有名な言葉にもあるように、フランスは船で一ヵ月以上もかかる、地理的にも遠い国であった。

鮎川は英文科の学生だったが、やはりフランスへの憧れをもっていたことがこの詩からうかがえる。いっぽうベトナムは一九六〇年代からベトナム戦争で有名になったが、それまでは日本人にも世界的にもあまり知られていない、フランスが武力で占領した植民地（フランス領インドシナ＝仏印）であった。

わたしは一九五六年六月に船でマルセイユに行く途中サイゴンを訪れたが、ベトナム人の住む水辺の水上家屋とは離れた高台に、街路樹に囲まれた広い庭をもつ住宅街があり、赤いスレート屋根の瀟洒な家々が並んでいた。しかし鮎川が見たのはこうした住宅街ではなく、港から見えるオフィス街だったと思う。

2　国家と民衆との関係、フランスと日本の違い――夢から現実へ

〈カミソリ自殺をとげた若い軍属の〉という詩句で、作者は夢から現実に戻る。夢にみたフランスの街と、ハッチから担ぎ出されていく自殺者の屍体とを対置しているのだ。夢と現実との対比、あるいは並置といっていい。矛盾したものが同時に存在する……現実とはしばしばそういうものだ。作者はその現実を見つめている。一種眩暈《めまい》のするような感覚だったかもしれない。

詩は一転して、フランスと日本における国家と民衆の関係を問いかけていく。

フランスの悩みは
かれら民衆の悩みだったが

ぼくら兵士の苦しみは
ぼくら祖国の苦しみだったろうか
三色旗をつけた巨船のうえにあるものは
戦いにやぶれた国の
かぎりなく澄んだ青空であった

最初の二行は、おそらくナチス・ドイツ占領下のフランス民衆の抵抗運動《レジスタンス》を含意している。第二次世界大戦はドイツのポーランド侵略によって一九三九年九月に始まったが、フランスはドイツに国の大半を占領されて、翌年六月に降伏した。「フランスは滅びた」と朝礼で教師がいったのをわたしは覚えている。

鮎川がレジスタンスを知ったのは戦後かもしれないが、この詩はその根底にある国家と国民との関係を見つめている。そして〈ぼくら兵士〉と日本国家との関係を問いかけているのである。

苦しんでいる兵士の苦しみを、祖国日本は自分の苦しみとして苦しんでくれるのだろうか、兵士の苦しみを引き受けてくれるのだろうか、という問いである。フランスは、民衆が国の悩みを自分の悩みとして戦うことのできる国だった。国と民衆とのそのような結びつきが、〈ぼくら兵士〉と〈ぼくら祖国〉とのあいだにあるのだろうか、無いのではないか、と問いかけているのだ。鮎川の求める市民的な国家観がここにある。

鮎川は少年時から、やや右翼的・国家主義的な国家観をもっていた父親への反発を通して、ファシズムや全体主義への批判的な目を養っていた。戦争中、ここまで醒めた目をもっていた人は少なかったと思う。

3　三色旗の意味の変質——ヴィシー政権下、日本軍進駐下のサイゴンで

しかし〈フランスの悩みは／かれら民衆の悩みだった〉が、かれら民衆の悩みがフランス国の悩みだったかどうかは、ここでは問われていない。フランスという国家が、兵士の悩みを自分の悩みとして苦しんでくれる国であるかどうかは、不問に付されている。

しかも鮎川が見た三色旗は、すでに自由の国、市民の国フランスのものではなかった。ナチス・ドイツへの降伏後、ペタン内閣は首都をフランス中部のヴィシーに移してヴィシー政権と呼ばれた。フランスはドイツ寄りのヴィシー政権下にあって、共和制を否定し、反ユダヤ法を制定、議会ももたない国家だったのである。三色旗の意味はすでに変質していた。

しかも当時のベトナムには、日本軍が進駐していた。日本軍は一九四〇年に北部仏印、四一年七月に南部仏印に進駐した（米国は前者に対して日本への屑鉄禁輸に、後者に対して石油禁輸に踏み切った。この進駐は日米関係を決定的に決裂させ、太平洋戦争への回避不能点になったといわれる）。

太平洋戦争開始後も、日本はベトナムにヴィシー政権による植民地統治を認め、軍事面では日仏共同警備の体制がつづいた。仏印政府は日本軍の駐留経費を支払った。イギリスが付近の植民地に仏印との貿易を禁止すると、日本が仏印のもっとも重要な貿易相手国となった。大戦中、日本は輸入額の半分、多いときは六割を仏印との貿易でまかなっていた（「フリー百科辞典Wikipedia」）。

鮎川の見た「三色旗をつけた巨船」とは、この貿易に使われた仏印政府の船ではなかっただろうか。一九四四年当時、日本への輸送はすでに困難になっていたはずだから、巨船は港に繋留されたままだったに違いない。

しかし鮎川の目には、植民地を保有する帝国主義国フランスも、ヴィシー政権下のフランスも、日本軍が駐留するベトナムも映らない。理想化された市民革命の国、自由主義国フランスだけが映っているのだ。しかもそれはファシズムとの〈戦いにやぶれた国〉なのである。

鮎川の「兵士の歌」に、〈ぼくははじめから敗れ去っていた兵士のひとりだ〉という詩句がある。〈どこかの国境を守るためではない〉ともいう。ここには国家も国境も勝利も信じないアナーキズムがある。自由の国、市民の国が敗れたあとに〈かぎりなく澄んだ青空〉を見る鮎川にとって、敗れたフランスは一種のイロニカルな理想郷であり、三色旗はそのシンボルだったということができるだろう。

しかもこの詩は、鮎川がヴィシー政権や日本軍駐留の現実を無視あるいは歪曲してまでもち続けていた、自由主義国家への憧れを示している。(1)

4　日本の兵士たちの苦しみ——祖国を求める思い

詩「サイゴンにて」は、日本の兵士たちの苦しみに集中していく。

多くの友が死に
さらに多くの友が死んでゆくとき
生あるものの皮膚の下を
いかにして黒い蛆虫が這いずってゆくかを
病める兵士たちは
声なくして新しい死者と語りあった

作者は〈かぎりなく澄んだ青空〉と、〈黒い蛆虫〉とを対置させる。後者は人間が人間でなくなっていく、人間としての尊厳を保つことができなくなっていく状態を象徴するイメージである。さらに読みこめば、共に苦しむ祖国をもつ兵士は、たとえ国が敗れても人間としての尊厳を保つことができるが、祖国から見捨てられた兵士は生きながら人間以下の異様な存在になってしまう、ということだ。
ここには鮎川の戦争経験が凝縮されていると同時に、国家を信じないアナーキズムの反面、鮎川の心の深いところに、〈ぼくら兵士の苦しみ〉を苦しんでくれる祖国を求める気持ちがひそんでいることを示している。

「サイゴンにて」は次のように終わる。

あかるい微風のなかに
若い魂を解放したカミソリの刃を
ぼくらの咽喉にあてたまま
担架をのせた小舟は
みどりの波をわけてゆっくり遠ざかっていった

カミソリの刃は鮎川の詩によく出てくる小道具である。髭を剃るための日常用具でありながら、手を滑らせれば死にもつながる。自殺にも使える。男っぽい日常性と同時に死の危険のつきまとった、二重性のあるイメージである。

5　アジアの民衆への共感の弱さ——軍隊に破壊された自我

〈若い魂を解放した〉という詩句には、蛆虫からの解放と同時に、〈われら祖国〉からの解放という二重の意味がこめられている。そして剃刀の刃を〈ぼくらの咽喉にあてたまま〉とは、自分たちにも若い軍属と同じ運命（あるいは選択）が待ち受けている、その可能性があることを示唆している。その危機と緊張をはらんだまま、屍体をのせた小舟は遠ざかっていくのである。

最後に、鮎川信夫はアジアの民衆をどのように見ていたのだろうか。「兵士の歌」には次のような詩句がある。〈消えたいのちの水をのんでいる兵士たちよ／きみたちは　もう頑強な村を焼きはらったり／奥地や海岸で　抵抗する住民をうちころす必要はない／死の獲りいれがおわり　きみたちの任務はおわったから／きみたちは　きみたちの大いなる真昼をかきけせ！〉

ここには日本軍の兵士たちが抵抗する住民への加害者であったという正確な認識がある。しかし鮎川のアジアの民衆への共感は全体として弱かったといわざるを得ない。いっぽう詩「アメリカ」に、アメリカ合衆国への批判は見られない。

アジアの民衆への共感の弱さ、自由主義国家の理想化、そして社会主義陣営の全体主義（それはかつての日本の全体主義と重ね合わされている）への嫌悪が、のちにかれのベトナム戦争観を、誤ったものにしたように思われる。それはアメリカの物流への過大評価と、北ベトナム＝かつての日本という思い込みに支えられた、荒唐無稽に近いものだったといわざるを得ない。(2)

一九七三年三月、ベトナム戦争はアメリカの完全な敗北と撤退で終わったが、その二年後にも、べ平連の中心にいた鶴見俊輔との対談「戦争について」（『現代思想』一九七五年三月、『鮎川信夫著作集』第9巻、思潮社、一九七五年所収）で鮎川は、鶴見が「私からみるとベトナム戦争は黒白がはっきりしてる戦争だ」というのに対して、「ぼくにはぜんぜんはっきりしてない。そんなことはありえない、どんな小さな戦争でも」と答えている。この時点で、フランスやイギリスへの信頼も鮎川のなかで揺らいでいる。

鮎川はこの対談で、「僕の場合は、軍隊の経験で、本来の自分てのがわかんなくなっちゃってるんですよ」、「軍隊というのは徹底的に、もう最後の一粒の自我も奪ったように思う」と、大岡昇平との対談でも語らなかったことを告白している。鶴見が「胡桃割り器みたいなもので、こう自我を割られた感じですね」と応じると、「そうすると、何にでもなりうる。（略）自殺するか人を殺すかという場合に、人を殺すほうを選ぶほうが自然だという考え方になってるんですね」と答えている。鶴見は「軍隊の中では人を殺すほうが自然ですよ」と応じる。相手が人一倍包容力のある鶴見俊輔だったからこそ、告白できたことだろう。ゲリラに誘拐されて殺人兵士に仕立てられた中東やアフリカの紛争地帯の少年と同質の少年が、鮎川信夫のなかにいるのをわたしは感じた。

注

（1）ヴィシー政権下のフランスの現実から目をそむけたのは、戦後のフランスとフランス人自身だった。両親がフランスの警察に捕えられてドイツに引き渡され、アウシュビッツの収容所に送られて殺された精神科医で作家のボリス・シリュニクは、自らの生い立ちを長く封印してきたが、いま、こう語る。「フランス社会は、自国政府がナチスに協力したことから目をそむけていました。フランス人全員がレジスタンスに参加したかのような物語こそ、多くの人が聞きたい話だったのです。戦争で破壊された国家を復興させなければならず、国内を二分するような葛藤が起きかねない歴史を封じ込めた。過去の問題に向き合えるようになったのは、戦後の復興をとげてからです。何十年もかかりました」（「朝日新聞」二〇一五年一二月一日）。

　戦後復興を優先したかったヨーロッパ諸国にとって、対独協力やユダヤ人迫害の過去は忘れたい出来事となる。フランスでは、反ユダヤ法を制定したヴィシー政権の過去は忘却され、国をあげてナチスに抵抗したという「レジスタンス神話」が戦後の出発点となる。一九七〇年代から外国の歴史家を中心にヴィシー政権の実態解明が進んだが、フランス政府が公式に過ちを認めるまで、シラク政権となった九五年までかかった（板橋拓己、前掲新聞）。

（2）この一〇年間ベトナム戦争だけはずっとフォローしてきたという鮎川は、日本人のベトナム戦争観について、「「あれはアメリカの侵略戦争です」というのが、〝常識化〟されてしまっていて、そのこわばりから脱けられないでいる」と語る。そしてベ平連をはじめとする〈反戦運動〉に〈日本浪曼派〉に感じたオカシサと同じものを感じているという。また北ベトナムは「戦争中の日本に似てきた」、アメリカをひきつけておいて消耗戦をやろうとする彼らは、アメリカの潜在力を見くびっている、と語っている（田村隆一との対談「兵士について」『日本の底流』第3号、一九七二年、『鮎川信夫著作集』第9巻所収）。

〈付記〉鮎川信夫の詩の引用は『鮎川信夫詩集』（現代詩文庫9、思潮社、一九六八年）に拠った。

清岡卓行と『アカシヤの大連』——日本のモダニズムの精神的態度としての〈白紙還元《タブラ・ラーサ》〉

1　現実が提供してくれた白紙還元《タブラ・ラーサ》からの出発——「飯島耕一の詩」

清岡卓行の戦後詩論『抒情の前線——戦後詩十人の本質』（新潮社、一九七〇年三月）は、吉野弘、黒田三郎、谷川俊太郎、那珂太郎、富岡多恵子、石垣りん、大岡信、吉岡実、飯島耕一、吉本隆明の一〇人の詩人の「それぞれに独自な本質」を、著者の「詩の本質で照射することを試みた」本である。一九六六年後半から六八年後半にかけて、雑誌『文学』に連載された。

かつてこの本を書評したとき、わたしの気になったのは日本の戦後を〈白紙還元《タブラ・ラーサ》〉という言葉で捉える捉え方であった。

白紙還元《タブラ・ラーサ》は、広辞苑第四版では「タブラ・ラサ」として、次のように説明されている。「〔哲〕（文字などが消し去られている板の意）何も書いてない書き物板、つまり白紙と同じ意味で、外界の印象を何も受けとっていない心の状態を表す語。経験主義（ロック）の人間論で用いる」。

清岡氏はたとえば「飯島耕一の詩」で、飯島が「終戦のとき十五歳である」ことと結びつけて、次のように書く。「彼は自分が苦心して作りだしたのではなく、現実が提供してくれた白紙還元《タブラ・ラーサ》から出発したのである。（略）そこには、自我の再建にかかわる自嘲や自虐のかわりに、自我をなかば現実に埋没させるレアリストの快い驚きがあり、主題の喪失のかわりに、発見のしかたがそのまま映像造型のしかたとなるヴォワイヤンの活撥な本能があったのだ」。

そのあと、飯島の詩「他人の空」と「砂の中には」に、「鋭敏で傷つきやすい、ゼロの現実によりふさわしく詩的なものであるように思われる初々しい視覚」、「その視覚と密接にかかわる御破算となった現実への嗜好」を見いだす言葉もあり、清岡氏が戦後現実を〈ゼロの現実〉、〈御破算となった現実〉として捉えていたことがわかる。

２　他律的な白紙還元《タブラ・ラーサ》――「吉本隆明の詩」

「吉本隆明の詩」[1]でも、この言葉は使われている。「戦後詩の出発、つまり、敗戦と廃墟によって象徴される他律的な白紙還元《タブラ・ラーサ》からの若々しい詩の誕生。そこには新しい全体性の希求という公分母を、少なくとも無意識的な雰囲気として設定することができるだろう」と。しかし〈白紙還元《タブラ・ラーサ》〉の内容は説明されていない。その内容は、「大岡信の詩」で「フランス近代詩の白紙還元的な自我解体」と、「飯島耕一の詩」で超現実主義の「白紙状態《ターブル・ラーズ》への意志」への共感と結びつけて書かれているだけだ（ターブル・ラーズ table rase はフランス語）。

「他律的」というのは、本人自身の意志や行動によらないという意味だ。そして日本の敗戦や米軍空襲による廃墟がそれを象徴していると清岡はいう。たしかに戦争の終わりは、日本国民自身の意志によってもたらされたのではなかった。たとえ強くそれを望んでいたとしても、日本国民は戦争を終わらせる力をもっていなかった。それは天皇の決断によるポツダム宣言受諾によってもたらされたのだった。

３　心の状態としての白紙還元《タブラ・ラーサ》――飯島耕一「他人の空」

戦後詩の出発を若々しく印象づけた飯島の「他人の空」を思い出してみよう。清岡が「なかば呆然自失とした、（略）自我をなかば現実に埋没させた、深い驚きのなかの少年が、不気味に静かな終戦の風景をゆっくりと縫いまわっている足音が、どこからともなく聞えてくるのではないだろうか？　あえて比喩を誇張すれば、そこには少しばかり戦災少年ふうなひびきもこもっているようである」と適切に語っている詩である。

鳥たちが帰って来た。
地の黒い割れ目をついばんだ。
見慣れない屋根の上を
上ったり下ったりした。
それは途方に暮れているように見えた。
空は石を食ったように頭をかかえている。
物思いにふけっている。
もう流れ出すこともなかったので、
血は空に
他人のようにめぐっている。

この詩はもちろん戦争の記憶を引きずっている。空は鳥ではなく敵機に埋め尽くされていたし、他人のではなく自分の血が流されることを怖れる日々が、何年もつづいていたのだ。とくに出征を意識しないわけにいかない若年男性にとっては……。しかしいま、鳥たちも屋根も空も、戦争が終わった現実に慣れることができず、戸惑っている。おびただしく流された血は、今は他人のように空にめぐっているのだ。

作者は、現実を一種の見慣れない風景として感じている。作者自身が途方に暮れているといってもいい。その意味でこの詩は、「外界の印象を何も受けとっていない心の状態」で戦後の現実を見たときに、生まれた詩だといえるだろう。そこにはまぎれもなく、生命が助かったことへの安堵感が滲み出ているのだが。

この風景の見慣れなさ、新鮮さがこの詩の魅力を形づくっているのだが、同時に、その解放が「他律的」だったことも物語っている。戦後詩の出発を、「敗戦と廃墟によって象徴される他律的な白紙還元《タブラ・ラーサ》からの若々しい詩の誕生」として捉える清岡の戦後詩観は、その限りでは正しいと思う。

4　現実のこととしての白紙還元《タブラ・ラーサ》——ご破算にしてもいい現実

しかし問題は、清岡が〈白紙還元《タブラ・ラーサ》〉を心の状態としてだけでなく、現実のこととしても捉えていることだ。前述した「ゼロの現実」「御破算となった現実」という言葉が、それをよく表している。かれは白紙還元を、「白紙に戻す」という意味で使っている。「白紙に戻す」とは、「これまでのことをなかったことにして、最初の状態に戻す。出発点に立ち戻る。白紙に戻す」（前掲辞典）という意味である。

戦後、ご破算になってよかったと思う現実は、たくさんある。順不同でいえば、軍隊と軍国主義、天皇の神格化、女性の参政権を認めない選挙制度、華族制度、地主・小作制度、男女別の教育制度（女性の大学進学を禁じていた）、女性の低い地位を規定した家族制度、激しい貧富の差を生み出していた財閥、労働者の団結権を認めない制度、そして何よりも天皇主権の大日本帝国憲法、等々。もちろん忘れ去っていい事柄ではない。

これらを廃止したのは日本を占領していたアメリカだと考えられてきたが、実際はそれだけではない。婦人参政権の付与や農地改革、労働組合法の制定などは戦前からの懸案で、ＧＨＱが主導する前に担当省庁の官僚が改革案を練っていたのだ（福永文夫『日本占領史』中公新書、二〇一五年参照）。婦人参政権が女性たちの運動によって議会通過の直前までできていたことは、知られている事実である。戦後三年目、一九四八（昭和23）年夏に大連から帰国した清岡氏は、そのころ日本を覆っていた民主化の熱気を知らなかったと思う。

5　戦争を起こした大人たちへの怒り――ご破算にしたくない現実

いっぽうご破算にしたくない現実もあった。それは戦争責任に関することだった。わたしは敗戦のとき一二歳、いまでいう中学一年生だった。疎開先から東京に戻ってきたその年の秋、妙正寺川対岸の焼け跡から東京音頭の空しくも明るいメロディが響いてきたとき、わたしは絶望に近いものを感じた。

わたしは皆がもっと戦争に対して怒っていると思っていたのだ。一面の廃墟も、飢えも、戦地での残虐行為さえ、戦争が強いたものなのだ。しかし巷では「リンゴの気持はよくわかる」という歌が流行り、人びとは焼け跡に櫓を組んで盆踊りを始めていた。人びとは明るさに、娯楽に飢えていたのだった。

わたし自身は、戦争を起こした大人たちすべてに対して怒っていた。そのなかには政治家として戦争に協力した母親の高良とみもいた（インドのタゴールやガンジーと親交のあった彼女の戦争協力の過程は複雑で、他の女性指導者と一律に論じられないことが次第にわかってきたが……）。学童疎開中、家族への手紙に真実を書くことを禁じた教師たちもいた。相手はほとんど見境なかったが、その怒りの根源にあった戦争という現実は、わたしにとってご破算にしていい現実ではなかった。

学童疎開中の教師たちの言動は、止むを得ないことだったとは思う。しかしわたしたちは突然襲ってきた飢えと禁止に耐えかねて、二〇日目の九月三〇日に〝反乱〟を起こしたのだ。もちろん弾圧されたが、反乱は間違いではなかった。ご破算にしていい現実ではなかったのだ。

わたしは他律的なゼロを自律的なものにしたかったのだと思う。しかし多くの大人たちや青年たちは怒りではなく、〝虚脱〟のなかにいた。しかも米ソの冷戦が激しくなった一九四八年以後、アメリカは日本を反共の防波堤にするため、初期の理想主義的な改革を停滞させた。〝逆コース〟が始まったのだ。さらに独立後、自民党によってつくられたいわゆる五五年体制は、建設途中の民主的な平和国家をご破算にしてはならない現実にした。

6　日本人のアジアでの経験——ご破算にしてはならない現実

『抒情の前線』の書評（『出版ニュース』一九七〇年六月上旬号、『モダニズム・アジア・戦後詩』御茶の水書房、一九九二年に収録）で、わたしは「現実生活と批評精神との幸福な結合を求めた抒情性という戦後詩の特質が浮かび上がってくる」とこの本を評価しながらも、「著者が戦後詩の出発点としてある力点をおいて語っている、敗戦による（略）他律的な〈白紙還元《タブラ・ラーサ》〉の功罪をもう一度問題にし直すことが、（略）この時期の詩を全体として批評するために必要なことではないか」とのべた。

わたしは〈白紙還元《タブラ・ラーサ》〉の側面として、近代主義や戦後詩の陰影の浅さなどを指摘したが、「アジアでの加害意識の欠如」をつけ加えるべきだったと思う。当時わたしはすでにその問題意識をもち、清岡氏にある期待を抱いていたのだから。

二年ほどのちの一九七二年九月、評論集『文学と無限なもの』（筑摩書房、同年一〇月）の「あとがき」で、「わたしは日本の現代詩や戦後詩といわれるものが、アジアやそこでの日本人の植民地経験を括弧にいれて白紙状態《タブラ・ラーサ》を手に入れることで、成り立ってきたのではないかという疑惑を抱くようになった」と書いている。また翌年の座談会では、タブラ・ラーサを日本的モダニズムの精神的態度として、次のようにのべた。

「日本の近代がそれなりにらん熟して、侵略的になるにつれて、次第に自分たちの過去や現在の行為にたいする忘却という面をもふくんできた。（略）私は最近とくにモダニズムのひとつの精神的な態度がタブラ・ラーサに象徴されているのではないかという気がしています。それは、空間的には、日本の場合だと外国といってもヨーロッパ、アメリカしかみないという態度になってあらわれてくるし、時間的にいえば、自分たちの過去の悪にたいする一種の忘却の願望になってあらわれているのではないか、と思います。現在、モダニズムを批判するとすればそういうところではないでしょうか」。

（「詩の変容と詩人の主体――戦後詩のなかのモダニズム」高良留美子・岡庭昇・富澤文明・村岡空（司会）、『詩と思想』一九七三年二月）

日本人がアジアでしたことは、ご破算にしていい現実ではない。それは日本人が白紙に戻してはならない経験なのである。しかし『抒情の前線』にはその問題意識が全く欠けていた。当時清岡氏の周辺にいた飯島耕一をはじめとする戦後の若い詩人たちも、西欧、とくにフランスの抵抗詩の影響を受けてイメージを重視する詩を書き、それは戦後詩の若々しい出発を印象づけたが、日本が侵略したアジアと向きあう姿勢は、欠落していた。

わたしは『抒情の前線』にときおり繰り返される〈白紙還元《タブラ・ラーサ》〉という言葉が、意識だけでなく現実についても使われていることに、危機感を抱いた。「敗戦によって現実は御破算になった、ゼロになった、ここから出発しよう」という態度は、その裏に戦争という過去の歴史を忘れ、その検討をなおざりにする傾向が潜んでいるからだ。

大陸や朝鮮から引揚げてきた詩人たちのうち、子どもだった三木卓や天沢退二郎や財部鳥子と違って、清岡は二〇歳をとうに越えた大人だった。しかも詩「引揚者たちの海」で、〈とある大陸によみがえる解氷の季節／引揚者収容所からの行列は　一瞬／はるかな海へ歩きはじめる　一歩　一歩／罪障の道を　逆に　たどりはじめる〉や、〈かれらの／遠く失われた　驕慢の日々／突如　円陣をつくって　襲いかかる／無国籍の　見知らぬ水平線〉などという詩句を書いていたのである（「引揚者たちの海」詩集『氷った焰』書肆ユリイカ、一九五九年。「六〇年代の詩とモダニズム」の9節参照)。わたしはその内実をもっと知りたいと思っていた。

7　敗戦時、旧満州にいた日本の民間人――関東軍はすでに撤退

「朝日新聞」の「戦後70年」記事(二〇一五年一一月二四日)によると、敗戦時、大連を含む旧満州には約一五五万の日本の民間人がいた。一九四五年六月以降、一七歳から四五歳までの開拓団などの男子約一五万人が「根こそぎ召集」され、女性や子ども、わずかな男たちだけが残っていた。召集は、南方や本土に兵力をとられて弱体化していた日本の陸軍「関東軍」の穴埋めのためだった。

ソ連が日ソ中立条約を破棄して一七〇万の大軍で対日参戦すると、その女性や子どもたちが「難民化」し、病気や飢えのほかソ連軍の攻撃や集団自決のため、幼い子どもたちを初め二四万人余りが亡くなった。詳しい調査はされないままだが、その数は原爆(広島、長崎で四五年末までに約二一万人)や、沖縄戦(県民約一二万人)を上回っている。

「関東軍」はすでに撤退していた。「関東軍」の戦略は本土決戦を遅らせる時間かせぎの「持久戦」であり、満州全域を守ることはできないとして、四五年七月までに防衛線を朝鮮半島北部に設定し、後退し始めた。多くの開拓団はそのことを知らされず、防衛線の外にとり残されたのだ。国策によって入植し、関東軍が守ってくれると信じていた開拓移民は、軍に見捨てられたのだった。

ポツダム宣言受諾を議論して終戦に向かう過程で、日本政府の焦点は「国体護持」のみであり、海外の邦人をどう保護するかという意識は欠落していた。民間人は棄民になってしまったのだ。大連を含む旧満州からの引揚者は一二七万一四七九人に達し、その九五・八四%が民間人だった。

日本政府が受諾したポツダム宣言に、日本軍の武装解除と本国送還の方針は盛り込まれたが、民間人については

触れられなかった。「居留民ハ出来ウル限リ定着ノ方針ヲ執ル」と、日本政府は八月一四日付の在外公館あての暗号で示した。国内で食糧や住宅不足が深刻化し、各地の三〇〇万の海外居留民を受け入れる余地がないと考えたのだ。

しかし満州の日本人は、現地に定着できるような生き方はしていなかった。塚瀬進は『満州国「民族協和」の実情』（吉川弘文館、一九九八年）で、満州国（一九三二年成立）に住んだ日本人は周囲に暮らす中国人などの異民族に対しては無関心か蔑視する態度で接しており、満州国政府も民族間の相違を埋める努力はせず、民族協和が達成できる状況は存在しなかったという事実を指摘している。開拓団が実際に開拓した土地はごく一部で、大部分は現地の人たちの土地を強制的に安く買い叩いたものだったことは、いまではよく知られている。

現地に残ったのは国共内戦の激化により帰国できなかった人たち、引揚げ途中で中国人に預けられたり売られたりした孤児たち、そして生きるために中国人と結婚した女性たちなどだった。中華人民共和国成立後の一九五三年、日赤などの民間三団体と高良とみが訪中して結んだ帰国協定により、約三万人が舞鶴へ引揚げることになる。

8『アカシヤの大連』のノスタルジー――大連は内戦の戦火を免れた

清岡卓行の小説『アカシヤの大連』は、敗戦の年の三月下旬、大学一年生だった「彼」が「抑えがたい郷愁にかられ」て舞い戻り、そのあと三年間留まって「思いがけなくも結婚した町」、大連への郷愁と、追憶と、後ろめたさが書かれた小説である（以下、傍点つきの彼で主人公を表す）。雑誌『群像』一九六九年一二月号に発表され、第62回芥川賞を受賞した。七〇年三月に講談社から単行本化された。『抒情の前線』と同時である。

日本に実家がないため、彼は大学の寮では猛烈な飢えを経験したが、大連には優雅といえる日々が待っていた。

「日本内地にいて、文字通り喉から手が出るほど欲しかった米、肉、卵、砂糖、酒、煙草なども、まだいろいろと入手の方法があるようであったし、魚類と野菜類は、現地で沢山取れるので、親しい中国人に頼めば、ほとんどいくらでも買うことができた」のだ。

作者は続けて「しかし、戦争中におけるこれらの安寧について、その代償を支払うかのように、大連にいた日本人たちは、やがて敗戦後の引揚げにおいて、財産や職業のほとんどすべてを無残にも失わなければならなくなる」と書く。しかし引揚収容所についても、かれらの〈驕慢の日々〉についても書かれているわけではない。

ただ「小学校六年生頃、大連の東部にあった中国人の居住地、寺児溝の一部における惨憺たる有様を眺め、ほとんど恐怖に近いものを覚えたことがあった」として、その様子を描いている。「貧困そのものの象徴であるような住居」を沢山見たあと、「共同便所にはいったとき、その壁の隅に「打倒日本」という文字がいくつか落書されているのを見て、もしかしたら自分はここで誘拐されるのではないかと不安を感じた」と。

二二歳の彼は、「同じ都会のなかにそのような違いがあること」を肯定できず、「それが民族のちがいに対応しているということは、許すことができない野蛮なことのように」感じている。しかしそうした矛盾にも拘らず、彼は大連という都会のさまざまな場所を「切ないような苦しさで愛さずにはいられなかった。なぜなら、彼が生れて、幼年時代と少年時代を送ったところは、その植民地以外にはなかったからである」。

大連の街は美しく、とりわけ彼の家のある「南山麓と呼ばれている住宅街一帯の雰囲気は、彼にとって、そのままで夢想に満ちているような現実であった」。満ち足りた生活のなかでの倦怠から、彼には「観念における甘美な死に憧れる」傾向さえ生まれている。かつて遠足で感じた、旅順の旧市街と新市街をつないでいる鉄橋は自分の父が作ったものだという「幼い誇り」の追憶も書かれている。

原子爆弾の投下と敗戦は彼に衝撃をもたらしたが、それは「出征はもう永久にやってこない」ことも意味していた。[2] ソ連軍が進駐し、その管理下で多少のトラブルはあっても、彼とその家族に直接の被害は及ばない。小説には書かれていないが、ソ連は一九四五年八月に結ばれた中ソ友好同盟条約に基づき、大連港を旅順港や南満州鉄道と共に管理下に置いた。そのため国共内戦下でも国民党側の支配下に入ることはなく、大連は内戦の戦火を免れた。引揚げていく日本人の難民たちは大連を通過しなかったし、大連の日本人の引揚げについては、「最初は生活困窮者たちが、船に乗って帰っていった」と書かれているだけだ。恋人を得て結婚し、「魅惑の死」を忘れた彼にとって、引揚げは「引揚船によるふしぎな新婚旅行」という夢想さえ伴うものだった。

9 『アカシヤの大連』はどのように読まれたか——読者共同体が求めていた物語

旧満州のなかでも、大連はロシア人が設計した特別な都市であった。日清戦争後の一八九八年、三国干渉によって日本に遼東半島を還付させたロシアは、その代償として清から旅順と大連湾を含む関東州を租借し、東清鉄道の終着駅を設けて「ダーリニ」と名づけた。旅順軍港と共に大連湾に一大商港を建設しようとし、寒村が点在するに過ぎなかった青泥窪《チンニーワ》を選び、ウラジオストークの埠頭建設で名高いサハロフを市長として、新市建設の全権をゆだねたのである。人口四万収用を目的とし、パリを模して中央広場と七つの小広場を中心に放射状街路と同心円状街路で囲み、その港湾計画は年間五〇〇万トンの貨物の出入りを目標とした。

　着工後二年、やっと官庁区域と係船広場ができあがった頃に日露戦争が始まり、日本はほとんど無傷のままここを占領した。戦後の一九〇五年、ポーツマス条約によってロシアから日本に租借権が譲渡された。日本は古地図の大連湾から「大連」と命名し、ほぼロシアの建設計画を踏襲してその完成に乗り出したのである。

　日本はとくに大連港を自由港とし、満鉄本社を大連においた。昭和初期には現在の大連駅とその駅前一帯が整備され、旧市街がほぼ現在の形になった。占領当時三万五〇〇〇人だった人口は、満州事変前には三五万に、第二次大戦の終わりには八三万（うち日本人は二二万）に達した。

内地の日本人にとっても、大連は西欧風の町並み、自由、豊かさ、乾いた気候、モダニズムの原郷といったイメージで描かれる、ある種の憧れさえ喚起する近代都市であった。中国やアジアというより、それは西欧の一都市に近い印象を与えていたのである。

日本が戦後の復興を成し遂げ、前年には国民総生産（GNP）が当時の西ドイツを抜いて世界第二位の経済大国にのしあがっていた一九六九年、『アカシヤの大連』は戦争や侵略、引揚げや飢えや死とは馴染まない、かつての近代都市大連のイメージそのままの姿を日本の読者の前に繰り広げたのだ。それは戦争によって受けた傷を癒し、自分たちの民族が犯した加害行為を早く忘れたいという、人びとの願いに応えた。『アカシヤの大連』は、当時の日本の読者共同体がまさに求めていた物語だったのである。(3)

清岡は文学を政治から切り離したが、その作品は明らかに一定の政治的役割を果たしたのだ。

さらにこの作品の背後には、一九四六年秋に一九歳一〇ヵ月で入水した一高生・原口統三の『二十歳のエチュード』が、守護神のように控えていた。清岡は一緒に大連に帰ったこの後輩の名前を、自分の高校が一高であることとともにつつしみ深く伏せているが、四八年に書肆ユリイカから刊行されてベストセラーになった『二十歳のエチュード』のなかで、「清岡さん」と尊敬をもって呼びかけられる清岡は、「一高の桂冠詩人」という名誉ある称号とともに、若い読者には一種アウラを帯びた存在だったのである。

原口統三が生涯もっとも大切にした価値は「純粋」であり、(4)純粋、若き秀才、青春、自殺願望などは、これら大連帰りの青年たちに流離する貴種のイメージさえ与えていたのだった。

10 〈植民者の子〉であった自己への否定——清岡卓行の到達点

清岡卓行の〈植民者の子〉としての忸怩たる思いは、『アカシヤの大連』にもたゆたっているが、引用したところ以外は、それほど多くない。「日本人たちは、虐げられる立場におかれたおかげで、はじめて他民族の存在というものにはっきり眼覚め、むしろ思いがけない人生の臨時休暇を味わったのであった」とかれは書く。

安西冬衛詩集『軍艦茉莉』については、〈てふてふが一匹韃靼海峡を渡つて行つた。〉という「春」ばかりが引用されるが、清岡もやはりそうだ。引用と、「詩人が立っている日本所属の国際都市の本質が、いくらかデフォルメされながらも（略）投影されている」といった感想に止まっている。

しかしこの詩集は奇怪な詩集である。冒頭の散文詩「軍艦茉莉」は、「たったひとりの妹」が犯されるという悪に立ち向かうことができず阿片に溺れ、監禁されて「一匹の雪白なコリー種の犬」に監視されている艦長の「私」の、忸怩たる思いを表現している。悪の主体は「ノルマンディー産れの質のよくない機関長」になっているが、作者は、白人に苦しめられていた中国の民衆の側に立とうとしていたようでもある。

最近わたしは『大連小景集』（講談社、一九八四年）の四連作の三作目、「サハロフ幻想」を読んだ。前述したように、サハロフはダーリニ市長となり、市街と港湾の基本設計をした人である。日露戦争中、建設中のダーリニから徒歩で旅順に逃れ、ロシア軍の要塞のなかでチフスのため死んだ。

この作品の最後に、清岡は書いている。「侵略を前提とした建設者であったきみを、私は否定する。植民地の子であった私自身を、わたしが否定するように。しかしきみの建設の芸術性を、わたしはどこまでも評価する。それは永く、大連という都会の独特な美しさを支えるだろう。そして、その美しさを、きみと同じように、わたしもまた心の底から愛するのだ」。

これが清岡卓行の到達点だと思う[5]。分身サハロフを道連れにした、遅すぎる決着ではあるが、戦後三十数年経って、清岡はナルシシズムと深く結びついた生まれ故郷への激しいノスタルジーを、「植民地の子であった」ことの歴史性の前に潔《いさぎよ》く敗北させた。そして、大連という都市への愛を救ったのである。ただわたしたちは戦後を生きた者として、前述した〈白紙還元《タブラ・ラーサ》〉と日本人の過去への忘却に関わるその戦後責任を忘れることはできない。

（二〇一五年一二月一五日）

注

（1）「吉本隆明の詩」……清岡はここで、吉本の『反逆の論理――マチウ書試論』（一九五四年）について、「「関係の絶対性」というような硬化した観念を持ちだすときの彼の姿勢は好きではない。それは、ぼくから見れば、むしろ、憎悪の観念的表現と思われるのである」という。そして「彼のいくつかの憎悪の表情に共通して言えることは、それが彼の詩と思想の本質ではないということである」として、吉本の「前世代の詩人たち――壺井・岡本の評価について」（『詩学』一九五五年一一月）などの文学者の戦争責任論を、吉本の思想の本質から切り離してしまう。それは吉本のこの評論に応えたエッセイ「奇妙な幕間の告白」（『現代詩』一九五六年四月）において、文学を政治から切り離したことと対応していた。

　吉本のいう「関係の絶対」とは、人間に原罪意識を植えつけることによって信仰を強化するキリスト教（天皇制国家や共産党も同じ構造をもっている）への憎悪の観念的表現なのだが、「前世代の詩人たち」は、たんに憎悪の感情から詩人の変節を論難したのではなく、その原因を日本的庶民意識の問題として考察したものであった。それは、壺井繁治と岡本潤について、コミュニズムやアナーキズムから転向したのちに戦争協力詩を書き、戦後は進歩的詩人として振る舞い、他人の戦争協力詩を非難しながら戦中抵抗者を装っている、詩人としての自己への責任を衝き、詩壇だけでなく民主主義文学に強烈な衝撃を与えた評論であった。

　吉本は「壺井には、転向の問題も、戦争責任の問題もなく、いわば、時代とともに流れてゆく一個の庶民の姿があるだけである」といい、「岡本の詩にあらわれているのは、わたしのいう「日本的庶民意識」のなかの、残忍さ、非人間さ、ニヒリズムの表現である。（略）このような残忍さ、非人間さ、ニヒリズムは、（略）日本庶民に固有なものである」と批判する。そして日本的庶民意識を、「日本の社会的なヒエラルキイにたいして、論理化された批判や反抗をもたない層の意識」と捉える。

　この時期の吉本の庶民意識批判は実に鋭いものがあったが、六〇年の安保闘争前後から『共同幻想論』（一九六八年）にかけて、吉本は庶民批判をやめて大衆肯定に転じていく。

　その間の一九六四年に吉本は「日本のナショナリズム」を書き、大衆は支配者、ことに天皇のなかに逆立ちした鏡をもっている、自分自身の鏡をもっていない、自分自身の鏡を見つけ出せなければいけないといい、「大衆自体の生活思想の深化（自立化）」が必要だとして、大衆の思想的自立を考えていた。たしかに『言語にとって美とは何か』や『共同幻想論』には、そのモチーフが貫かれている。しかし言語の自己表出の強調や、共同幻想と自己幻想の逆立など、吉本は結局孤立した個人に収斂する思想しかつかむことができなかったといわざるを得ない（岡庭昇との対談「吉本隆明」『戦後思想家論』）現代評論社、一九七一年参照）。

わたしは一九八七年に「吉本隆明の〝対幻想〟とその行方――骨抜きにされた庶民意識」を書き、次のようにのべた。「吉本隆明の対幻想の思想は、近代的な恋愛と核家族的なマイホーム主義に収斂していく傾向を最初からもっていた」。「吉本の思想は、（略）あらゆる共同幻想を否定して、そこから自分を切りはなすという方向に人びとを導くものであった。しかもそれは、被治者としての庶民大衆が伝統的に強いられてきた生の形と期せずして似通った生き方であり、政治に無関心で自分と家族のなかに閉じこもったこのような大衆の存在は、治者にとってきわめて都合のいいものだったのである」。「吉本隆明の共同幻想論、いや共同幻想否定論は、つよい自我信仰という近代的な装いをつけながらも、日本の伝統的な庶民の生き方のマイナス面を肯定するだけに終わっている。それは自己幻想と共同幻想、対幻想と共同幻想のあいだを切りはなすことを通して、伝統的な庶民意識の補強・現代化と、現代社会を支えるマイホーム主義に奉仕したということができるだろう。しかもそこでは、かつての庶民がもっていたしぶとい反権力の姿勢や諷刺精神は、影をひそめている。吉本隆明はかつて芥川龍之介を論じながら、「庶民から人民へ」という方向性を指し示した人なのだが、その思想は庶民の抵抗精神を骨ぬきにしながら〝近代化〟することに終ったといえるだろう。（略）アジア的専制下の共同体に「人類の理想といえる面」を見る（『世界認識の方法』）ようになる吉本隆明の退行の萌芽が、すでにここにあらわれている」（『詩と思想』一九八七年一月、『文学と無限なもの』御茶の水書房、一九九二年に収録）。

また小熊英二は次のようにのべている。「六〇年安保以降の吉本は、「大衆の生活」に介入する、あらゆる理念を拒否する方向に向かった」。「この後の吉本は、大衆消費社会を肯定する評論を書く一方、あらゆる政治運動を批判しつづけた。第三世界にたいする搾取批判も、アジアへの戦争責任論も、吉本の目には、罪悪感をかきたてる新たな「神」の創出であると映った。一九八〇年代の反核運動や反原発運動にも、彼は強い批判を行なっている」。「吉本は、自分自身の罪悪感からの解放を求めて、戦後思想が築いた「公」の論理を解体した」（『〈民主〉と〈愛国〉――戦後日本のナショナリズムと公共性』第14章、新曜社、二〇〇二年）。

なお吉本隆明についてはⅥ章の「芸術運動の不可欠性をめぐって」およびⅦ章の「すべてはシミュラークル？」中の1、4、5節参照。

（2）彼は学徒出陣が決まる数年前、原籍の高知県で徴兵検査を受けて即日帰郷を命じられた。高校からの書類に「休学中」と書かれていたためで、病気ではなかった。彼は厭戦的な自分をひそかに是認し、戦争の犠牲者あるいは被害者の意識をもっていたが、徴兵検査以後、戦場に赴いている同期の学生たちのことを考えて密かな罪の意識、加害者の意識をも抱くようになる。

（3）日本人の犯した加害行為の忘却を求めていたのは、日本人だけではなかった。ジョン・ダワーは『敗北を抱きしめて』上（岩波書店、二〇〇四年）で、次のようにのべている。「マッカーサーとその側近たちは、天皇の戦争責任ばかりでなく、天皇の名において残虐な戦争が許されたことにたいする道徳的な責任さえも、すべて免除しようと決断していた。（略）東京で開廷された戦争裁判で、陳列棚の見世物のように、ほんの少数の武官・文官の最高指導者たちが戦争犯罪者として有罪とされるという特殊な方法がとられ、その一方で天皇に対してはこびへつらうような処遇がなされた。そのため、日本が領土拡張と国家安全を狂気のように追い求め、その過程で大和民族の男たちが他の人々に対して行ったことは忘れてしまおうとする、大衆の根強い傾向が助長された。（略）忘却を求める傾向が特殊だったとしても、実はそれは勝者と敗者が共有していた特殊性であった。現代日本社会の中核にあるものの多く、たとえば民主主義の性格とか、平和主義と軍備拡張についての大衆の感情的反応の強さとか、あの戦争の記憶（そして忘却）のされ方とかいったものは、じつは征服者と被征服者との間の複雑な相互影響から生まれたものなのである」（一一～一二頁）。

（4）原口の純粋指向ににについては拙著『わが二十歳のエチュード――愛すること、生きること、女であること』（學藝書林、二〇一五年）の「解題とあとがき」で詳述した。

（5）連作の最後の「大連の海辺で」は、大連の海を知らない案内人の中国の青年三人を海辺まで案内するという、和解の雰囲気をもった作品である。海という自然が和解を媒介している。

金時鐘詩集『新潟――長篇詩』――死者たちさえもが語る

1　〈しつらえられた道〉を拒む――新潟の海に立つ一人の詩人

日本というこの細長い島国を縦・横・斜めにつっ切って、何本もの道が世界へむかって延びている。日本からアメリカへの道、ヨーロッパへの道、アジアの国々への道……。だがそうした道々のうちで、日本人の意識にのぼりやすいのは、日本からアメリカへの道、アジアの国ぐにを一またぎにしたヨーロッパへの道、あるいは〝経済動物〟や観光客としての東南アジア諸国への道であり、アジアの国々への協力の道ではない。韓国への道も、その意味では日本人の意識にのぼっているが、日本、それも新潟港から北朝鮮への道、これはもう完全に閉ざされ、忘れやすい日本人の意識の表面から拭い去られようとしている道だ。

「帰国許可」という不遜な形でこの道を開いたのも、「禁止」という形で一方的にこの道を閉ざしたのも、わたしたちの政府だ。この道を、日本から受けた重荷と傷を背負ったまま、「在日朝鮮人」といわれている人びとの多くが、祖国へ帰っていった。だがこの道を道と呼ぶことを拒み、この道を渡ることも拒み、真の人間の道をつくり出すことを求めて新潟の海に立っていた一人の詩人がいたことを、人びとは知らない。かれは抑えた声で語りはじめる。

〈目に映る　通りを　道と　決めてはならない。　誰知らず　踏まれてできた　筋を　道と　呼ぶべきではな

い。　海にかかる　橋を　想像しよう。　地底をつらぬく　坑道を　考えよう。〉

引用はやむをえずたて組みにしたが、三〇〇〇行をこえる長詩『新潟――長篇詩』（構造社、一九七〇年）は、日本や朝鮮（韓国）のなか、また日本と世界とのあいだにすでに作られている道を拒みながら、別の道、まったく新しい道をつくり出そうとする苦闘にみちた作品である。そこにはすでに、「日本」とか「韓国」とかいう国家や国境をこえるものへの要求があり、展望すらある。

2　日本を幾筋もの光で刺し通し、照らし出す

その意味で、この詩は日本という島国を、日本人が知らない、あるいは忘れようとしている幾筋もの光で刺し通し、照らし出している。日本と朝鮮との過去の関係を生きた（生かされた）ことからくる光ばかりでなく、朝鮮と日本を生きたことからくる光、そしてなによりも戦後の朝鮮の人びとからくる光を、それはもっている。戦後のそれらの光は日本列島をつらぬいて、日本と日本人を意外な国際感覚で洗い出す。

たとえばそこでは、「終戦後帰国を急ぐ朝鮮労務者のために、輸送船に仕立てられた軍用船。一九四五年八月二十二日青森県大湊から強制徴用による朝鮮労務者二六〇〇余名を乗せて釜山に向けて出発したが、水、食品等の補給のためと称し舞鶴沖に投錨したまま、夜半時限爆弾によって爆破された。生存者はわずか十数名にすぎなかった」と註で記される浮島丸事件に触れて、この詩のなかでももっとも美しい詩句のいくつかが語られる。

〈袋小路の　舞鶴港を　這いずり　すっかり　陽炎に　ひずんだ　浮島丸が　未明。　夜の　かげろうとなって　燃えつきたのだ。　五十尋の　海底に　手繰りこまれた　ぼくの　帰郷が　爆破された　八月とともに

今も　るり色の　海に　うずくまったなりだ。〉

3　叙事詩的な緊張と荘厳さ

詩はまんなか近いこのあたりから、個体の経験が集団の経験を包みこみながら生き、語る、叙事詩的な緊張と荘厳さを帯びはじめる。

〈夜の　とばりに包まれた　世界は　もう　ひとつの　海だ。　眠りをもたぬ　少年の　眼に　黒黒と　シャーマン号が　無数の　死人を　引きずって　のしかかる。　亡霊の　ざわめきにも　ふやけた　父を　少年は　信じない。　二度と　引きずりようのない　父の　所在へ　少年は　しずかに　夜の階段を　海へ　下りる。〉

短い詩行は、ちぎって投げた呼吸のようだ。それは感情を伝えるよりはむしろ作者の、また作者以外の多くの人びとの、息づかいを伝えてくる。怨念よりは憤りを、抑えられた憤りを伝えてくる。また断言することはできないが、これらの行の背後には、何らかの形での口誦詩の伝統があるのではないかと思う。たとえばつぎのようなところに、わたしはそれを感じた。

〈柳のそよぎにも　宿る歌を　家郷といおう。　雨が　江《かわ》を　崩すものでなく　藁屋根を流すのが　江でない
家が家であり　そそぐ雨が　雨であり　恵みにすがる　暮らしでない国を　祖国と呼ぼう。〉

作者がすでにつくられた道を信じないのは、それが帰途のない道、爆破された道だからであり、〈自分の意志で

渡ったことのない〉道だからだ。だがすでにのべたように、この詩は被害者意識の充満した怨念の詩ではない。その種の表現はここには全くないといっていい。この作品を波のうねりにたとえるとすれば、引用した部分は、ほぼそれぞれの波の頂点であり、波の底には、屈折したさまざまな体験が秘められている。

そこではたとえば、朝鮮戦争下の兵器工場での労働や、日本や韓国での屈辱的な経験や病気などがからみあって、ねじれた腸管のような世界が形成されている。それは小野十三郎が最後の文章で適切に指摘するように、「殴られるとか、蹴飛ばされるということの実感さえそのまま読む者に伝わってくるほど、触覚や嗅覚も伴なって、五官を丸出しにした人間が、作品の上で行動している」世界である。

そこにはまた、帰国をめぐっての妻との対話があり、つぎのような詩句が記される。

〈いかに　自己の半生が　フォッサマグナの　烈目に　うずくまる　小石であったかと。　グリーンタフの
三紀層と　古生代の　古い地層に　はさまれた　境い目で　生涯　変らぬであろう　自然に　ほだされ　硬玉《ひすい》
への　変質に　望みを賭けた　稚拙な　日々よ！〉

4　大きな重層する経験となって――すべては今語られるべきだ

なまじっかな共感ははね返されてしまう張りつめた作品世界であり、ここにはおそらくわたしのうかがい知れない、人びとの体験がこめられている。大地が多くの地層のつみ重なりから成り立っているように、これらの体験は、ひとつの大きな重層する経験となって、わたしたちの前に立っている。〈二万の夜と　日をかけて　すべては今語られるべきだ〉という主調音が、その底の方からひびいてくるのだ。

「妻」は帰国し、「ぼく」はとどまる。〈誰に許されて　帰らねばならない国なのか。〉という言葉が、わたしをつ

らく打つ。『新潟』はつぎの五行で終わっている。

　ぼくを抜け出た
　すべてが去った。
　茫洋とひろがる海を
　一人の男が
　歩いている。

この作品を現在の日本の詩のなかに置いてみると、前述した波のうねりの頂点にあたる高揚が、日本の多くの詩にないことに気がつく。かといって、波の底にあたるものがあるわけではないのだが……。集団的な体験の内容が、たえず盗みとられてきたこの国では、詩にとって本来的なこの種の高揚をもつことは、容易なことではない。それには自然的な境界や言語の境界と癒着した国家の枠を、精神の深部において越えていなければならないからだ。まぎれもない日本語で書かれた『新潟』は、海をへだてて二つの国にまたがった、その言語世界と想像力のひろがりにおいて、無意識のタブーにも似たこの境界をやぶっている。そしてそれは、この列島の内外にのびたすべての〈しつらえられた道〉が拒まれ、消されていることによって、またそこから、まだない道への不思議な方向性がひらけていることによって、現代の詩に稀有な空間をひらいているのである。

この道は、この詩を世界の詩のなかにおいてみれば、いくらでも友だちを見つけることのできる道なのだが、日本というたこ壺のなかでは、まだまだ異質な印象を与える道だ。だが人間の歴史のなかから生みだされてきた言葉とは、不思議なものだ。金時鐘のこれらの言葉を聞いた人間は、もうこの国の内外にしつらえられている道を、安んじて歩くことはできなくなるだろう。なぜならそこでは、詩人ひとりが語っているのではなく、数えきれないほど多くの人間が、死者たちさえもが語っているからである。

（『新日本文学』一九七一年四月）

こぼれ落ちてきた日本人の戦争と植民地支配経験

1 「引揚者には責任がある」——財部鳥子と水田宗子の新鮮な発言

今年（二〇一五年）一月の『詩と思想』新年会で、日本現代詩人会会長（当時）の財部鳥子氏が挨拶のなかで、「引揚者には責任がある」とのべたことは、新鮮な感銘をわたしに与えた。これまで引揚者については、引揚げの苦難に焦点を当てて語られるのがせいぜいで、その責任について語られることは少なかったからだ。(1)

財部氏は城西国際大学で行なわれた「生命の尊厳を表現するということ——チカダ賞受賞記念国際シンポジウム」で、父親が一九二八年六月二日の奉天での張作霖爆殺事件に、関東軍との連絡係として関わっていたことを語っている。勇気ある告白といわなければならない。「生まれつきの放浪者」だったかれは中国の士官学校を出た軍人で、張作霖将軍の二〇人ほどいた通訳の一人だったという（同名書、城西大学出版会、二〇一五年、七七〜七八頁）。シンポジウム主催者の水田宗子は、「植民地という所には、侵略支配下ではあるけれど、同時に外へ出て行く機会を私たちに与えてきたという両義性があるのです」と語り（前掲書八一頁）、また「日本の戦後は、植民地経験に蓋をしながらやってきたような気がします」とのべている（同二〇七頁）。

さらに評論「外地と表現」（『現代詩手帖』二〇一五年八月）で、水田宗子は一九七〇年にニューヨークからカリフォルニアへ移り住み、初めて日系社会に接することになって経験した転機について、次のように書いている。

「日系社会との接触が私の仕事の上でも大きな転機となったのは、これまで、外地、植民地体験、人種差別、ジェンダー差別、ディアスポラという、私にとっても核となると考えてきた課題が、現在最も生々しい文化構造の課題として実は日本を研究する人たちに突きつけられているのに、それを日本国内では真正面から向き合って日本文学、日本文化、日本人論、戦後日本論を展開する視点を、戦後持たないできたのではないかという衝撃があったからである」。

「日本は敗戦国として、旧植民地時代の統治に関する責任を果たし、独立した旧植民地の国々との新たな関係を形成することが、戦後日本の重要課題であった。／その視点からこぼれ落ちてきたのが、日本人の植民地体験であり（後略）」。

「戦後七十年を経て今世界の国々は、第二次世界大戦後の地球社会の変容が新たな危機を迎えていることの認識を深める中で、戦争の後始末をしなければ先に進めない現実に向き合っている。植民地体験とそこからの引き上げ体験は、戦後の日本社会、文化形成に消すことのできない痕跡を刻み込んでいる。（略）植民地体験が他者との遭遇の最も熾烈な経験であるならば、そしてその絶対的他者体験が、語られてこなかったがゆえに表現の原点の意味を持ち続けてきたことは、宗主国、植民地双方の表現文化形成においても共有されている」。

2 シンガポールでの上陸拒否――一九五六年の衝撃的な経験

戦後七〇年目の夏、安倍首相が日本のアジア侵略について偏った（一九三一年の満州事変からしか視野に入れない）「談話」を発表し、戦後の日本を支えてきた平和主義が崩壊の危機に陥った節目の年に、現代詩の代表的な雑誌でこのような指摘がなされたことは、意義深いことだといわなければならない。

水田氏と同じように、わたしがこの問題をはっきり意識したのは外地においてであった。当時は外貨節約のため、外国旅行は極めて制限されていた。そのため日本人の多くは、戦争と植民地化の被害者だったアジアの人びとの声を直接聞くことができなかったのだ。

一九五六（昭和31）年六月、わたしは参議院議員だった高良とみの秘書という資格で、海外に出ることができた。そして海路横浜からマルセーユまで行く途中、シンガポールで日本人だけ一夜上陸できず、船中に留め置かれるという経験をした。のちに『海は問いかける』（『新日本文学』一九八七年一月～七月に連載、『時の迷路・海は問いかける』オリジン出版センター、一九八八年六月に収録）で、わたしは主人公梨本有子に託して次のように書いている。

その夜、有子はデッキの手すりにもたれて港の灯を見つめていた。気温は高かったが、夕凪の暑さも過ぎて海からの風が心地よく頰をなでた。（略）有子は人気のないラウンジを背後に感じながら、前方の港の灯を見つめていた。

透明な空気を透して、港に停泊している船の灯の向こうにひときわ明るい一群の灯が見えた。シンガポールの街の灯だ。それは有子の眼に、これまで寄港したどの港の灯よりも美しく、透明に、そして鉱石のように硬く映った。それは彼女を拒否した灯だった。日本人であるがゆえに彼女を拒んでいる街の灯なのだった。

ジョホール水道という名前が突然有子のなかに甦ってきた。それは彼女の内臓の柔らかい粘膜を押し上げて、執拗な吐気のように浮かび上がってきたのだった。ジョホール水道はどこにあるのだろう。たしかこの港のつづきに、それはあるはずだった。

マレー半島を一路南下する銀輪部隊、闇夜のジョホール水道渡河、シンガポール陥落、戦友の遺骨を抱いて入城する戦車部隊の勇士たち。あの当時場末の映画館で見たニュース映画のコマがまわりはじめた。そして有子も加わった戦勝祝いの提灯行列は、彼女の家のある高台をとりまくようにして深夜までつづいたのだ。あの戦争で日本が勝っているという実感があったのは、あのころまでだった。有子たち小学生は国からマレー半島のゴムでつくったゴムまりを一つずつもらった。それは当時けっして手に入らない上等のゴムまりだった。シンガポールはその後昭南島と名を変えて日本の統治下にはいったのだ。

たしかにあのころの有子は日本人だった。日本の少国民以外の何ものでもなかった。しかしあのあと彼女と日本との距離はひらいていくばかりだった。敗戦後、彼女は自分を日本から引き離し、もっと普遍的なものと結びつけようとしてきた。日本を批判し、否定し、変えようとさえ試みた。今度の旅も、そのことと無関係ではなかった。日本から最も遠いところへ行き、最も異質なものに触れること……。

彼女は自分を日本人だとはあまり考えていなかった。それは便宜的に着ている外套のようなものに過ぎず、自分の内面は国籍から自由だと思っていた。（略）しかしいまは禁止と拒否と非難が、日本人としての自分に向けられていた。永岡氏のようにそれを無視してしまうわけにはいかなかった。

有子は日本人という、自分にかぶせられている固い外套のなかでもがいていた。それは居心地がわるく、自分に適わしくなく感じられた。彼女はそれを脱ぎすてようとして身体を動かし、もがいてみた。しかし無駄だった。日本人という外套は、彼女の皮膚そのものとなったかのように彼女をとらえて放さなかった。とりわけ街の灯、無数のまばたきしない瞳に見つめられているいま、それを脱ぎすてることは不可能だった。それに何といっても彼女は「日本国外務省」と印字された、菊の御紋章のついたパスポートに守られてここまで旅行してきたのだったから。

銀輪部隊……山下将軍……ジョホール水道……シンガポール陥落……昭南島……。彼女をいま拒否しているのはその同じシンガポールだった。有子たちが「南方」と呼び、そこでとれたゴムでつくったゴムまりをもらった、その土地の人たちなのだった。彼女は街の灯を見つめ、何かを読みとろうとしたが、無駄だった。風はわずかしかなかったが、船はかすかに揺れ、それにつれて街の灯も細かく揺れ動いていた。

3　中国人の民間人を大量虐殺した日本軍——真赤に染まった海

翌日、上陸することのできた有子と母親は、領事館の役人と次のような会話をする。

「じつは……」しばらくすると西沢氏は少し改まった口調で、声を落して切り出した。「戦争中、日本軍がシンガポールを占領したときに、ここの中国人を大勢殺してしまったのです。敵性国民だというので、民間人をですね。……ご存知のようにシンガポールには中国系の住民が非常に多いのですが、かれらは当然のことにその虐殺事件を忘れていないのですよ。いまはちょうどそのわるいときに当たっているというわけなのです」

「中国人を、そんなに大勢殺したんですか」あきがいった。

「華僑の新聞は四万人などと書きたてていますが、なに、それほどではないでしょう。六千人ぐらいだともいわれているのですが、要するにはっきりした数字はわからないのです。しかし殺したことは事実で、土木工事のときに骨がかたまって出てきたりするのですね。それで対日感情が沸騰するんですよ……」

西沢氏は声をひそめて内証話をするように話した。運転手に聞かれるのを怖れているわけでもないらしい。あきが溜息をついた。

戦争中の捕虜虐待のことは有子も聞いていた。シンガポールの英雄でマレーの虎といわれた山下奉文大将は、後任地フィリピンでの捕虜虐待の責任を問われて戦後まもなくマニラで絞首刑にされてしまったし、東京裁判でも中国大陸や南方での日本軍の捕虜虐待が明るみに出て、責任者が処罰された。しかしシンガポールでの中国人虐殺については、有子はそれまで聞いたことがなかった。

「ちっとも知りませんでした」

「ええ、日本ではほとんど知られていないでしょう。わたしもここへきてはじめて知ったのです。なにしろ海の水が真赤に染まったっていいますからね」西沢氏は最後の方をますます小さな声で話した。

「でも、なぜそんなことをしたのでしょう」あきが尋ねた。

「ここの華僑は以前から孫文の国民党支持が多かったのです。ですから蔣介石にかなりの資金援助をしていたことは事実のようです。それで日本軍がここを占領したときに、かれらがスパイを働いたりゲリラになって抵抗するだろうと考えたらしいのですが……」西沢氏はいった。そしてつけ加えた。「ですから、わたし共としては小さくなっているしかないのですよ」

かれはそのあと、こういうことがあるので日本の出先機関としてはやりにくいというようなことを、当たりさわりのない範囲でくどくどと述べ立てた。

4　鮎川信夫『戦中手記』の古参兵の話――兵舎まで襲ってくる悪臭

この事件については、鮎川信夫が『戦中手記』（思潮社、一九六五年）の「古兵某の話」で記録している。

華僑は殆んど皆反日悔日の左翼的傾向のあるものとして注視せられ、片っぱしから男で一癖ありげな奴は検挙されたんだ。一軒々々虱潰しに四、五人づつ《ママ》で押しかけて調べるんだ。（略）拉致してきた奴等は、家族の者には作業に徴用するんだと瞞してくるんだが、一寸調べられるだけで夜になると、大きな穴を掘って片っぱしから銃剣で突殺して、その穴の中へ落しこむのだ。こんなにしてどの位殺したかわからない。要領のいい奴はまだ突かれもしないのに、穴の中へ自分からころげ込む。死んだ真似をされると暗いのでわからなくなってしまふ。後から後から死体が重なって、相当に多くなるとシャベルで土をかぶせて埋めるのだ。その時になると半分位しか死んでゐなかった奴や、死真似のうまいやつが動きだす。すると又盲滅法に突くのだ。埋めた土を踏んでゐると、まだ地の底で蠢いているのが感じられて気持が悪いが、それでもその時は気が立ってゐるからさほどにも思はないんだね。迚も平時では想像だって出来やしない。時々泥の中からにゅっと腕がつき出たりするのはさすがに嫌な気持だったからね。

はじめはこの屍体を海に捨ててゐたのだが、潮の干いてゐる時はいいが、潮がさしてくるやうになると、なんともいへぬ悪臭が兵舎まで襲ってきて、実に飯が不味くて食へたものぢゃない。犬や猫の死骸よりまだ嫌な臭ひがするんだ。実際、蛆なんかが湧いた屍体、皮膚の下が蛆のどよめきで皮膚が波打ってゐる屍体を見ると、人間なんて大きな顔をしてゐるが動物よりも醜悪だ、といふやうな感じがするよ。

（『鮎川信夫著作集　第七巻　戦中作品』思潮社、一九七四年より）

5　古兵の話に意味を認めない鮎川——「兵士の側から戦争を見ることの誤謬」

この古兵は「慰安所」の女性たちのことも語っているが、鮎川はこうした証言にほとんど意味を認めていない。「こんなことを聞いたからといって別にどうなるといふやうな話ではないし、解りきったやうな戦争の反面である」と切り捨てているのだ。「私はここで兵士の側から戦争を見ることの誤謬をはっきりしておきたい。明らかに兵士は戦争の何たるかを解してゐない。彼等はそんな戦争の目的などといふものは少しも解してゐないし、又解しようなどと決して思はないだらう」とも書いている。

鮎川は「戦争の目的」を何だと考えているのだろう。わたしは、この兵士の証言は日本軍が行なった戦争の内実をよく物語っていると思う。それはどんな美辞麗句で飾りたてようと、民間人を見境なく虐殺し、捕虜を殺し、慰安婦を「虫の息に」させる戦争なのである。

6 井伏鱒二の証言——何千人もの華僑が広場に集結

井伏鱒二は一九四一年一一月に陸軍徴用員（報道班員）として召集され、一年間シンガポールで勤務についていたが、その間の体験をまとめて記したものが、その死後『徴用中のこと』（講談社、一九九六年）として出版された。井伏はシンガポールにおける「住民（華僑）虐殺」について、次のように書いている。

シンガポールを占領した第二十五軍司令部の出した粛清命令書は、最初、何といふ名前の参謀が発言し、誰が反対し、誰が決済したか、どんな風にそれが伝達されたか知る方法はない。ただ、ときたま無性に知りたいと思ふだけである。粛清の始まる前の情況のうち、私の記憶に残つてゐるのは、何千人もの華僑が広場に集結してゐる光景である。私は沼南タイムス社へ通勤の行き帰りに、ところどころの広場でそれを見た。そこに三千人、あそこに二千人といふやうに集結させられてゐた。（中略）粛清は広場で行なはれたとも云ひ、浜辺で行なはれたとも云ひ、またブラカンマチのインド人の燈台守が、何千人といふ犠牲者が縛られて曳船で曳かれながら、次から次に機銃掃射されるのを見たさうだといふ噂もあつた。（第二八回）

この事件の原因になったものについて、井伏は沼南特別警察部の篠崎護部長の証言を紹介している。日本軍のシンガポール占領直前のことだ。「この時、チャンギー監獄に収容されていたマレー共産党員（主として華僑青年）は総督の命で出獄し、急編成の抗日義勇軍のゲリラ戦訓練に当ることになった。（略）華僑青年が中心となり約二千名の隊員は、勇敢に日本軍と交戦した。これをダル戦闘隊と呼んだ。（略）ブキテマ高地の攻防戦を最後に、部隊は解散して、（略）幹部は印度に逃れ、他の大部分は地下に潜入した。／これが日本軍占領後に起った華僑粛清事件の最大の原因となったのである」。

たとえそうだとしても、鮎川の記している古兵の話を読むと、この事件が全くの無差別殺戮でしかないことは明らかだ。(2)

7　戦後処刑された日本兵のこと――華僑の虐殺はシンガポールだけではなかった

「朝日新聞」二〇一五年一二月八日号に、旧日本軍のマレー半島上陸作戦に参加し、戦後に現地住民虐殺の罪で処刑された橋本忠という人の記事が掲載された。日本軍は七四年前の一九四一年一二月八日、アジア・太平洋戦争開戦の日に、英領だったマレー半島東北海岸のコタバルに上陸を開始し、シンガポールへ向かって進軍した。同日のハワイ・真珠湾攻撃より約一時間早く、アジア・太平洋戦争の火ぶたを切った作戦であり、英国などの植民地制圧と、石油などの資源確保が目的だった。

橋本さんは広島を拠点とする旧陸軍歩兵第11連隊に所属し、翌四二年に小隊長としてマレーシアのスンガルイ村で中国系住民三六八人の虐殺を指揮したとされ、復員後にマレーシアに連行されて四八年一月に処刑された。二八歳だった。

甥の橋本和正さんは戦犯裁判に関する本を偶然読み、そこに叔父の名があることにショックを受けて調べ始めた。そして第11連隊が華僑を「抗日的」とみなし、粛清を繰り返していたことを知った。自分で確かめたくて二〇一二年夏、スンガルイ村を訪れると、日本軍に親族を殺されたという元村長は「よく来てくれた」といい、事件を目撃した長老も丁寧に話してくれた。日本軍は住民の男性を林の中で銃剣などで殺害し、女性や子どもは住居に閉じ込め、機関銃で撃って火を放ったという。

「中隊長の命を受け現地に赴きました（略）。全て運命のなさしめた事です（略）。此の事件の為に責任を問れて此んな判決を受けたのです。此も全て運命なのです」。処刑直前に叔父が書き残した遺書の言葉だ。橋本和正さんは虐殺犠牲者の追悼碑の前で、「事件を忘れない」という現地の人たちの思いを改めて感じた。「加害行為はなかったことにしたいと考えがちだが、私にできることは現地の思いに応え、虐殺の事実から目を背けずに伝えていくことだと思う」とかれは語る。

華僑の虐殺は、シンガポールだけではなかったのだ。広島には、戦犯として死刑になったり獄死したりした広島県出身者五六人の名前が刻まれた慰霊碑がある。

日本軍による民間人殺戮はもちろんそれだけではない。中国本土では一九三七年、南京での民間人暴行虐殺事件（南京事件）以来数え切れない。フィリピンは首都マニラ、レイテ島、ルソン島をはじめ全土が戦場となり、マニラ市街戦におけるアメリカ軍による死者を含めて、フィリピン人一一一万人が犠牲となった（日本軍は本土決戦を遅らせるため死守命令を受け、投降も玉砕も許されず、補給も途絶えて飢えや病気に苦しんだ。一九四五年六月までに主力部隊が壊滅状態になり、五一万八〇〇〇人が死んだ）。ビルマ、インドネシア、南太平洋の島々でも、数多くの現地の民間人が犠牲になった。

8　祖父・和田義睦の「韓国差遣」——日露戦争中の土地調査

華僑の虐殺は戦争責任というべきだろうが、わたしは植民地責任にもこだわりたい。わたしの肉親にもそれがあるからだ。

鉄道、次いで土木技師であった母方の祖父・和田義睦は、日露戦争中に朝鮮に派遣されてほぼ一ヵ月間土地調査を行なった。自筆の年譜には一九〇五（明治38）年二月八日のところに、「御用有之韓国へ被差遣　内閣」と書いてある。日露戦争開始から一年目、旅順の頑強なロシア軍が降伏した翌月のことだ。

かれは東京大学で鉄道を学び、卒業後はアメリカで働きながら実地に鉄道敷設を学んだ人で、初期の鉄道建設や神通川の改修工事などに従事した。新潟土木監督署の技師をしていた日露戦争中に、朝鮮（当時は大韓帝国）に派遣されたのである。

かれは晩年、「韓国差遣」という文章を口述筆記で残している。ところどころに韓国への差別的な言辞があるのが気になるが、旧字体を新字体に、旧かな遣いを新かな遣いに改め、あとは原文通り引用する。

9　和田義睦の晩年の記録——朝鮮に道路網をつくる

自分が新潟監督署在職中に日露戦争が起り、内務省も仕事を分担しなければならなくなった。それは朝鮮の道路である。朝鮮には道路というものは絶対にないといっていい位で、歩くところこれ水道の有様であった。依っては日露問題が起って以来、主に陸軍がこれに関係していたが、やがて朝鮮に道路網を造るという説が盛んになり、資金は外務省から出し、調査は内務省がすることになって、我々が主になって四組の調査隊を作って出かけた。主任は中原貞三郎氏であとを三人が担当した。

当時朝鮮は未開であったので調査は困難を極め、衛生には最も苦しんだ。着のみ着のままで朝鮮食を食い、水がないので湯を携帯して歩いた。部下にも予めそれを厳守させたのだが、水を飲んで朝鮮赤痢にかかって倒れ、内地に帰ってから死んだ者もあり、技師にはなかったが技手には犠牲者を出してしまったことは、甚だ残念であった。しかし調査は釜山から初めて京城を通り、鴨緑江を渡って完結し、完全なる図面を作成することが出来たのは、満足に思うところである。

任期満ちて帰国の上、調査隊は解散したが、自分のみは中原技師の内命を受けて朝鮮の水力を調べることになり、これを渋沢子爵が補助して大抵の水のある川は調べ尽し、殆ど調査は完了した頃になって、渋沢子爵はこの事業はなかなか遠大な仕事であるからといわれて中止されたので、自分は内地へ帰って来た。自分は鴨緑江の水力電気に着手したいという考えを持っていたのに、糸口だけで中断されてしまったのは残念であったが、中止の理由は単に渋沢子爵の考えによるものである。

戦争中は前線には行かなかったが、朝鮮には火賊という凶悪な強盗がいて、危険に曝されていたが幸い、自分はその害をまぬかれた。

10　金芝河の証言――咽喉に突き刺さった骨

「火賊」とは匪賊の間違いで、日本軍へのゲリラではないかと思う。調査は三月末に終わり、水力調査は四月から年末までかかったようだ。自筆年譜には翌一九〇六（明治39）年四月一日のところに、「明治三十七、八年事件ノ功ニ依リ金参百円ヲ賜フ　賞勲局」とある。

郷里や生家のことから晩年に至る祖父の記録は、和田義睦・和田邦子『ちちははの記』（高良富子編）として一九五五年三月に私家版で出版された。わたしはその出版を手伝ったのだが、それ以来、韓国人や在日韓国・朝鮮人と知り合いになるたびに、このことが咽喉に突き刺さった骨のように気になって仕方がない。

その後、わたしは韓国の詩人・金芝河の評論「民族のうた、民衆のうた」に次のような民謡を見出し、「韓国の道路と民謡」という文章を書いた（『伝統と現代』一九八一年七月、『世界の文学の地平を歩く』御茶の水書房、一九九三年に収録）。

米のなる田んぼは新しい道になるよ
ちったあ口のきける野郎は刑務所に行くよ
ちったあ仕事のできる野郎は共同墓地に行くよ
ガキでも生める女は遊郭に行くよ

（渋谷仙太郎訳）

日本が造った道路網は、農民から田んぼをとり上げる結果をもたらしたのだ。そのため日本に渡ってこなければならなかった人も多かったのではないだろうか。

11　李恢成の証言――米を車で運び出すため

いっぽう在日の作家・李恢成は、芥川賞を受賞した「砧をうつ女」（『季刊芸術』一九七一年夏、『砧をうつ女』文藝春秋、一九七二年所収）で、主人公の母親が一〇年ぶりに朝鮮の郷里に帰ったとき父親と交した会話を、次のように書いている。

「それよりか、こっちの暮しはどうなの。よく米が穫れたようだけど」
「だめじゃ」
老父はキセルの雁首を土間の縁にテンテンと打ちつけ、言下にいい放った。
「倭奴《ウェノム》が邑《むら》の川に橋をつくったんじゃ、米カマスを自動車で運び出せるようにじゃ」

日本が道路を造った目的は、わたしが思っていたような軍隊の移動ではなく、朝鮮の農民から米を収奪するためだったようだ。米騒動は明治時代から起こり、日本は米不足に悩んでいたのだ。もっとも自動車が通れる道路なら軍隊や警察の車も通れるだろう。ちなみに今年八月一五日の安倍談話には、朝鮮の植民地化のことはひと言も出てこない。

12 日露戦争の目的——ロシアの勢力を駆逐して朝鮮を植民地化する

日露戦争開始後半年目の一九〇四（明治37）年八月に、日韓協約（第一次）が調印されている。義睦たちが調査を終えてすぐの翌年四月八日、政府は閣議で韓国保護権確立の方針を決定した。朝鮮半島からロシアの勢力を駆逐した日本は、植民地化への次の政治過程に入ったのだ。一九一〇（明治43）年、日本は韓国を併合した。

中原貞三郎という人は陸軍省参謀本部測量課に勤め、陸軍技師、陸軍部測量班長心得などになっている。帝国大学工科大学講師を併任、戦前の陸測地図の基礎を固めた人である。「一九〇六年総督府技師として朝鮮各地で道路整備に活躍」、「朝鮮治水および道路工事などに貢献した」などと、「フリー百科辞典 Wikipedia」は記している。

わたしは大切にもっていた『ちちははの記』を元にして、自伝的長編小説『百年の跫音』上巻（御茶の水書房、二〇〇四年）に祖父のことを書いた。かれは定年後ダムを造りに行き、京城（現ソウル）に二年近く住んでいる。

晩年は中国の留学生たちと付き合い、朝鮮についても、民族としての誇りをとり戻しやがて独立しなければいけないといっていたという。

祖父の縁で大連に移住した親戚もあり、敗戦後に引揚げてきた。もし事情が違っていたら、わたしも引揚者の一人になっていたかもしれない。

13 一九七一年の評論再録に当たって——アジア経験・植民地経験の忘却と無視はつづいていた

一九五六年のシンガポールでの経験以来、日本人のアジア経験・植民地経験の問題はわたし自身のテーマとなった。「無罪という罪と罰——六〇年代詩としての天沢退二郎」(『新日本文学』一九六九年七月)と、「六〇年代の詩とモダニズム——〈個〉と〈全体〉の亀裂から」(『ユリイカ』一九七一年五月)で詩の問題として論じたが、反応はなかった。

これらの評論は二二年後、『モダニズム・アジア・戦後詩』(御茶の水書房、一九九三年)に収録したが、やはり反響はなかった。戦後日本の重要課題であるにも拘らず、他者との遭遇の最も熾烈な経験である植民地経験が語られてこなかったという水田氏の指摘する事態は、当時もなお続いていたのだ。

そのため後者を本書に再録することにした。ただし安西冬衛の詩「軍艦茉莉」への言及を加えて他の詩の引用を少し増やし、北川冬彦のそれを多少削り、冗長な後半は割愛した。

注

(1) この問題を日本の植民地支配と侵略の観点から論じたものに、麻生直子「女性の詩と時代をめぐって」(編著『女性たちの現代詩——日本100人選詩集』梧桐書院、二〇〇四年の解説)がある。氏はそこで、「植民地からの帰国」を朝鮮半島からと中国大陸からに分け、森崎和江、秋野さち子、滝口雅子、武田隆子、財部鳥子、新藤凉子等について論じている。

（2）この事件については中嶋みち『日中戦争いまだ終らず――マレー「虐殺」の謎』（文藝春秋、一九九一年）がある。黒古一夫「「被害」と「加害」の関係を越えて――戦争文学・再読から見えてくるもの」（『神奈川大学評論』二〇一五年七月）参照。

六〇年代の詩とモダニズム――〈個〉と〈全体〉の亀裂から

1　アジア経験の忘却と無視――鮎川信夫によって敷かれていたレール

一九五〇年代の詩人たちの仕事が、現状への批評性と詩法への関心をもってそれなりの魅力のある世界をつくりだしながらも、結局広い意味でのモダニズムから出ることができなかったのは、時間的にはそれが日本の近代以前の部分へ降ろす錘りの浅さによるのであり、空間的には日本人のアジア経験ともいうべきものへの忘却ないし無視によっている。そしてこのレールは、すでに『荒地』、少なくとも鮎川信夫によって敷かれていたのである。

たとえば鮎川の『戦中手記』（思潮社、一九六五年）をよむと、実際に現地の住民と接触し殺戮し強姦した兵隊たちの体験談を書きとめながらも、かれがそれをほとんど無意味なものとしてしか扱っていないことに驚かされる。作品においても、現実のアジアの民衆はほとんど鮎川の視野にはいってきていない。

日本の現代詩のなかで、日本人が侵略した国々の民衆の姿が書かれている詩は、太平洋戦争前の金子光晴の作品を別にすれば、管見したところ野間宏の「マニラ」「無題」という二篇の詩（詩集『星座の痛み』河出書房、一九四九年に収録）ぐらいしかない。

貧民窟はここにもある
わが常に親しいものたち
貧しいものたち
わがもとに寄り来る。
はだしの半ズボンの子供らののしり合い、
家の前には裸の女ら多く立ち出て
金を求めて踊れど、金を投げるものなし……

（マニラにて）

『荒地』以後に登場した、主として昭和一ケタ生まれの詩人たちの詩は、反軍国主義、反封建制、一種のフェミニズム、自由主義、感性の解放への志向などによって特徴づけられ、日本の詩に新しい可能性をひらいたが、少なくとも一九五〇年代には、いま述べたような戦後詩のモダニスティックな限界を超えることができなかった。

2　安保闘争以後・若い詩人たちの〈架空の都市〉性——長田弘「われら新鮮な旅人」

一九六〇年の安保闘争以後、この闘争を学生として体験した一群の若い詩人たちが現れた。長田弘、渡辺武信、天沢退二郎、岡田隆彦、吉増剛造などだが、この時期のかれらの作品は、前世代のそれにも増して、時代の全体性への果敢な意志によって特徴づけられているといってもそれほど間違ってはいないだろう。この意志は、前世代の詩人たちが敗戦や占領や戦後革命の挫折等の時代的変動のなかで、簡単にはもつことのできなかったものである。

だがその全体性からは、やはり前述した二つの局面が欠けていた。その第一は日本の近代以前の部分への創造的な関わりであり、第二は日本人のアジア体験の意味への追求である。かれらは『荒地』の世代の戦争体験を追体験し、あるいは時代の死者たちを甦らせようとした。だが『荒地』の戦争体験に、近代に固有の他者としてのアジアが決定的に欠けていたように、かれらの安保体験にも、他者としての近代以前やアジアは欠けていた。

その想像力と言語の〈場〉は、一つの架空の都市のなかに限定されていたように思われる。一九六六年に出た長田弘詩集『われら新鮮な旅人』（思潮社、一九六五年）は、時代の全体性への熱い志向、死者との共存の意志、そしてそれにもかかわらず想像力と言語の〈架空の都市〉的性格によって、この時期の詩の特徴を象徴的に表していた。

首都はまばゆいばかりにふるびてゆく
西日に照らされた
うつろなおおきい金盥のように。
夥しい空壜の群れがイメジのへりにつったつ
それは今日という時代、
ぼくたちのくるしいくちびるのあいだで
ひそかにくちづけが鳴りだし
歯が木霊のように叫びはじめるゆうべ、
……………………………

（「われら新鮮な旅人」より）

すでに時代への挽歌の特徴を帯びはじめたこの詩のなかで、西日に照らされた金盥のイメージは、この首都のうつろで浮き上がった性格を見事に表している。それは特定の歴史や沿革をもった東京ですらない架空の首都である。

3　都会の多孔質化――近代と異質なものとどう関わるか

視点を変えてみると、三木卓詩集『東京午前三時』（思潮社、一九六六年）における「東京」への「満州」の侵入と浸透があり、また天沢退二郎における、都会それ自体の多孔質化ともいうべきものがある。そこでは日本の近代という〈金盥〉は金盥として完結することができず、横にも下にもいわば〝穴だらけ〟であり、そこからさまざまな異質なものが入りこんでいるのである。

その異質なものとは、日本の社会が近代化と産業化のコースを目隠しして突っ走ってきたあいだに、振り捨ててきたものや忘れてきたものであり、前世代の詩、たとえば長谷川龍生や黒田喜夫や吉岡実詩集『僧侶』などの世界を通って受けつがれ、目覚めさせられてきたものでもある。これらの先駆的な詩人たちが、何らかの意味で戦後の詩運動と密接な関わりをもった人たちであったことを、忘れてはならないと思う。たとえば『列島』は日本の近代以前の部分をその想像世界にかかえこんだ長谷川龍生と黒田喜夫を生みだし、またシュールレアリスムをめぐる飯島耕一たちのグループの仕事は、吉岡実『僧侶』への刺激剤となったのだった。

一九六〇年代の詩の可能性も、この領域にあったといえるだろう。いわゆる近代とは異質なものとどのように関わりあい、そこからどのようにして近代化・都市化にからめとられないエネルギーと想像力を汲みあげ、詩作の現場にもたらすかということに……。長谷川龍生が沈黙勝ちになり、黒田喜夫がスターリニズムに躓き、吉岡実が『僧侶』以後否定性を弱めてモダニズムに傾いて以後、六〇年代の詩は二流のリーダーしかもたなかった。「現代詩の会」の解散は、この傾向に拍車をかけた。

4 若い詩人たちの饒舌体――共同体からの疎外

若い詩人たちの詩に共通する特徴として、いちじるしい饒舌体がしばしば指摘される。わたしは、それはこれらの詩人たちにおける〈個〉と〈全体〉の亀裂と無関係ではないと思う。少なくともそこには、〈全体〉から切り離された個人のもつ一種の沈黙恐怖・空間恐怖が感じられる。その〈全体〉から欠如している部分とは、あるいは幼年時代を育んだ故郷であり、あるいは家族や親族であり、あるいは村落や都市庶民の共同社会であろう。

こうした共同体からの疎外や亀裂は、戦後の復興した資本主義による共同社会の破壊と、密接な関係をもっている。ことに六〇年代から経済の高度成長期に入った日本の資本主義は、農村を破壊して労働力としての無数の個人をそこから切りだし、家父長的な家族を破壊して無数の核家族を生みだした。それは風景を破壊し、自然を破壊し、人間の肉体そのものを蝕みつつある。

たとえば五〇年代までの日本人にとって、家からの脱出や個人主義が何らかの意味で積極的な価値を表現していたとすれば、六〇年代以降の日本人にとって、それは国家を背景とした資本の暴力によって強制された、別のものをも同時に意味しているのだ。

六〇年代の詩人たちが、このような時代的雰囲気を敏感に受けとめたのは当然だろう。かれらにはしゃべりまくり、いやが上にもしゃべりまくることによって全体を蔽いつくし、それを自己の側に奪回しようとする、むなしいかもしれない意志がある。また社会の無機的な暴力に対抗して、性やエロティシズムと結びついた暴力が呼び起こされる。そしてその想像力は、〈個〉と〈全体〉の裂け目に現れる〈存在〉のイメージから、共同なものを求めてしばしば近代以前の地層にまで下降していく。

5　詩人たちが〈個〉と〈全体〉の裂け目に見たイメージ――萩原朔太郎、宮沢賢治、小野十三郎ほか

もちろん日本の詩が〈個〉と〈全体〉の裂け目をその想像力の内部に包摂したのは、決してこの時期が初めてではない。たとえば萩原朔太郎のぬめぬめした実存のイメージ、宮沢賢治の心象風景、小野十三郎の大阪風景、長谷川龍生の動く風景、吉岡実の構築されたイメージ、黒田喜夫の幻想とリアルの入り混じった農村のイメージ、飯島耕一の戦後風景などは、これらすべての詩人が近代以前を含む〈存在〉にまで至る通路をもっていたとは限らないとしても、日本の近代社会における〈個〉と〈全体〉の裂け目に現れるものへの凝視を、それぞれの言葉の背後にもっている。

先にのべた若い詩人たちのうち、何らかの形でこの領域に近づく傾向を示した、あるいはその可能性を六〇年代後半までともかくももちこした詩人として、三木卓と天沢退二郎を挙げることができる。だがこれらの人たちが、それぞれの視点や方法によって〈全体〉をその詩の内部にからめとることができたかどうか、またその過程で、表現における〈全体〉をどのようにして分泌し、あるいは破壊していったかということは、検討されなければならないこととして残されている。わたしはその六〇年代後半の仕事が比較的最近詩集にまとめられた幾人かに焦点をあてて、その作品を検討してみたいと思う。

6　父親世代や自己の「満州」体験と向き合おうとする――三木卓「東京午前三時」

三木卓詩集『東京午前三時』に収められた同名の長詩は、雑誌『現代詩』に発表されたものだが、作者の「満州」体験への自己批評が行なわれようとしているという意味で、戦後詩のモダニスティックな限界を破る可能性をもつ作品であった。

「厳冬」にマロウスとルビが振ってあるなど、全体にロシアあるいは「満州」の雰囲気がなまに出すぎているところはあるが、作品の現場はあくまでも現代の真夜中の東京に据えられていて、作者はそこに亡霊のように現れてくる〝父さん〟や白系ロシア人の少女〝ジェーニャ〟との出会いを通して、父親の世代や自己の「満州」体験と向き合おうとしている。

だがこの作品のもう一人の主な登場人物は、戦後の左翼運動のなかでスパイとして糾弾され、消え去ったらしい〝あの人〟と呼ばれる人物で、そのいくらかミステリー風な深夜の会議風景のなかに凝縮された作者の戦後体験が、この作品のいわば〈現場性〉を形作り、保証しているように思われる。

この作品は、父親の「満州」責任が問われ父親が否定されているという意味で、いわゆる「父と子」の対立と子の自立という図式をもその内部に含んでいるのだが、ここで子の父への否定を支えるものが、《こうして　さらしものになっている／まずしい　ぼくらの伝統のようなものを／もっともっと笑え……》や、《だが　きさまは　何だ　歴史に／無責任だ！　許せないよ！》というところに表れている作者の戦後の思想や体験以外のものではない。もっともこれらの詩句は、かなり曖昧である。〈歴史〉というものがア・プリオリに設定されているし、〈まずしい　ぼくらの伝統のようなもの〉の内容が何であるのか、さっぱりわからないからだ（このようなア・プリオリ性は、〈槌と鎌　労働者の国〉というようないい方にも表れている）。子は父の「満州」責任を何らかの形で自己のものとして引き受けることによってしか、父を否定し、自己の〈行為〉の責任ではないとしても〈存在〉の責任をとることができないことは明らかだが、その責任をとることの内容が、ここでは上記のような詩句で曖昧に通り過ぎられているのだ。

またいっぽうでは作者の負い目は、〈えい、いけずうずうしい　この小僧／植民地野郎のどぶねずみ奴が／口を拭って愛国者づらしやがる／もういちど／あたしの鞭をうけてみろ！〉というジャーニャの言葉によって表されている。この心理的な負い目の意識と、父親の「満州」責任への糾弾の意識とのあいだで、作者は板ばさみになっているようだ。

7 〈存在〉責任をどうとるか——子供時代に巻きこまれた悪の責任

ここでややおぼろげながら問題にされようとしているのは、自己の〈存在〉の責任をどうやってとるかということである。自分の意識や行為のほとんど関与しないところで、しかし〈存在〉としては関わらざるを得ないような状況で、たとえば子供時代に巻きこまれた悪の責任をどのようにしてとるかということである。

これは日本列島のなかで生まれ育った人間にとっても問題になることだが、日本の旧植民地で生まれ育った人たちにとっては、もっと切実な、たえず自己に向かって突きつけていなければならない問いであろうと思われる。

そしてそれが、実は日本人一人一人が自己に向かって突きつけなければならない問いであり、この問いに正当に答えることなしには、日本人が奪われた〈全体〉を回復し得ないというところに、三木卓や天沢退二郎のような旧「満州」で育った詩人が、日本人の〈全体〉に対して関わるべき接点があったように思われる。

8 過去の詩人たちは「満州」体験とどう向き合ったか——安西冬衛、北川冬彦

「満州」体験ないしアジア体験を経た過去の詩人たちは、自己の〈存在〉の責任あるいは行為の責任に対して、はるかに鈍感であったように見える。かれらにはその鈍感さあるいは早急に免罪符を手に入れることが、生存上必要だったのかもしれない。

たとえば安西冬衛『軍艦茉莉』（厚生閣書店、一九二九年）の最初の数篇には、意外にも〈獄《つみ》〉〈業〉〈惨憺たる終焉〉といったモチーフがくり返されているのだが、わずか五篇目の「真冬の書」にはすでに、〈常緑樹は黒く、恒

に私の手は潔《しろ》い。どんな悪徳も、もう私をよごしはしない。〉という詩句が記されているのである。そしてさらに十数篇あとの「犬」には、〈吾輩は曽て一オークワードなる少年に過ぎなかつた。然るに日月は、いつか吾輩を一箇の犬儒派にしてしまつた。吾輩は吾輩の日月に感謝する〉と書かれているのだ。

このスピードぶりは、驚くべきものだ。四篇目の「勲章」をよむと、この詩人は一本の脚の喪失を代償として、初期の〈獄《つみ》〉のモチーフを投げ捨ててしまったとも考えられる。

地を這ふ「青い痣《モンゴーレン・フレッケ》」。落日が倒れた。惨憺たる終焉が戦の上に垂れ下つた。
既に一度は来て犯した屍斑が、長い長い夜陰と痛苦の後に断たれた。
困憊した軍医の手に、愴然として私の一脚が堕ちた。

天明が来た。

北川冬彦の場合には、「プロレタリア文学運動の擡頭は「戦争」「氷」「氾濫」「いやらしい神」を、……私に書かせた。」と自分でもいうように、観察力と即物的でモダンな表現力の結びついたすぐれた短詩を書きながら、その視点はつねに〈見る者〉、〈名づける者〉の側にとどまり、他者や事物によって〈見られる者〉〈名づけられる者〉として負い目を担ったり、責任を負う意識は、ついにその作品から見出すことができない（金子光晴や小野十三郎と、北川冬彦との決定的なちがいはそこにある）。

つぎの詩はすぐれたものだと思うが、ここにもその限界は表れている。

軍国の鉄道は凍った沙漠の中に無数の歯を、釘の生えた無数の歯を植えつけて行った。

突然、一かたまりの街が出現する、灌木一本ない鳥一匹飛ばないこの凍った灰色の沙漠に。

芋虫のやうな軌道敷設列車をめぐって、街の構成要素が一つ一つ集ってくる。例へば、脚のすでに冷却した
　売淫婦。

（略）

軌道の完成は街の消滅である。忽ち、一群の人間は散ってしまふ。

沙漠は沙漠を回復する。一本の星にとどく傷痕を残して。

軍国はやがてこの一本の傷痕を擦りへらしながら腕を延ばすのである。


没落へ。

（「壊滅の鉄道」）

9　無罪性への跳躍――清岡卓行「引揚者たちの海」

戦後の詩人清岡卓行においては、〈罪〉ははっきり自覚されているが、それは自己のものとして引きうけられた罪ではない。詩「引揚者たちの海」（詩集『氷った焰』書肆ユリイカ、一九五九年）には、〈罪障〉を認めながらそれを自分のものとして引きうけることも、それからまったく自由になることもできない複合した感情が表れている。

とある大陸によみがえる解氷の季節
引揚者収容所からの行列は　一瞬

はるかな海へ歩きはじめる　一歩　一歩
罪障の道を　逆に　たどりはじめる

――どうしてきみは　そこにいたのか

（略）

海はほんとうは動いていないのに
過ぎ去るものは
海に眠る人間たちであるのに
長い年月の植民地生活から
明日の生活の見知らぬ廃墟へ
その隠された落し穴へ
かれらが絶え間なく運んでいるものは
死だけであるかもしれないのに

――どうしてきみはなお輝かしい裸体であったのか

時間をうばわれた引揚者たちをとりまく
暗い　無言の　泡立つ　鏡

その海と空に尚時おり変貌する　かれらの
遠く失われた　驕慢の日々
突如　円陣をつくって　襲いかかる
無国籍の　見知らぬ水平線
そして　ひしめきあう　空白な
忘れられた人間たちのために

――どうしてきみは　海にのぼる太陽となったのか

この詩には《わたし》あるいは《ぼく》という主体はまったく出てこないのだが、この詩を書くことで、清岡卓行は《きみ》への関心を手がかりとして、その《輝かしい裸体》が象徴する無罪性の方へ向かって、跳躍を試みているように見える。それは《暗い　無言の　泡だつ　鏡》から《海にのぼる太陽》の方への、死から生への、跳躍である。もちろん、《きみ》が存在として無罪だという証拠は何もないのだが。

この〈存在〉から主観的なイメージへの、客観から主観への跳躍から、この詩人の〈戦後〉がはじまり、あるいは〈生活〉がはじまったようにも思われる。

10　近代詩人たちが求めた無罪性――西脇順三郎

わたしは別のところで、詩集『近代の寓話』（一九五三年）の後半あたりから現れてくる西脇順三郎の無罪性の意識について考えたことがあるが（「無罪性の神話――西脇順三郎論」季刊詩誌『蛸』二、三号、一九六九年～七〇年、『文学と無限なもの』御茶の水書房、一九九二年に収録)、自己の無罪性、あるいは人間の無罪性への願望ともいうべきものは、日本の近代社会が生みだした近代主義的な意識構造の一つの大きな特徴として存在していると思う。

何ゆえにそのような意識構造が生じたかをここで充分に論じることはできないが、そこには個々人の行動とその結果だけに基づくのではない封建的・近代以前的な責任意識——一蓮托生的な——への反発や、近代の輝かしい個の主張への共感ないし憧れがあったことは確かだと思う。

だがこの無罪性への執着は、日本人一人一人に新しい個体の責任意識を生みだす方向へ行くのではなく、自己の行為の責任を共同体に押しかぶせ、共同体の他の成員の行為の責任を自分は負おうとしないという、そしてそのこと全体の上に〈国家〉が蔽いかぶさるという、過去の罪障意識をそのまま拡大したような無責任意識と癒着してしまった。そこでは個体が個体として自立しないまま全体と癒着し、全体の責任をとる者がだれもいないという事態が出現する。無罪性が無責任性に転化するのだ。

11 実現しようとする価値への問いかけ——宮沢賢治

行為の責任だけでなく、存在の責任をもとるということは、カソリック的な原罪意識を克服した西欧近代の、個人の行為を基準とする責任意識にも多分ないものだが、このことを一生をかけて問題にし、創作を通して追求した日本の文学者は、おそらく宮沢賢治であろう。もっとも賢治の童話の主人公にも無罪性はかなり貫いていて、そこに賢治のモダニズム性があるといえるかもしれないのだが。

宮沢賢治の作品の特徴は、その罪のない、あるいは無罪に近い主人公が、主として自己犠牲を通じて〈全体〉に関わり、その責任をとろうとすること、そしてそれを通して自己の存在の責任をとろうとするところにある。宮沢賢治の仕事についてここは細部にわたって述べる場所ではないが、階級的なものを背後に秘めた賢治の罪障意識は、

〈自己処罰〉や〈自己犠牲〉の観念を通って、人間にとっての真の幸福や善の追求という理想を、その作品の内部に包摂するにいたったように思われる。

その理想の実現のための筋道には、やや科学偏重や技術偏重と誤解される傾向がないこともないが、それはあくまでも筋道や手段にすぎず、たとえば『銀河鉄道の夜』（筑摩新版）の終わり近くにある「ああマジェランの星雲だ。さあもうきっと僕は僕のために、僕のお母さんのために、カムパネルラのために、みんなのために、ほんたうのほんたうの幸福をさがすぞ」というジョバンニの言葉には、人間にとっての本当の幸福とは何かという、価値への問いかけがある。

この作品では、副主人公のカムパネルラが溺れそうになる友だちを助けて死ぬのに対して、主人公のジョバンニが生き残ることにも示されているように、自己犠牲による死が問題なのではなく、またその死の有効性が問題なのでもなく、その生と死が守ろうとする、あるいは実現しようとする価値が問題なのだ。

『グスコーブドリの伝記』においては、主人公ブドリは人びとを飢饉から救うために死ぬが、それも単なる有効性のための死ではなく、「そしてちょうど、このお話のはじまりのやうになる筈の、たくさんのブドリのお父さんやお母さんは、たくさんのブドリやネリといっしょにその冬を、暖いたべものと、明るい薪で楽しく暮すことができたのでした」という最後の文章に示されているような、善あるいは幸福の実現のための自己犠牲なのだ（断わっておくが、わたしは宮沢賢治のヒューマニズムについて語っているのではなく、「オッベルと象」などにおける価値の転倒をも含めて、宮沢賢治における価値への問いかけについてのべているのだ）。

そして『銀河鉄道の夜』においては、賢治はさらに価値の追求を自己犠牲や死からさえ切り離して、ジョバンニという生きつづける少年に負わせている。もちろん自己処罰のモチーフは、すでに賢治のはるか背後にあるといえるだろう。

12 価値への問いかけを欠く――天沢退二郎の宮沢賢治論

天沢退二郎の宮沢賢治論には、賢治におけるこの価値の追求への観点が完全に欠けている。天沢は賢治における価値の問題を、有効性の次元でしか理解していない。そして宮沢賢治を〈自己犠牲〉の倫理性から解き放とうとしながら、それをむしろより未成熟な〈自己処罰〉の倫理性の方へ引きつけてしまっている（『宮沢賢治の彼方へ』思潮社、一九六八年）。

これはひそかな罪の意識と〈自己処罰〉のモチーフを含んでいた天沢退二郎の前詩集『時間錯誤』（思潮社、一九六六年）に対応する考えであろう。だがその最近の詩集『血と野菜』（思潮社、一九七〇年）に前詩集以上に欠けているのも、この価値への問いかけなのである。わたしはこの詩集の〈存在〉への感覚や技術的なうまさを否定するものではないが、その作品にはメッセージが欠け、また〈個〉と〈全体〉の裂け目に現れる存在のイメージには、支配階級的（武士階級的）な感性を含んだ土着的なものの肯定が、忍びこんでいるといわざるを得ない。（後略）

（『ユリイカ』一九七一年五月）

子供時代の悪の責任をどうとるか──ブレヒト「子供の十字軍」

違いを超えた子供たちの協力関係──未来への理想として

子供時代に巻きこまれた悪の責任をどうとるか、という問題への答えの一つ、あるいは未来への理想を、ドイツの劇作家・演出家で詩人のベルトルト・ブレヒトが詩「子供の十字軍」で提示している。

この詩は一九三九年の戦争（第二次世界大戦）で荒廃したポーランドから、肉親を失い、平和の国を求めてさまよい歩いた子供たちの一団のことを、東の国々で語りつがれた伝説という形でうたった長詩である。そこにはかつて真っ白なパンを食べていた、ビロードの襟をつけたユダヤ人の子供もいた。灰色の顔色をしたやせっぽちの、皆を避けていたナチス大使館からきた子もいた。

学習もあり恋もあったが、大寒波がきて、やがて死者が出る。

埋葬もあった
二人のドイツ人と二人のポーランド人に
かつがれた
ビロードの襟の少年の。

プロテスタント、カソリック、ナチス
皆そこにいた、かれを地に葬るために。
最後に小さなコムニストが
生きている者たちの未来を語った。

ブレヒトは加害者と被害者、抑圧者と被抑圧者など、政治的立場も民族も宗教の違いも超えた子供たちの協力関係の創出を、答えとして見いだしている。最後に若いコムニストを登場させたのは、当時東ドイツで活動していたブレヒトの思想的・政治的立場を表している。

難民の列、そして苛酷な運命

作者はさらに、祖国も方角も失った果てしない難民の列が寒風に逆らい、平和の国を求めてさすらっていくのを幻視する。そして薄明を透して現れるのは、〈スペイン人、フランス人、アジア人たち〉の小さな顔ぶれだ。だが最後に、一層苛酷な運命が子供たちを待ち受けている。この一月、ポーランドで、やつれた首に紙の札をぶらさげた一匹の犬を農民たちが捕まえた。それは子供たちが殺そうとして殺せず、餌を与えて連れていた犬だ。詩は次のように終わる。

助けてください！　と書いてあった
もう道がわかりません。
わたし達は五十五人、

この犬があなたを案内します。

（略）
もし犬についてこられないなら
追い払ってください、
犬を殺さないでください
かれだけが場所を知っています。

子供の書いた字だった。
農民たちがそれを読んだ。
それから一年半が過ぎた。
犬は飢えて死んでいた。

ブレヒトは死に絶えた子供たちに託した未来へのイメージを通して、子供であっても逸れることのできない悪を乗りこえる道を示したのだと思う。詩のなかで子供たちは生きることができなかったが、かれらが生き、生きようとした価値は読者の心に残って生きつづけるのだ。

〈付記〉この詩は独仏対訳詩集"BERTOLT BRECHT CHANSON ET POEMS"（Alain Bosquet 訳　PIERRE SEGHERS 一九五二年）をテクストにして訳した。

「ボヘミアン・ラプソディ殺人事件」の謎
――〈してしまったこと〉のとり返しのつかなさ

1　殺人の歌が国歌につぐ聖歌に――イギリスの国民的愛唱歌

今年（二〇〇二年）の四月一〇日にＮＨＫ・ＢＳ２で放映された「ボヘミアン・ラプソディ殺人事件」を見て、わたしはこの歌と番組を終わりから読み解いてみたいという思いに駆られた。

歌とはイギリスのロックバンド〈クィーン〉が一九七五年一一月にシングル盤で発売し、クリスマスをはさんで九週連続全英第一位に輝いた「ボヘミアン・ラプソディ」のこと、番組とは「世紀を刻んだ歌２――ボヘミアン・ラプソディ殺人事件」（テレコムスタッフとＮＨＫエンタープライズの共同制作）のことである。幸いプロデューサーの西野肇さんから、番組のビデオテープを送っていただいた。

〈クィーン〉はビートルズ解散後のイギリス最後のビッグなバンドといわれ、「ゆたかなハーモニーと野性的なロックの独特なコンビネーション」によって知られる、国民的なロックバンドである。この歌は世紀末の一九九九年に六〇万人の投票により、ジョン・レノンの「イマジン」をおさえて、過去一〇〇〇年のベストソング、国歌につぐ聖歌 Anthem に選ばれた。

すでに八年前に、作者のフレディ・マーキュリー（本名ファルーク・バルサラ）は、エイズのため四五歳で死去している。それにしても「ボヘミアン・ラプソディ」が国民的愛唱歌となり、いまもなお人びとに愛されつづけている事実の最も不可解な点は、これが殺人の歌だということなのだ。

2　イギリス人のもつ奇妙さ、暗さ、多様性、ユーモア——誰が、誰を殺したの？

この歌が若い女性ミュージシャンの一人がいうように、「イギリス人の作った、この国ならではの変な歌」であり、イギリス人は「とても暗い。エキセントリック、そして多様性をもつ」人たちだということは、事実だろう。言及されているシェークスピア、ベケット、ワイルドをはじめ、コナン・ドイルのシャーロック・ホームズものをみても、イギリス人のもつ奇妙さ、暗さ、多様性、そしてそのなかから出てくるユーモアの力にうたれることは、一度や二度ではない。殺人の話に終始する歌を、国歌と並ぶ聖歌に選んでしまう国民とは、いったいどういう人たちなのだろう。

歌は、〝Mama, just killed a man.〟という一句からはじまる。「ママ、たった今人を殺した」というわけだ。そして「頭に銃をつきつけて引き金を引くと、彼は死んだ」とつづく。番組はグループの成り立ちや歌の製作過程、時代背景や英国の文化伝統、作者であるボーカルとキーボード担当のフレディ・マーキュリーの生い立ちなどを、次々とめぐったあと、「ところで、誰が、誰を殺したの？」という問いで終わる。

問いは視聴者に投げかけられているのだ。とりわけ一九七五年のイギリスと同じような沈滞と価値観の崩壊に陥っている、二〇〇二年のわたしたち日本人に向けられているようだ。

3　〈クィーン〉とは誰か——英国の国旗と女王のイメージ

なぜこのグループの名前は、〈クィーン〉なのだろう？　そしてママとは誰のことなのか？　フレディの母親には、まったく思い当たるふしはないという。

フレディ・マーキュリーは一九四六年にアフリカ東海岸のインド洋上にあるザンジバルで生まれ、インドで育った青年である。白人ではなく、生家はペルシャ系ゾロアスター教徒だという。ザンジバルはイギリスの植民地だったところで、六三年末イギリス連邦一員のザンジバル王国として独立したが、翌年一月アフリカ人がクーデターを起こし、アラブ人とインド人を排斥する流血のなかで、ザンジバル人民王国が成立した（ザンジバル革命）。東西冷戦のなかで紆余曲折の末、同年四月ニエレレ大統領率いる大陸部のタンガニーカと合併して、現在のタンザニア連合共和国が成立した。

フレディは一六歳で故郷ザンジバルに帰ったが、一家は盛りあがる独立運動に危険を感じて、翌年イギリスに移住した。

〈クィーン〉というグループ名から、わたしは英国のヴィクトリア女王を連想する。ママという呼びかけも、女王に向かってなされているのではないだろうか。あるいはそこに、一九五二年に即位したエリザベス女王２世を重ね合わせてもいい。

ヴィクトリア女王は一八三七年から一九〇一年まで、イギリス国王中最長（当時）の治世を全うした立憲君主であり、その六四年間にわたる治世は、大英帝国の最も輝かしい時代だったといわれる。女王は一八七七年以降、インド女帝の称号をも帯びていた。

英国の国旗と女王のイメージは、パキスタンとバングラデシュをふくむインド、セイロン（現スリランカ）、カナダ、オーストラリア、ニュージーランド、シンガポール、マレーシアをはじめ、ナイジェリア、ガーナ、ケニア、南アフリカなど数々のアフリカ諸国、アイルランド、フィジー、ビルマ、イラク、エジプト、スーダン、香港など、大英帝国の支配したすべての地域を覆っていた。エリザベス女王２世の統治下である一九九〇年時点での英連邦諸国だけ数えても、四九の独立国および直轄植民地・自治地域・保護領をふくんでいる。

番組の登場者たちの歌の解釈は、しだいにフレディの個人的な問題に収斂していく。非白人、移民、ゲイなど、戦後のイギリス社会でいじめや疎外の対象になり得た特異性から、変わり者、ボヘミアに多くいた漂泊の民ジプシー（ロマ）、慣習にとらわれない人、芸術家、社会の主流から外れた人などのイメージが、呼びだされる。「この歌はフレディ自身の自伝的作品だ」といい切る人もいる。たしかにその面を否定することはできないだろう。

しかし「女王様、たった今人を殺しました」と訴えているのは、かれ一人だろうか。

4　際立った複数性と複雑さ——なされてしまった殺人をめぐって

歌はそのあと、なされてしまった殺人をめぐって、堂々めぐりをくり返す。「これは現実か？　それとも幻か？」「地滑りにのまれたように現実から逃れられない」、「僕は貧しい少年、誰も僕を愛さない」、「人生は始まったばかりなのに、僕は簡単に捨ててしまった」、「さようなら、みんな、僕はもう行かなきゃ」、「みんなと別れ、真実と向きあうんだ」、「いっそ生まれてこなきゃよかった」、「ママを悲しませたくないから」……。

バラードにつづくオペラパートは、フレディがもっともこだわったところで、小人の影が見え、ガリレオやフィガロ・スカラムーシュなどの名前が飛び交い、その独白は人びとにとりかこまれ、石を投げられる強迫観念に満ちている。そしてふたたびバラードでは、「大丈夫、たいしたことじゃない」、「みんなもわかるだろう」……とつづく。「誰が、誰を殺したの？」という問いは、最後まで答えられない。

スカラムーシュはイタリアの喜劇によく出てくる道化役の一種で、大法螺吹きでずうずうしく、大きなことばかりいって歩く始末のわるい人物である。フィガロ・スカラムーシュはサバチニ作の物語『スカラムーシュ』で、主人公アンドレが自作自演する劇中人物である。貴族と民衆のあいだに生まれた孤児として、愛と革命のため変幻自在の活躍をする。フレディの分身の一人と考えていいだろう。

ここで、この曲の演奏と録音の際立った特徴について考えたい。その特徴とは①シンセサイザーのような音をギターで出す。②多重録音、であるという。多重録音とはトラックダウンという技術を使うものらしく、トラックとは鉄道の路線にあたるものだ。トラックダウンとは、たとえば八トラックの音声を録音したものを、普通の二トラックのテープに録音することをいう。当時は二四トラックの音声しか録音できなかったが、この歌の場合は、何度もレコーディングをくり返し、一つのトラックにすでに複数の音が入っているようにして、全部合わせると一八〇トラック分のちがった音声が重なっているという。とくにオペラパートには最も複雑な音が重なり、膨大なコーラスになっている。当時の録音技術の限界を超えて、非常にたくさんの声が響いているのだ。

さらに歌の宣伝のためにつくられた音楽ビデオにも、複数性がつらぬかれている。五分五七秒というこの長い複雑な曲が大ヒットをした背景には、音楽ビデオの先駆といわれるビデオの果たした役割が大きい。上から光をあてた四人のメンバーの顔を重ねるシーンである。またオペラパートでは、特殊なレンズを使い、エコーに合わせて顔をいくつも重ねている。このような方法で、ビデオは演奏しきれない複雑な曲を映像化したのである。歌がバラードやオペラやハードロックなど、多様なパートに分かれていることも、複数性と複雑性の表現といえるだろう。

このような顕著な複数性・複雑性・多重性は、ママに訴えているのがフレディ一人ではないことを暗示している。無数の人びとがそれぞれの場所で歌っているのだ。この歌は複雑そうに見えて、各パートはとても歌いやすく、思わず歌ってしまう歌だと若い女性研究者はいう。

5　黒白ファッションと人種の色分け——歴史感覚に組みこまれた大英帝国、アジア経験

フレディの究極のメッセージは、そのファッションに現れている。〈クィーン〉が黄金時代を迎えたころからの、黒白のファッションである。とりわけフレディの服は左が白、右が黒と真二つに分かれている。そして爪の黒い

マニキュア。「ゲイらしさが現れてくる」、「魅惑的な衣装」といわれるファッションだが、ここまで書いてきたわたしには、これは白人と黒人、白人と有色人種の色分けに見えてくる。フレディは大英帝国と植民地、支配と従属、富と貧困の分裂のはざまで生き、そのどちらにも属することができずに漂泊し、放浪するボヘミアンなのだ。「たった今人を殺した」とは、かれの生々しい加害の告白なのである。

一九七〇年代のイギリスは、イギリス病といわれる長い不況に苦しんでいた。失業率は増大し、急激なインフレのため経済は破綻し、鉄鋼や炭坑でデモやストライキが頻発して、暴動や爆弾テロ事件も起こった。石油ショックや電力会社のストライキのため、週に三日も停電で仕事が休みになり、人びとの気分も落ちこんでいた。価値観が崩壊して、若者たちは無気力・無関心に陥っていた。しかし当時の音楽は、明るいだけの単純でつまらないものが多かったという。

そこに登場した「ボヘミアン・ラプソディ」は、それまでの音楽とはまったく違う、新鮮で革命的な歌だったのである。イギリス人はいやおうなく、〈してしまったこと〉のとり返しのつかなさと向きあって、錯乱せざるを得なかったのではないだろうか。歌詞を聞いていると、「現実から逃れられない」「真実と向きあう」「行かせてくれ」「ここから出ていく」などという言葉が心に残る。

大英帝国の支配の歴史は、インドの綿業についてだけ見ても、すさまじいものがある。イギリスは三世紀以上のあいだ、キャリコと呼ばれるインド産綿製品の輸入国だったが、技術革新によってインド産に対抗しうる綿糸をつくりだすことに成功し、やがてランカシャーの機械製綿布の輸出は、インドの手工業的な綿業を破滅させる。そのためにイギリスは関税を引きあげ、その他あらゆることをした。二〇世紀の二、三〇年代のインド総督は、「木綿織布工たちの骨はインドの平原を白くしている」とのべている。(1) 職人たちの手を切ったのだ。殺したのかもしれない。

イギリス人の歴史感覚に大英帝国の歴史、そしてアジア経験が組みこまれていないとは考えられない。それは複雑で暗く、複数性と多様性に満ちた経験だったに違いない。

6 日英同盟が果たした役割――日露戦争で大きな効果

〈クィーン〉は本国の批評家たちにはうるさがられてなかなかブレークしなかったが、最初にかれらを支持したのは日本の若い女性たちだった。一九七五（昭和50）年四月、初来日のときだ。彼女たちは複雑で奇妙なかれらの歌が気に入ったのだろう。日本の七〇年代も、とりわけ女性にとって、決して単純な時代ではなかったから。

さて、二〇〇二年は日英同盟一〇〇周年にあたり、この番組はその記念番組の一つだという。日英同盟は一九〇二（明治35）年に締結された。当時清国に野心をもつイギリスと朝鮮半島をねらう日本は、ともに帝政ロシアの南下を牽制する必要に迫られていた。そしてこの同盟は、二年後の日露戦争で大きな効果を発揮した。日本の勝利、ひいては帝国主義化に貢献したのだ。しかしそれは同時に、中国をめぐる日米対立の始まりでもあった。二〇年後の一九二一（大正10）年、ワシントン会議で日英同盟が廃止されたとき、すでに帝政ロシアは消え、イギリスにとってこの同盟の利益は半減していた。日本は同盟の存続を望んだが、イギリスを説いて同盟を廃止させたのはアメリカだった。

第一次世界大戦中の日本は、参戦するやいなや、ドイツの極東基地であった山東省青島《チンタオ》を占領し、清国に二一ヵ条条約を押しつけ、競争相手の不在に乗じて貿易で大いに外貨を獲得するなど、早くも欧米に警戒される存在であった。いっぽうアメリカは戦争中英仏に貸した債権により、世界一の債権国になっていた。この時期、世界史の舞台はヨーロッパから太平洋に移り、中国をめぐる日米対立は、移民問題などの形で顕在化していたのである。

一九二〇年代の終わりから、英米は中国人の民族感情を考慮して、武力による侵略方式をやめ、産業や軍事への投資によって中国を支配しようとしていた。日本も投資はしていたが、そのいっぽうで三次にわたる山東出兵を、さらに関東軍による張作霖爆殺事件を起こして、中国人の感情を逆なでし、かえって中国の〝挙国抗日〟を促進していく。

7　日中戦争、第二次大戦とイギリス——父であり母であった日本の昭和天皇

日中事変によって最も大きな損害を受けた列強は、イギリスであった。日本は超低賃金の綿布の輸出によって、中国市場からイギリスの綿布を駆逐していたが、イギリスは一九三〇年時点で、輸出入および商業、不動産、製造業、鉄道などに、日本の三倍、アメリカの六倍もの投資をしていたからだ。イギリスはこの時期の中国国民党の幣制改革（貨幣の統一）にも、積極的に協力していた(2)。

第二次世界大戦で、イギリスはヒトラーのナチス・ドイツと全力をあげて戦った。いっぽう日本はドイツの勝利と大英帝国の崩壊を信じて日・独・伊三国同盟を結び、ベトナムにまで侵攻して墓穴を掘った。アメリカを戦争に引っぱり出してしまったのだ。

イギリスは戦後にかけて植民地の大半を失い、ヨーロッパの一島国にまで転落した。そのイギリスに、大勢の有色人が旧植民地から流れこんできた。アフリカ植民地の独立によってさまざまな政治問題が生まれ、ある者は祖国を追われ、ある者は祖国を見捨てた。

インドに近い東アフリカのウガンダ、ケニア、タンザニアには、多くのインド人移民がいたが、かれらも同じ運命に直面して、祖国インドに帰るか、あるいはフレディ一家のように旧支配国イギリスの保護に頼るか、という選択を迫られたのだった。インドをはじめとする新興の独立国からも、人びとは移り住み、定住した(3)。かれらには複雑で暗い、多様性に満ちた経験と記憶があり、また移住後にもそれがあったに違いない。フレディ・マーキュリー、

いやファルーク・バルサラのように。

「ボヘミアン・ラプソディ」からは、「ママ、たった今人を殺した」という訴えが、わたしたち自身の声としても聞こえてくる。「パパ、たった今人を殺した」。日本の昭和天皇は兵士たちに捕虜になることも許さない、死を強いる〝父〟であったと同時に、イギリスの女王以上に〈ママ〉でもあったようなのだが……。

わたしたち日本人は〈してしまったこと〉のとり返しのつかなさと、どう向き合うのか。

（『新日本文学』二〇〇二年九月）

注

（1）吉岡昭彦『インドとイギリス』（岩波新書、一九七五年）参照。

（2）花田清輝「支那事変と列強の帰趨」『花田清輝全集』第1巻（講談社、一九七九年）所収参照。

（3）（1）に同じ。

歴史に照射される現代——ニヒリズムと向き合う

泥のようなニヒリズム

人間はいつの時代だって殺しあいをしてきたではないか、他人の土地に侵入し、奪いあいをしてきたではないか、というのは、一つの強烈なニヒリズムだと思う。現在、私たちが現代社会のなかに作ろうとしている価値観は、こうした「説得力のあるニヒリズム」の上に危く乗っているものだ、ということを絶えず自覚しなければならない。それは泥海の上にかける虹のようなものかもしれないが、この泥のようなニヒリズムを、わたしは忘れたくないと思っている。

歴史の現場に帰ること——自伝的長編小説『百年の跫音』

わたしはいま、自分にしては珍しく長い、一〇〇〇枚ぐらいの長編『百年の跫音』で、手紙や手記、証言、シナリオなどを織りこみながら、開国前後から現代までの一つの家族の経験を縦軸にし、ベトナム戦争がはじまった一九六四年頃の青年たちの動きや夫婦の葛藤を横軸にした自伝的小説を書いている。

そこから見えてくるのは、歴史の現場とは絶え間ないせめぎあいであり、矛盾の渦だということだ。わたしの母方の祖父は、明治の鉄道建設にたずさわった技術者だったが、そこでは地域の発展を図ろうとする地元の中小資本と、三菱などの大資本が至るところでせめぎあっていた。技術者は〝正しい〟ことばかりはしていない。大資本のために働いて、結局、退職を余儀なくされたらしい。大資本は留学の旅費を出すなどして、郷里出身の青年にあらかじめ〝恩〟を売っていたのだ。

地元の中小資本は、だいたい敗北している。そういう歴史の現場を、本人の残した手記と郷土史家の研究、株主総会の記録などをつきあわせて推理していくと、近代日本の鉄道建設の歴史という〝物語〟のなかで隠蔽されてきた現場のざわめきや、人間の息づかいが浮かび上がってくる。かれはまた測量士として、内務省からの命令で、日露戦争中に朝鮮に土地調査に行っている。

現在もまた、中味はちがっても、せめぎあいの現場そのものだ。それを凝視しなければならないと思う。

産業化・近代化を可能にした奴隷貿易——ガーナを旅して

日本が朝鮮半島やアジア諸国に対して侵略と植民地支配を行なってきた実態が、現在、次々と明らかになっている。これは日本に責任のある事実だが、イギリス、フランス、ドイツ、アメリカ、ひいてはポルトガルやスペイン、オランダなども含めた世界史の一環でもある。

わたしは最近、西アフリカのガーナに行き、ポルトガルやオランダ、英国などがアフリカ人を奴隷として米大陸や西インド諸島に送り出した、ギニア湾岸の二つの城を見た。湾に面した門が、ＮＯ　ＲＥＴＵＲＮの門なのだ。この奴隷貿易には、現地の首長たちが深く関わっていた。ヨーロッパやアメリカの産業化・近代化は、この三〇〇年にもわたる奴隷貿易と奴隷労働によって可能になったのである。

人種差別と宗教——日本人が自分を知る道

このような蛮行を可能にしたものに、人種差別、そしてそれを正当化する宗教がある。日本でも明治以来、天皇が超越的な権力と権威をもち、国家神道という宗教の〝神〟にされていったことが、先の戦争での捕虜虐殺や七三一部隊の生体実験、そして「従軍慰安婦」問題のような蛮行を心理的に正当化したのではないだろうか。

民族、文化、そして宗教の問題は、世界各地で今後、二一世紀へ向けてさらに大きく浮上していくだろう。民族や文化の相違によって引き起こされるさまざまな問題が、宗教によって正当化され、欲望や怨恨と結びつくと、容易に大量殺戮にいたる。これはオーム真理教の問題とも無関係ではない。

戦後の生まれだから戦争についてはわからない、ということはないと思う。書かれたものから想像できるはずだし、もし伝わっていないとすれば、そこには歴史の事実の隠蔽があるのだ。

戦後の日本人は為替の制限のため自由に海外に出られず、自分たちが侵略したアジアの人たちの声を直接聞くことができなかった。一種の鎖国状態にあって、保護されたなかで経済発展に励み、日本人意識を作りあげてきた。東西の壁が崩れ冷戦が終わったいまでは、すべての人、とりわけアジアの他者たちの声に耳を傾けることができるし、そうしなければならない。それが、わたしたち日本人が本当の自分を知る道だと思う。

(『文学時標』一九九六年一月)

植民地主義の原罪と文学――9・11以後を考える

〈下からの近代〉の芽を叩き潰して――植民地領有へ

近代日本は台湾を五〇年間、朝鮮を三六年間植民地として領有・支配し、中国の東北部を実質的な植民地「満州国」として一四年間支配した。台湾を清国に割譲させたのは一八九五（明治28）年であり、これは憲法発布からわずか六年後、国会開設から五年後のことだ。日本は近代国家として形を整えると、たちまち植民地領有に手を染めたことになる。

それまでに明治政府は各地に起こった農民一揆を弾圧し、自由民権運動を弾圧して、日本社会の内部に育ちつつあった「下からの近代」の芽を叩き潰した。英・米・露などの帝国主義列強に包囲されたなかで、急いで近代の国民国家を形成しなければならなかったためといわれる。

蚕種の製造・輸出に携わった家族――一揆勢を水際で撃退

わたしは今年、二〇〇〇枚の自伝的長編小説『百年の跫音』上・下（御茶の水書房）を出版した。一組の若い夫婦の危機を横糸とし、幕末以来蚕種（蚕の卵）の製造と輸出に携わってきた群馬の農民家族の歴史を縦糸とした作品である。ことに主人公江利子の母方四代の女性たちの人生をくわしく描いたが、その芯には明治という時代を生きた二人の男性の人生がある。

一人は明治の明るい面を代表する人物で、蚕種の直輸出のためにイタリアまで出かけていき、自由民権運動にも加わった田島弥平[1]である。かれとその仲間たちは同郷の実業家・渋沢栄一に教えられて、一八七二（明治４）年という早い時期にはじめての蚕種の会社を設立した。

しかし幕末から明治にかけては、開港による小判の流出が激しいインフレーションをひき起こし、人びとの暮らしを直撃した時代だった。田島弥平のような成功者はごくわずかで、多くの農民はさまざまな理由で一揆に立ち上がらなければならない状況に追いこまれていた。攘夷という名分も加わって、横浜で外国商人（外商）と取引していた富裕な農民や商人たちは、一揆の目の仇にされ、打ち壊しに遭った。弥平の村の人たちも、利根川を渡って江戸に出ようとする一揆勢を水際で撃退している。維新後、明治政府は一揆を徹底的に弾圧した。明治維新が農民や庶民の革命でなかったことは、よく知られている。

規律があった農民一揆、部落民への棄民政策――諷刺的な芸能「ちょんがれ」

農民一揆はまったく無軌道な暴動ではなく、そこには一定の規律があったことが明らかになっている。たとえば打ち壊しはするが、延焼の恐れのある放火はしない、盗みはしない。また一家から一人は参加するなど、農村共同体による規制があった。さらに村の指導者を古い家柄だけで独占することに反対し、民主主義的な要求を出していた。

また農民一揆では、「ちょんがれ」（「おちょくる」という意味）といわれる、願人坊主が歌い踊っていた諷刺的な芸能を、農民が自分たちで創ってしばしば情報伝達と宣伝に役立てていた。「ちょんがれ」は社会・政治批判をするので幕府によって禁止され、願人坊主は江戸払いになった。そのあと「ちょんがれ」は民衆のあいだで「浮かれ節」と呼ばれ、浪花節に変わった（川元祥一『部落文化・文明』御茶の水書房、二〇一三年、一八七〜一八八頁）。浪花節は明治以後しだいに国家主義にとりこまれていくが、はじめは抑圧された農民のエネルギーを秘めた芸能だったのである。

自由民権運動には元の下級武士も、弥平のような豪農も加わったが、最近の研究では、無宿や博徒と呼ばれる人たちや被差別部落の人たちも参加していた。明治政府は一八七一（明治4）年にいわゆる身分解放令を出したが、それは「四民平等」の理念による身分解放ではなく、地租徴収のためと、欧米諸国の後押しにうながされたものだった。政府は実質的な解放政策を一切行わず、そのため部落は江戸時代に認められていた所有地の無税扱いや、死牛馬の取得権などの独占権を代償もなしに喪失した。その文化や部落民の果たしてきた役割は無視・差別され、生活水準は大幅に下落したのだった。

一八八四年（明治17年）に日本最初の資本主義的な恐慌が起こり、多くの農民が土地を失って都市に流れこんだ。民権運動が激化したのは、この年のことだ。数年のうちにこの運動は弾圧され、指導者の一部は海外に逃れた。

利用された技術者の実直さと技術——定年後はダムをつくりに朝鮮へ

『百年の跫音』で書いたもう一人の男性は、弥平の孫娘の婿にあたる鉄道と土木の技術者・和田義睦である。かれは「国家の鉄道をつくる」という理想をもってアメリカで働きながら鉄道敷設を学んだが、帰途、エジプトで市民の方に向けられたイギリスの砲台を見てショックを受けた。

しかし十数年後の日露戦争中に、かれは早くも道路をつくるための土地測量に、内務省から朝鮮（当時は大韓帝国）に派遣された。かれはもともと人びとの暮らしをおもんばかる優しさをもっていたが、のちに携わった土木の仕事においても、人びとを洪水から守ると同時に、人びとの伝統的な暮らしを破壊することもしなければならなかった。クリスチャンであったかれの実直さは、しばしばその測量技術とともに帝国主義日本のために利用されたのだ。定年後はダムをつくりに朝鮮に行き、かれはそれに成功しなかったのだが、後任の技術者が立派なダムをつくったことを称えている。ただしダムの造成は朝鮮の民衆のためではなく、日本の米不足を補うためだった。

かれが自分のしてきたことを晩年に記録しておいたおかげで、わたしは今度の作品にそれを書くことができた。おびただしい日本人が植民地支配に関わったはずなのに、このような記録は非常に少ない。そのためわたしたちは、自分たちの経験を次の世代に伝えることに失敗している（ただ和田義睦・和田邦子著『ちちははの記』（高良富子編集発行）は私家版で残部がないため、何れ刊行し直さなければならないと考えている）。

抑圧されたものは回帰してくる――すべてを歴史過程に戻してみる

二〇〇一年の9・11（アメリカ同時多発テロ事件）以後の世界に起こったこと、起こっていることを考えると、植民地主義や帝国主義の根底にある民族差別や人種差別が、まだ乗り越えられていないことを痛切に感じる。その差別の上に立って民主主義を武力で押しつける行動を続けているため、民主主義そのものが歪められているのだ。

本来文学と歴史は近いはずなのに、日本の近代文学は歴史を回避し過ぎてきたと思う。それは自分たちの近代の歴史を振り返ることに、無意識の恐怖を抱いているからではないだろうか。あえて言えば、始源に〝原罪〟を犯したと感じているのだ。その原罪とは、農民一揆と自由民権運動への弾圧、台湾・朝鮮・満州の植民地化と支配、そしてアジアへの侵略戦争である。

抑圧されたものはやがて回帰してくる、それも姿を変えて回帰してくるというフロイトの学説は、人間心理だけでなく歴史にも当てはまるのではないかと、わたしは感じている。明治政府の弾圧は、軍部の暴走やウルトラ・ナショナリズムとなって回帰してきた。イスラム原理主義といわれる主義と行動も、西欧諸国の数百年にわたるアラブ民族への植民地支配と裏切り外交の、回帰現象だといえないだろうか。アメリカは反テロリズムに名を借りて、アラブ系の人たちへの排除と抑圧を強めている。日本の植民地支配とアジア侵略も、いまここでしっかり反省して表現しておかないと、なんらかの回帰現象となって現れてくるのではないかと、わたしは恐れている。

自分たちのしたことを反省し、原罪意識から自らを解放するためには、すべてを歴史過程に戻してみること、できれば一人一人の具体的な行動にまで戻してみることが不可欠だと思う。そこではじめて過去を反省し、謝罪し、表現を通して甦ることが可能になるのだ。そこに文学の役割があり、可能性があると考える。

（シンポジウム「東アジア同時代の文学――『9・11』以後の日本・韓国・在日の文学をめぐって」にて、二〇〇四年一〇月一〇日）

注

（1）田島弥平……田島弥平旧宅は二〇一二年に国の史跡に指定され、二〇一三年に「富岡製糸場と絹産業遺産群」の構成資産として世界遺産リストに登録された。

いわゆる自虐史観をめぐって

自虐においていじめられるのは弱い自分

自分の国の過ちを認める歴史の見方・考え方を、自虐史観というらしい。とくに日本が旧植民地や日中戦争、アジアへの戦争において犯した過ちを認めることは、自虐史観によるものであり、そういう歴史観に立って学校で歴史を教えると生徒たちをいじけさせる、したがって学校ではもっと誇り高い（あるいは誇り高く装われた）日本の歴史を教えるべきだ、という考え方がある。

自虐とは自分をいじめることだ。いじめるとは、「弱いものを苦しめる」ことだと『広辞苑』には書いてある。自虐においていじめられる自分、苦しめられる自分は弱い自分であり、自虐史観においていじめられる日本国民は弱い国民だというのだ。自虐史観を非難する人たちは、弱い国民をいじめてはいけないといっているのだろうか。

自分の国の過ちを認めることが、なぜ自分をいじめることになるのだろう。自分の過ちを認めるとき、認めざるを得ないとき、わたしたちは自分をいじめるという対処の仕方しかできないのだろうか。過ちを反省する、過ちの原因を見きわめる、相手に謝る、もう二度としないと決意する、などのどれか、あるいはすべての道をたどるのではないだろうか。そのどれもできないでうじうじしているとき、わたしたちは自分をいじめる。そのとき、自分はたしかに弱い自分として感じられているのだ。

心が強くなければ過ちを克服できない——植民地主義、原爆投下、都市空襲などへの批判は課題

自分の国の過ちを認めることを自虐史観として非難する人たちは、自分の過ちを反省したり、その原因を探ったり、相手に謝ったり、もうしないと決意したりすることを通して過ちを克服する力が、自分にはないと思っているのだろうか。自分をいじめたり、過ちをひとのせいにしたりすることしかできないと思っているのだろうか。あらかじめ自分を弱者として思い描き、「弱い者いじめは駄目よ」といっているのだろうか。

これでは生徒をいじけさせるどころか、自分が最初からいじけているのではないか。そんなことでどうして誇り高い国民を作りだすことができるだろう。

過ちを克服することは、自分の心が強くなければできないことだ。とくに相手に謝ることは、なかなかできない。自分がゼロ以下になってしまうと感じるからだ。しかしそこを通らないと、人間は過ちをくぐりぬけて新しい人間関係を結ぶことはできない。国と国とのあいだについても、同じことだ。

自分の国の過ちを認めることを自虐史観として非難する人たちは、過ちを克服して国と国、人と人とのあいだに新しい関係をつくり直す道をあらかじめ閉ざしているのではないだろうか。

たしかに歴史には、さまざまな意味で未解明な問題が多い。たとえば東京裁判において、連合国側は（奴隷貿易にまでさかのぼる）自らの植民地主義の責任を避けて通ったため、日本の台湾・朝鮮の植民地化や満州事変、「満州国」の創設などを裁くことができなかった。それらは欧米の植民地主義とアメリカの原爆投下および都市空襲への批判とともに、日本人がとりくまなければならない課題である。

歴史の問題を、いじめるとかいじけるというようないじましいところから解放して、広い視野と展望のなかで考えたい。ちなみにいじましいとは意地きたなくせせこましい、しみったれている、こせこせしてかわいそうになる、という意味だ。いじましい日本人にはなりたくない。

（『軍縮問題資料』二〇〇五年一二月）

『辻詩集』への道——以倉紘平における故郷と国家

1　故郷と国家を同一視してよいだろうか——鮎川信夫の祖国への問い

以倉紘平氏は、〈ぼくが死ぬとしたら／バルコンはあけといてくれ〉というロルカの詩句から始まる詩「遠い国」で、次のように書いている（『詩誌アリゼ』170号、二〇一五年一二月）。

あの戦争で亡くなったたくさんの死者たち
無辜の女たち、老いた男たち
そして祖国のために戦った兵士たち
かれらのバルコンからは
なつかしい故郷が
父祖の家が　水辺で遊ぶこどもたちが
ひばりの上がる田畑が
晴れ渡った山々がよく見えていたに違いない

最初の二行はその通りだ。三行目についても、そういう気持ちで戦った兵士たちがいたことは否定できない。しかしこの詩には、その〈祖国〉が兵士たちにとってどういう祖国であったかという問いが欠けている。

それは「鮎川信夫「サイゴンにて」からベトナム戦争へ」で書いたように、戦地から帰ってきた鮎川信夫が詩「サイゴンにて」において、〈フランスの悩みは／かれら民衆の悩みだったが／ぼくら兵士の苦しみは／ぼくら祖国の苦しみだったろうか〉と問うた問いであった。鮎川は自由主義国家を理想化した結果、ベトナム戦争においてアメリカを擁護するという錯誤に陥ったが、この問いはいまなお日本人にとって絶えず問いつづけなければならない根源的な問いなのである。

「遠い国」の詩句から読みとれるのはまた、兵士たちがそのために戦った〈祖国〉と、〈なつかしい故郷〉とが、同一視されていることだ。前者は日本（大日本帝国）という国家であり、後者は父祖の家や水辺で遊ぶ子どもたちのいる故郷である。

同じ詩の前のほうにも、両者の同一視が見られる。作者は与謝野晶子の絶筆の歌〈わが立つは十国峠　光る雲胸に抱かぬ　山山もなし〉を引用しながら、〈歌人は開けられたバルコンから／わが日本の　雲の棚引く雄大な美しい山々を見たのである／アマテラス／アマテラスオオミカミのように彼女は我が国土を／わが胸にひしと抱きしめていたのである〉と書いている。ここでも美しい山々という故郷と、かつて日本の皇祖神と定められていたアマテラスの国土とが、同一視されている。

しかし日本語でともに「くに」と呼ばれる故郷と国家とは、果たして同一視してよいものだろうか。〈祖国〉は自分たちにとってどういう祖国であったか、あってほしいかという問いを発する必要はないのだろうか。

2　故郷と国家は同一視できない――詩「戦争の死者」と「堅実な末路」

わたしはかつて「戦争の死者」という詩で、兵士にとっての国家と故郷との違いを次のように書いた。

〈戦争の死者を　国家で祀るという／靖国神社を　国家で祀るとかれらはいう／いったいなにを祀るというのだろう／死者たちは　そこにはいないのに／そこでは空《から》の木箱だけが　からからと／冬の風に吹かれて／鳴っているだけなのに／死者たちが戻ってきているのは／ふるさとの　峠や川のほとり／家々の戸口や　路地や　街角の／かれらを想う人びとの近くなのだ／国家《くに》は　かれらのために／帰りの船も　ガソリンも／支給しなかったのだから／国家《くに》は　かれらを／泥と血と　南の海の果てに／捨てたのだから〉

　また「堅実な末路――もと兵士は語る」という詩で、次のように書いた。一、二、四連を引用する。ちなみに「堅実な末路」とは、赤いカンナの花ことばである。

〈古い枕木でつくった柵の前で／夏の終わりのカンナの花は見つめていた／列車の破った窓ガラスから／背嚢をねじこみ／おんな子どもを押しのけながら／故郷《くに》へ　故郷《くに》へと帰っていく／おれたちの堅実な末路を／／健康　家族　財産　人生／すべてをおれたちから奪いつくして／国家《くに》は戦争に負けた／だからおれたちの末路は／堅実であらざるをえない／米をつめこんだ背嚢に／軍隊毛布をしばり上げ／窓からおしっこを放出しながら／ひたすらに故郷へと帰る……〉

〈ともにくにとよばれる／故郷と国家／その足し算と掛け算の仕組は支配者《かれら》の手ににぎられている／故郷はおれたちを追い立て／国家はおれたちに虐殺を命令した／ふたつのくにのあいだには／おれたちの身体がもぐりこめる／暖かいすきまなどはどこにもなかった〉（共に詩集『仮面の声』所収、『高良留美子詩集』日本現代詩文庫34に収録）

　わたしがこれらの詩にこめたのは、ともにくにと呼ばれる国家と故郷とは、しばしば支配者の意志によって左右される別々の存在だ、という苦い思いであった。そこでは守ってくれるはずの故郷さえ、〈おれたちを追いたて〉るものとなるのだ。

3　現代の沖縄で起こっていること――高橋源一郎の寄稿

これは一九四五年、太平洋戦争の敗戦直後にわたしの遭遇した事態だが、現代の沖縄でも同じことが起こっている。今年（二〇一六年）の憲法記念日に沖縄を訪れた作家・高橋源一郎の「朝日新聞」への寄稿文を引用したい。ここには「「くに」を守るときたち塞がる「国」」という中見出しがついている。

いま、米軍の普天間飛行場の辺野古移設をめぐって、大がかりな反対運動が起こっている。辺野古のゲート前で座りこみを続けるある男性は、こんなことをいった。／「米軍は表には出てきません。わたしたちが反対のために座りこむと、機動隊が排除のために出てきます。当初は沖縄県警の機動隊でした。最近では、東京の警視庁から来た機動隊がその役目を担っています」

なにより印象的なのは、東京から来た機動隊は、ときに「笑いながら」、反対派を排除してゆくことだ、と男性はわたしに呟《つぶや》いた。それは沖縄の機動隊員には見られない表情だった。／「アメリカ」の代わりに、自分たちの前に立ちはだかる「日本」。その「日本」は、戻りたいと切望した「日本国憲法のある日本」なのだろうか。／（略）

沖縄の人たちが守ろうとしてきたのは、そこで生きてきた、自分たちの土地、そこで紡がれてきた文化だろう。それは、彼らにとって「くに」と呼ぶべきものなのかもしれない。けれど、彼らが「くに」を守ろうと立ち上がると、その前に立ちはだかるのは、「アメリカ」という「国」、そして彼らを守るべきはずの「日本」という「国」だったのだ。

沖縄で見せる、この「国」の冷たい顔は、わたしたちに、「国」とは何か、ということを突きつけているように思えるのである（二〇一六年五月一四日朝刊）。

故郷の自然と文化への愛と、国家への疑問・拒否・怒りは、『潮流詩派』243号（二〇一五年一〇月）の特集「沖縄の詩人たち」に寄せられた多くの詩にも、また翌年二月の日本現代詩人会「西日本ゼミナールin沖縄」で沖縄の詩人たちが朗読した詩や、二人の方の講演で引用された詩にも、色濃く表現されている。

安全であるはずの自らのふるさとで米軍の軍属男性に殺された女性は、ある意味でアメリカと日本という二つの国家によって殺されたとさえいえるかもしれない。不平等な地位協定のもとで米軍の駐留を許しているわたしたち本土の市民も、その共犯者であることを免れることはできない。いっぽう大地震、ことに福島第一原子力発電所の水素爆発の被災地では、破壊された故郷が未だに回復されず、回復の目途さえ立っていない現実がある。

4 『辻詩集』とは何か——日蓮の辻説法にちなんで

ここで、同じテーマを内包していた七十数年前の『辻詩集』を振り返りたい。総勢二〇八名の詩人たちによる原稿用紙一枚、見開き二頁にわたる詩二〇八篇を収録した詩集で、うち女性は二三人、日本文学報国会編、一九四三年一〇月に八紘社杉山書店から発行された。序文もあとがきもないアンソロジーで、その売上金は海軍省に献金された。以下岡野幸江の「『辻詩集』解説」（復刻版『辻詩集』「帝国」戦争と文学29、ゆまに書房、二〇〇五年六月所収）などによって、この詩集と出版事情について説明したい。

日本文学報国会には八つの部会があったが、詩部会の発足当時の会員数は三二二名、「現代日本に於ける、あらゆる傾向信条の相違した詩人群を打って一丸となした団体」であり、「詩筆をもって国に奉ずるといふ、烈々たる愛国の赤誠に於て完全に一致する」とされている（西条八十「詩部会の性格と動向」『文芸年鑑』一九四三年版）。

昭和初期、日本は船腹量世界第三位、造船技術も世界一流となった海運国だった。「鮎川信夫「サイゴンにて」

からベトナム戦争へ」で書いたように、日本軍は日中戦争中の一九四〇年九月に北部仏印、四一年七月に南部仏印に進駐した。前者に対して米国は日本への屑鉄の輸出禁止に、後者に対しては石油禁輸に踏み切った。この進駐は日米関係を決定的に決裂させ、太平洋戦争への回帰不能点になったといわれる。

それ以後日本軍は資源獲得のため南進作戦に転換し、真珠湾の奇襲と並行した南方作戦は史上空前の大規模なものとなった。それは当然のことながら大規模な兵力輸送と兵器・物資の輸送にあたる輸送船団を必要としたため、一般船舶が随時徴用された。

ミッドウェー攻略作戦の敗退後、一九四二年六月に戦時艦船補充計画が決定されたが、八月に米軍がガダルカナル島に上陸、日本軍は半年間の激戦によって戦力のほとんどを消耗した。続いて第一次、第二次の追加計画が立てられ、さらに四三年度戦時艦船建造計画も策定され、未曽有の建艦計画が推進されていた。

一九四三年の新春、日本文学報国会の企画委員会で協議された大政翼賛会提案の戦艦献納運動は、建艦献金運動と名称を変えて、小説部会が中心となって積極的に展開された。日蓮が布教のために行なった辻説法にちなんで、全会員に原稿用紙一枚の「辻小説」を執筆させ、デパートなどのショーウィンドウに展示し、集めた小説は雑誌、新聞等に掲載してその原稿料を献金することになった。

発足直後の女流文学者会が、銀座の松屋デパートで三月に開いた建艦献金色紙短冊即売会は、この事業のトップを切ったもので、渋谷の東急デパートでの「辻小説」の展示がそれに続いた。この運動は詩部会にも波及しており、神田三省堂、東京堂、冨山房で五月に十日間展示された。このときのキーワードは「建艦」であった。

5 『辻詩集』にみる木と軍艦——伊波南哲、小野十三郎

この詩集には、たとえば伊波南哲の「征け、日本の欅よ」がある。故郷の大地に根をはる欅の木に、侵略する

国家の軍艦になることを求める詩である。〈祖先のかずかずの歴史をひめて／村の唯一の目印となり／亭々と聳え立つ欅よ。(略)／大海洋に乗り出し／いくさ船となりて／一切のまつろはぬものどもを撃たんとするか、／征け、日本の欅よ。〉。建艦を通して故郷と侵略する国家を結びつける詩といえるだろう。

小野十三郎の「木と鉄と鋼」も〈薫高い古い日本の樹叢〉から樹木を伐って木造船にする詩だが、「国家」は登場しない。〈時はいま。／再び天を摩す鬱然たる巨木を挽きて／もつて鉄と鋼に代へんとす／ああ、われら木造標準船〉とうたわれているが、「国家」がないだけ、侵略的になることを免れている。最後の〈白い龍骨を組みあげる〉に白骨のイメージを視るのは、よみすぎだろうか。

多くの詩に木材の供出がうたわれているが、当時「供木運動」が全国に展開されていた。消耗船舶の補充のために「戦時標準船」を制定し、資材を節約した小型の「拙速船」をもって臨む方策が立てられ、一九四三年一月には東条首相が「木造船建造緊急方策要綱」を閣議決定した。戦時標準型の木造船は一〇〇～二五〇トン級で、沿岸輸送の強化にあてられ、在来の汽船を戦力に組み込む構想だった。

ちなみにわたしの知人女性の父は在来汽船の船長だったが、船ごと徴用されて米軍に撃沈され、四日間漂流したのち救われた。しかしひどい結核を病んで数年後に亡くなった。重症者とはいえおそらく年限不足のため軍属の恩給も支給されなかったその間、一家の暮らしは困窮を極めたのだ。

6　捕虜となった夫に安堵する詩——永瀬清子の分裂と妥協

永瀬清子の「夫妻」は、前半と後半が真二つに分裂した詩である(二行目の「天」は「夫」の誤植だろう)。前半は〈捕虜となつたときいた時／妻たちは安堵の吐息をついた。／夫等が軍門に降る時挙げたその手を／彼女等の再び執る日を待ちかぞへた。〉と、故郷よりさらに身近な自分のもとに夫が帰る日を待ち望む妻たちの心情がつづられている。しかし後半では一転して、〈その時敵弾が彼をつらぬいたときいてさへ／なほその頰にはほゝえみがのぼる。／よろこびいさんで彼が死に就いたことを／彼女は疑ひ得ないから。（後略）〉と、夫の死を称える内容になっている。

信じがたい分裂だが、井坂洋子『永瀬清子』（五柳書院、二〇〇〇年）掲載の略年譜には、「文学報国会より『辻詩集』に詩を求められ、出稿したが、訂正をもとめられる」とある。報国会はおそらく、「生きて虜囚の辱を受けず」という陸軍大臣東条英機の戦陣訓（一九四一年）の訓示に真っ向から反逆するその内容に、恐怖したのだ。そして永瀬は妥協した。井久保伊登子『女性史のなかの永瀬清子〔戦前・戦中編〕』（ドメス出版、二〇〇七年）の略年譜には、訂正の記事はなく、「「夫婦」寄稿、不本意はなはだし」とある。

改稿前の原稿が読めないのが残念だが、この奇怪ともいえる詩は、悪夢のようだったこの時代の証言として、改作の事情とともに後世に伝える価値があると思う。

7　『辻詩集』にみる日本列島と軍艦の同一視——安藤一郎、大江満雄

端的に日本列島そのものと軍艦を同一視する詩が、この詩集には少なくとも二篇ある。まず安藤一郎の「アジアの砦」を、旧字体を新字体に改めて引用する（以下同じ）。

〈アジア大陸の縁辺に／点点と連なる／日本列島は自然の艨艟／（略）わが大艦隊こそは／強弓を引き絞つたやうな日本列島の伸長／正にアジアの砦だ／太平洋をアジアのものとするため／このアジアの砦を益益堅固にしよう／我らの一人びとりが／一本の鋲一片の鉄板一発の魚雷となつて／無数の「浮べる城」を造らう〉

次は大江満雄の「四方海」。〈日本列島は不滅の巨艦／この巨艦を護る／艦船のあまた／／洋上に物を運ぶ　かの大小の船／きのふ海戦に勝てど／けふ我が方も撃沈さるとおもへ／かの渺渺たる海／おもひ見よ／機械と機械の戦

ひ。〉

二篇とも日本列島そのものと伸長する国家との究極の同一視を示している。広島と長崎の民間人を原爆で殺し、無数の都市を焼き払ったアメリカ空軍も、逆の立場でこのような同一視をしていたのだろう。その後も沖縄を「不沈空母」といった本土の政治家がいた。

8　滝口修造の苦しいたたかい——詩人の心は青年の魂と合一

最後に、滝口修造の詩「若鷲の魂にさゝぐ　春とともに」を引用したい。ここには故郷と国家とを区別する詩人の苦しいたたかいが刻まれている。

いまだ還らず・・・
いまだ還らず・・・
巨いなる空の涯て
雲は燃え
星はかがやけど
君はつひに還らず
されど
故里に春はかへりぬ
水温るみ　餅草萌ゆる
あゝ　その春のごとくに

ちちははの胸にかへらむ
さとびとの胸にかへりて
はげしくも炎と燃えむ
美まし国の護りとならむ

君は還りぬ

青年の魂は、ついに国家には還らなかったのだ。〈巨いなる空の涯て／雲は燃え／星はかがやけど〉という巨きな自然との対比が、ひとりの人間の孤絶した存在を際立たせている。しかし故里に還ってきた春のように、青年の魂は故里に還ろうとしている。故里のちちははの胸に、さとびとの胸に還って炎のように燃えようとしているのだ。〈美まし国の護りとならむ〉という詩句には、「国」という言葉がある。「護国の鬼とならむ」などという言葉が喧伝されていた当時、〈美まし国〉を国家と読んだ者や、国家と国土の合体と読んだ読者もいただろう。しかしこの詩句には、この国を侵略国家などではなく、心の満たされる平和な国にしたいという願いがこめられている。もしここが〈瑞穂の国の護りとならむ〉となっていたら、一見近いようだが意味は全く違ってくる。

詩脈に沿って丁寧に読めば、青年が護ろうとしている〈美まし国〉は故郷であって、国家ではない。青年の魂は国家には還らなかったのだ。最後の〈君は還りぬ〉という詩句において、詩人の心は青年の魂と合一している。

9　詩人たちの「艦たてまつれ詩の夕」

ここで、詩人たちが当時開いた詩祭を岡野解説から紹介したい。建艦運動を盛り上げようと、日本文学報国会の詩部会は一九四三年五月二一日（金）、神田共立講堂で「艦たてまつれ詩の夕」を開いた。第一部は幹事長西条八十の挨拶、大政翼賛会文化部長高橋健二の講演、山本五十六の戦死を悼む三好達治の詩朗読、高村光太郎の講演、堀口大学、尾崎喜八、川路柳虹ら一〇人の詩人による自作詩朗読などがあり、第二部には神保光太郎、大木惇夫らによる詩の朗読と講演、尾崎喜八、西条八十、高村光太郎による山本五十六追悼の詩朗読、さらに長浜輝子ら五人の詩朗読と続き、第三部では四家文子による詩独唱に続いて深尾須磨子ら女性詩人一〇名の共同創作詩「艦たてまつる」の群読、花柳壽鈴による舞踊、市川男女蔵による韻文朗読などが行われ、最後は『海ゆかば』を全員が合唱して閉会した（『日本学芸新聞』六月一日）。

戦時下のこの時期、「詩が声によって読まれること＝朗読や電波メディアを介する〈伝達〉に向けて書かれる」ものになっていたのだ（坪井秀人『声の祝祭』名古屋大学出版会、一九九七年）。「それまで一部の人にしか親しまれなかった詩が、広く大衆に迎えられてもいった」（藤原菜穂子『永瀬清子とともに――『星座の娘』から『あけがたにくる人よ』まで』思潮社、二〇一一年）時代とは、このような時代だったのである。

10　戦時下の与謝野晶子――〈満州の野の土に親しめ〉

以倉氏が「遠い国」で歌を引用している与謝野晶子は、日露戦争中に詩「君死にたまふことなかれ」を書いて戦争を〈獣の道〉と断じ、戦争と国民皆兵に抵抗した。大正期には「自我発展主義」「男女平等」「人類無階級的連帯主義」などを主張する文章を書いている（「女性改造の基礎的考察」『激動の中を行く』）。また人間は平等であり誰でも働くのが当然だという立場から、晶子の主張はその世代としては斬新で先進的な教育の男女均等や女性の参政権要求にも及んでいた。

しかし大正デモクラシーの凋落期に入った昭和期になると、全盛期を迎えたプロレタリア文学運動には背を向け、時代がファナティックな国家主義に傾くと、率先して民族主義、皇国史観に立つ戦争指嗾者としてのリーダーシップを発揮した（渡邊澄子「晶子における大正期の感想・評論活動」新・フェミニズム批評の会編『大正女性文学論』翰林書房、二〇一〇年参照）。

晶子は太平洋戦争勃発から半年経たない一九四二年五月二九日に死去したが、その年の一月に詠まれた短歌五首が、最後の歌集『白桜集』の最終頁に掲載されている。

満州の野山を開くますらをも桜咲く日は見に帰へれかし
いにしへの久米の若児のますらをよ満州の野の土に親しめ
めでたきもかがやかしきも東海の瑞穂の国のますらをにして
益良夫は黒龍江の白魚などさかなにしつつ盃あげん
古き國わが御祖達開きたるアジアの北の土に親しめ

（『定本　与謝野晶子全集』第七巻　歌集七、講談社、一九八一年より）

晶子は「土に親しめ」と繰り返すが、「人に親しめ」とはいわない。五首のうち四首までが、「満州」への拡張主義・植民地主義の歌だといわざるを得ない。第三首の「瑞穂の国」は、支配者から見た国家の神話的美称であり、そこに生きる人たちの故郷ではない。

以倉紘平氏は故郷と国家を同一視することの危険性を、自覚しているだろうか。それは論理的に、『辻詩集』への道、与謝野晶子の晩年の道につながるのである。わたしたちが日々生きている、個々人を基盤とする市民社会、地域（故郷）、家族、カップルは、さまざまな毒をも生み出すが、真の価値を生み出し国家を批判することができるのはそれら以外のものではない。しかし日本ではつねに社会が国家に支配され、国家の唱導する贋の価値観にとりこまれる傾向をもってきた。

日本という国が重大な岐路に立っている現在、わたしたちはどこまでもこの国がわたしたちにとってどのような国であったか、どのような国であるかを沖縄の人たちと共に問いつづけ、どのような国にしたいかを語り、求めつづけなければならない。

なおこの詩には〈しかし／戦後を生きた／わたしのバルコンからは／何も見えない〉という最終連に、戦後の生を虚妄と感じていた三島由紀夫との親近性が現れている。これが以倉紘平氏の生涯の到達点なのであろうか。

（『詩人会議』二〇一六年九月、加筆）

Ⅳ　人ともの——社会主義は死んだネズミか

花田清輝と『列島』——物質に憑かれた詩人たち

対立が消えた現代詩

『列島』の復刻版が昨年（一九七九年）土曜美術社から出版された。創刊号から数えて二七年目であり、最後の号からでも四半世紀の時が経っている。戦後の詩を論じるたびに、『列島』が読まれていないことを残念に思ってきたので、これは喜ぶべきことだ。『列島』は11号をのぞいて全部もっていると、なにかの機会に話したところ、ちょうど復刻の計画が進んでいるということで、わたしも資料提供者の一人として名を連ねることになった。

戦後の詩、ことに一九五〇年代の詩は、よくも悪くも『列島』と『荒地』を車の両輪のようにして進んできた。その対立や相互批判があったからこそ、詩は創造力をもちつづけ、若い詩人たちの擡頭の場もありえたのだ。しかしある時期から、『列島』について語られることはほとんどなくなり、かつてこの運動に加わった個々の詩人たちが〝生きのこっている〟という状態が、今日までつづいている。そして詩の世界には、『列島』と『荒地』にかぎらず、およそ対立というものがなくなっていき、対立者を消去し終えたと同時に、詩そのものも創造力を失って、言葉の海に溺れ死のうとしているかに見える。

『列島』が創刊された一九五二（昭和27）年三月、わたしは芸大の一年生で、『希望《エスポワール》』(1)の第2号を出そうとして動きまわっていた。『希望《エスポワール》』は広島の原爆を意識的契機として、一九四八年に広島で生まれた学生の文化運動誌である。一月に出た東京版創刊号の編集記には、「一九五二年の希望」と題して創刊者の河本英三が次のように書いている。時代の雰囲気を知る上で役立つと思われるので、挙げておきたい。

一九五一年は、旧勢力の前に、新らしいものがじりじりと後退を余儀なくさせられた年でした。／「人間」がつぶれ、「展望」がつぶれ、「日本評論」も消え、新らしい意欲をもつて登場した「文学五一」も中絶しました。（略）／一方かつてない位、苦しい条件のなかにありながら全国各地の同人誌、サークル誌等断続的ではあれ、何か新らしいものを提出しようと営みを烈しく行つています。（略）極くわづかの人しか知らなかつた青旗派という同人雑誌に拠つていた安部公房のようなアヴァンギャルドな小説が芥川賞にまぎれ込みました。（略）が、これらすらほんの氷山の一角にすぎず、世にあらわれないできびしい営みをつづけている人々、云うべきものを持ちながら黙していねばならなかつた人々はもつともつとたくさんいるに違いありません。

それ自身をして語らしめる――自分を一個の物質としてとらえる

『希望《エスポワール》』第2号は難産してようやく六月に出たが、『列島』は隔月刊の第2号がきちんと五月に発行されている。この号の鮮烈さは、いまでもはっきり覚えている。花田清輝、壺井繁治、関根弘、木原啓允、出海渓也が出席した座談会「われらいかに諷刺すべきか」で、花田清輝が「諷刺の大前提としては一応価値判断を捨てて考えるということ」、「動物を擬人化するのでなく動物自身に語らしめるというのが新しい寓話だ。それ自身をして語らしめるというところに大きな諷刺性がある。それを僕は記録性という言葉で云っているのだ。」などと、二〇世紀的な諷刺の方法、記録の方法を打ち出していたし、(2)関根弘の詩「絵の宿題」も掲載されていた。しかも扉には「女の抵抗」と題して、アリストパネスの戯曲『女の平和』からの引用が載っていた。

『列島』には反米民族主義、戦前のプロレタリア詩の生きのこり、人民文学派やサークル詩運動、アヴァンギャルドの主張、抵抗詩など、さまざまなグループや主張が流れこんでいたが、この号あたりから、尖鋭で二〇世紀的なアヴァンギャルドの方法論が、一本の背骨のように通ってきたという印象がつよい。

わたしが『列島』から受けとったものは、なによりもまず物質に注目するという視点であり、物質のなかに、あるいは物質のなかから夢みることを、自覚的、方法的に行なおうとしていたことだった。自分自身を一個の物質として（生理的物質としてだけでなく社会的物質として）とらえる視点である。

すでに『荒地』『列島』以後の若い詩人たちが登場してきていて、世代的にも出身階層からいっても、その方がわたしに近かったはずなのだが、「清岡卓行とアカシヤの大連」で詳述したように、そこに見られる感性の解放が、白紙状態《タブラ・ラーサ》の無傷性、無罪性に支えられていることがもの足りなく、不満だった。物質をくぐりぬける以前の、肉体までとどかない感性の解放のように思えたのだ。

また『荒地』の詩人たちは、あまりにも自分を意識としてとらえていて、自己を死体としてとらえざるを得ない極限的な場合をのぞいては（戦争のなかではそれはけっして稀な場合ではなかったのだが）、自己を物質としてとらえる視点は自覚されていなかったように思う。

自分を一個の物質としてとらえる感性と方法意識は、パリ・コンミューンの戦後派ランボーの、「わたしは一個の他者である」という自己把握を一歩すすめるものでもあった。戦争や植民地を白紙還元《タブラ・ラーサ》して感性の解放を行なうことは、わたしにとって可能でもあり、ほとんど自然ですらあったのだが、それではどうしても満足できないものがあった。おそらく物質に憑かれていたのだと思う。そして『列島』の詩人たちも、いわば物質に憑かれた詩人たちだった。

夢の解体のあとで

『列島』の詩人たちの多くは、スターリン批判やハンガリー事件を経た一九六〇年代に、夢の解体を経験している。わたしは一九六二年に、「夢の解体と新しい主観性――『列島』の詩人たち」と題するエッセイで、つぎのように書いた。「かれらが生きようとした夢は、たんなる仮定や幻想ではなく、その階級や状況に根ざした欲求から生じ、生そのものと化した夢、素顔そのものとなった仮面ではあったが、そこには何かしら、かれらがほんとうには信じていなかったのではないかと思われる古い革命のイメージや、情念に縛られているところも付きまとっていた。関根弘や黒田喜夫の最近の作品は、かれらの素顔ともいえる直接的な語り口をあらわしてきているが、一度夢を生きようとした者にとって、その夢と切りはなされた素顔はないのだということを、その作品自身がもっともよく語っているように思われる」（『現代詩手帖』一九六二年一〇月、『モダニズム・アジア・戦後詩』御茶の水書房、一九九二年に収録）。

夢の解体が同時に方法意識の解体をもひき起こしたところに、『列島』の弱さがあったかも知れない。いや方法意識の解体を幾度でも経ながら、さまざまな迂回路を通って、それを新たに建て直す過程をもちえなかったところに、弱さがあったというべきだろう。いまでは「方法」は、たんなる書き方の技術にすぎず、人間をその肉体や歴史の根底からとらえつつ、読者にむかって語りかけ、問いかける積極的な哲学とはなっていない。

わたし自身はことに一九七〇年代以降、あまりにも多くの入りくんだ媒介項や迂回路を、人に見えないところで経てきたという感がつよい。それはまったく孤独な過程というわけではなかったが、詩の運動をつくることはできなかった。いま、出発点の一つとしての『列島』を振り返ってみると、やや子どもっぽいところや主体の弱さはあったにしても、その後の政治的変動の波に押し流されてしまい切れない、戦後の詩の革命の核があったと思う。

ただその詩的追求が、日本という国がかかえもっている伝統的な感性と自然観の岩盤に充分に突きささり得なかったところに、また日本人が生き死にする地盤そのものに充分かかわり得なかったところに、モダニスティックな限界があったと思う。物質としての人間という考えを、自然と社会の両面から精密化することによって、詩や肉体を豊かにすることも、もっとなされていいことだった。『列島』をはじめとする戦後の芸術運動の批評的検討をとおして、もう一度新たな出発点に立ちたいというのが、現在のわたしの気持ちである。

（『詩と思想』一九八〇年七月）

注

（1）『希望《エスポワール》』は広島版4号、東京版11号をふくめて二〇一二年に三人社から復刻された。「解説」高良留美子。

（2）この問題については「「現代詩の会」解散への道」の5節参照。

黒田喜夫『地中の武器』——ひとつの裂け目となった生

「痛み」を物質化してとりだす目

五年前の一九六一年、、黒田喜夫はあるエッセイで次のように書いた。

「最も主体的に内部の叫びを解放するとともに、それを逆に、客体視してゆく視点が必要であり、それを手がかりとして、外部の物質の諸運動をも自己の内部を通過させ、つまり、もしぼくらが政治のメカニズムにたいするヒユーマニテイの抗議をもって主題とするのであるなら、もしそれが芸術の形象を求めるのであるなら、自己の被抗議者をも、自己の内部で解体し綜合する過程をもたなければならないだろう」。

「痛みを受けた地点から発してくる叫びを、それと対立したところから見ることのできる目、「痛み」を情緒としてでなく、ぼくの要求に従っていえば、「痛み」を物質化してとりだすことができる目が、先づ必要だろうと思う」。

しかし黒田喜夫は、「痛みを物質化してとりだす」目を、自己の外、現実のどこかの場所に置くのではなく、あくまでも「犯した者」としての自己のうち、観念や情緒より「もっと肉体に密接した、もっと物質に密接したもの」のうちに求めていった。かれはいう、「その物質を見よ、そのぎらぎらした肉の断面が、もう生きられない！と叫ぶとき、なにごとかが起るのである……」

それ以来、黒田喜夫の詩は、自己の解体と物質の解体、自己の運動と物質の運動を同時にふくみ、実現する屈折した詩的世界をかたちづくってきた。そこでは自己とは、たんなる意識ではなく、「ぎらぎらした肉の断面」、「一個の感覚体」にまで追いつめられ、解体した自己であり、また物質とは、たんなる惰性的な物ではなく、それ自体運動し、外部から主体を規制してくる物質と政治のメカニズムである。そして黒田喜夫が求めたのは、そういう外部の物質の諸運動を疎外した地点で内部の叫びをあげるのではなく、それらをも、「自己の内部で解体し綜合する過程」をもつことであった。その点で、黒田喜夫の詩は一貫してその過程にあったし、現在もありつづけているとわたしは思う。しかしそれは、何という苦難の過程だろう。

現実の総体への根源的な参加を問いかけ、迫る

かれはひとつの執念の感覚体となって這い進んでゆく、かつてゲリラとして解放することを夢みた村、いまは

〈そらぞらしく解放された〉村を、工場や港湾地帯を、そして現在のかれの昏酔の時間のなかを。それはわれわれの日常にかれの断絶を、かれの異常を、ぶつけることだ。この閉ざされた現実に、それ自体ひとつの裂け目となったかれの生を、ぶつけることだ。そして黒田喜夫はかれの前に立ちあらわれ、立ちふさがってくるものや人びとの上に、かれの断絶と、そして希望を、ただひとつの行為として投げかけるのである。黒田の詩を読むものは、かれが這い進んでいくこの不思議な空間、想像と行為が解体し、綜合していくこの異様に美しい時空のなかにひき入れられ、そこでこの詩人の体験するものと同じものを体験するだろう。断絶の彼方からの、かれの呼びかけを聞くだろう。

最近の黒田喜夫の詩と思考は、その執念の行動の持続をさえ断絶させる無の前で、さらにあらたな転回と炸裂をみせはじめているようにも思われる。かれは書く。

> 秩序の死と〈私〉の死がストレートにかさなるというのは嘘だ／それは比喩もなく断ち切れている
>
> ＊
>
> ただ断絶のうえに死者の方法がうかびあがってくる。
>
> ＊
>
> ただ死者の方法をもつ者が／二つの死を自分のなかにとりこむことができるだろう／死者がみずからの死を照らしたと同じ視線で／秩序と権力の死も照すことができるだろう
>
> （「死者と記録へのモノローグ」より）

ここには戦後という時代がひらいた可能性とその死とを極限まで生きた詩人の、おそらく決定的な到達点がある。

みずからの死をみつめられない目が／どうして巨きな滅亡を見られるものか

（「除名」より）

黒田喜夫の詩がどのように読まれるにせよ、それがわれわれ一人一人に、この現実の総体への根源的な参加を問いかけ、迫るものであることはたしかなことだ。

（現代日本詩集8『地中の武器』解説、思潮社、一九六二年一二月。詩の引用は『黒田喜夫全詩』思潮社、一九八五年に拠った）

関根弘・社会主義と「死んだネズミ」の寓意《アレゴリー》

1　「死んだネズミ」は社会主義のこと

関根弘が代表作「死んだネズミ」について、「あれは社会主義のことなんだ」といってちょっと得意そうに（うれしそうに〉笑ったのを覚えている。「現代詩の会」が解散した一九六四年頃のことだったろうか。そのときわたしは、〈生まれたての赤ん坊〉は社会主義のことだとしても、〈死んだネズミ〉はどうなのだろう、とやや不可解に思ったものだった。

「豆の木」なら、寓意詩としてずっとわかりやすい。〈豆の木／生えよ／生えぬと／ちょん切るぞ〉ではじまり、三連目から〈伸びろよ／伸びろ／いそいで／豆の木〉〈とどけよ／とどけ／天まで／豆の木〉とつづき、〈豆の木／かわいそ／やせこけ／ひょろひょろ〉で終わる詩だ。危惧や励ましなど、社会主義にかける作者の思いが伝わってくる。しかし「死んだネズミ」は短いのに、もう少し複雑だ。

生まれたての赤ん坊は
目があかない
それでも
赤ん坊は赤ん坊

死んだネズミは
目をさまさない
それでも
ネズミはまだネズミ

赤ん坊がなにを寓意しているかは、大体見当がつく。目があかなくても赤ん坊は生きているのだから、やがて目もあいて、成長していくだろう。この詩はたしか雑誌『現代詩』に発表され、詩集『死んだ鼠』（飯塚書店、一九五七年一二月）の冒頭に置かれている。少なくとも一九五〇年代の関根は、社会主義をこれから成長していく〈生まれたての赤ん坊〉のように考えていたのである。

しかし死んだネズミはどうなのだろう。それは〈まだネズミ〉ではあっても、いずれ腐っていくだけではないのか。こちらの方は資本主義を寓意しているのだろうと、わたしは考えた。そしてそれ以上、この詩について考えるのをやめてしまった。わたしにとって、幼年期のおぞましい記憶が浸みついた死んだねずみほど、嫌いなものはなかったからだ。

2 ゲーテとベンヤミンの寓意論《アレゴリー》――アレゴリーに新しい光を当てたベンヤミン

寓喩《アレゴリー》はこれまで象徴《シンボル》や暗喩《メタフォ》ほど重要視されていなかったし、現在もされていない。むしろ貶《おとし》められてきたといっていい。

ゲーテはいっている。「詩人が普遍にたいする特殊を求めるか、あるいは特殊のうちに普遍を見るかは大いに異なる。前者からは寓意が生まれ、その場合、特殊は一例、普遍の一例にすぎない。後者の方が、しかし、本来、文学の本質をなしている。それは、普遍を考えずに、またそれを指示することなしに、特殊を言い表す。この特殊を生き生きと捉えた人が、それと知らずに、――あるいは後になってはじめて知るのであるが――普遍を同時に受け取るのである」。

特殊のなかに普遍をみるのは、シンボリズムの喩法である。それにたいして普遍にたいする特殊を求めるアレゴリーは反シンボリズムであり、ゲーテによっては評価されなかった。

バロック時代のドイツ悲劇を論じることによって、アレゴリーに新しい光を当てたのはヴァルター・ベンヤミンである。かれは書いている。

「象徴においては、没落の美化とともに、変容した自然の顔貌が、救済の光のもとで、一瞬その姿を現わすのに対して、寓意においては、歴史の死相が、凝固した原風景として、見る者の目の前にひろがっている。歴史に最初からつきまとっている、すべての時宜を得ないこと、痛ましいこと、失敗したことは、一つの顔貌――いや一つの髑髏の形をとってはっきり現われてくる」(川村二郎ほか訳『ドイツ悲劇の根源』法政大学出版局、一九七五年)。

このベンヤミンのアレゴリー観は、関根弘には当てはまらないように見える。それが当てはまるのは、たとえば石原吉郎の詩「棒をのんだ話」である。

うえからまっすぐ
おしこまれて
とんとん背中を
たたかれたあとで
行ってしまえと
いうことだろうが
それでおしまいだと
おもうものか
なべかまをくつがえしたような
めったにないさびしさのなかで
こうしておれは

つっ立ったままだ
………………………

3　アレゴリー詩を書いたときの思い

石川逸子の初期の寓意詩も、その範疇に入る。わたしはこれまでに少なくとも二篇のアレゴリー詩「大きな手」と「われわれの国で」を書いているが、「大きな手」も、やはりその部類に入るだろう。安保闘争が激化する直前の一九五九年秋に書いた詩である。

大きな手が耳をそぎにくるとき
ほんとうは少しほっとするひとがいる
大きな手が鼻をそぎにくるとき
ほんとうは少しほっとするひとがいる
大きな手が首を絞めにくるとき
ほんとうは少しほっとするひとがいる
大きな手が自分の手になるとき
はじめてほんとうにほっとするひとがいる

こういう詩を書くと、自分が書いたことに責任をとれないのではないかという思いがする。作者の意識を超えた怖ろしいことを書いてしまったように感じるのだ。〈歴史の死相〉なのだろうか。

4　社会主義崩壊後の関根弘

ベンヤミンのアレゴリー論にも、石原吉郎や石川逸子やわたしの寓意詩にもなく、関根弘のそれにあるのは、イソップのウサギと亀の寓話に見られるような弱者と強者の逆転をはらんだ、子どもらしさとも見まがう大いなる楽天主義である。それは疑いもなく、かれの階級性からきている。イソップはギリシアの奴隷だった。関根弘は東京下町生まれの労働者であり、一三歳のときから働いている。かれがイソップ寓話を好きだったことはまちがいなく、一九五四年の〈狼論争〉も、狼少年のアレゴリーによる諷刺からはじまっている。

かれは没落を美化することとも、変容した自然の顔貌を救済の光のもとで現すこととも無縁だったが、社会主義の歴史の死相を、凝固した原風景として目の前にひろげることも耐えがたかっただろう。かれはそこでは生きられないのだから。かれは専制と抑圧によって保たれていた社会主義国の現状を知ってはいただろうが、社会主義の失敗を本気で考えたことはなかったにちがいない。

しかも一九九一年にソビエト社会主義連邦が崩壊したあとの、関根弘の落胆した姿を、わたしは見てしまった。関根がもっとも尊敬していた花田清輝は、すでにこの世にいなかった。

それにしても、〈ネズミ〉とは何者なのか。

あらためてこの詩の第二連を読み直してみる。死んだネズミは目をさまさない。しかしネズミはまだネズミなのだ。二〇〇二年一月にこのエッセイを書いたとき、わたしは次のように考えていた。「これは官僚主義化し、帝国主義化したソビエト型社会主義のことではありえない。関根弘はそういう諷刺をするには社会主義に期待を寄せすぎていた。愛しすぎていたといってもいい。やはり資本主義のことだと考えてみる。すると不思議な風景が目の前にひろがるのを感じる。まるで〈歴史の死相の、凝固した原風景〉のように。／それはグローバリズムと反テロリズムの政策をおし進めつつある現代のアメリカ型資本主義（帝国主義）に、似ていないだろうか。それは市場や資源や軍事基地という餌を求めて世界中を走りまわり、ついに餌がなくなって死んでしまう超巨大なネズミのようだ。すでに腐りはじめているし、このあと腐っていくばかりだろう。しかしそれはまだ形を保ち、機能している。世界中に自国の軍隊を展開し、他国の犠牲をかえりみずに資本と市場の力で思い通りに世界の経済を統合しようとしているのだ。貧富の差を極大にし、世界中でもっとも豊かな国を守るために自分たちの育てたテロリストが跳梁する他国を勝手に爆撃し、子どもたちを殺した。それは腐れば腐るほど世界中に危害をまき散らしていく。／この詩は第一連の楽天主義をうち消しているのではなく、それを補強しつつ、読者に警告を発しているのだ。ねずみが赤ん坊をかじるという、実際によくあった出来事を思い出してもいい。ネズミは死んでいるけれどまだネズミだ、赤ん坊をかじるぞ、と」。

5　貧富の差のはげしい社会――人びとは社会主義を必要としている

しかしほぼ六年後のいま、わたしは別の考え方をしている。一篇の詩、それもこれほど短い詩のなかで、作者が断わりもなしに諷刺や寓意の対象を変えることは、ほとんどあり得ない。「死んだネズミ」はやはりソビエト型社会主義のことなのだ。関根弘は自分の意志にも反して、そこまで視てしまったのだ、社会主義の死んだ姿、「歴史の思想が、凝固した原風景」を。

「物の世界における廃墟に相当するものが、観念の世界では寓意である」とベンヤミンはいう。「歴史の経過のイメージが刻み込まれる自然は、腐朽せる自然である」ともいう。昨年、わたしはもっとも嫌いなねずみの害に悩まされ、死んだねずみが腐っていく過程をつぶさに思い描かざるを得ないはめにおちいった。そしてねずみについて、また腐蝕について考えることになった。

大いなる楽天主義と歴史の死相、希望と腐朽――アレゴリーに二つの極があることは、わたしたちにさまざまなことを考えさせる。それは歴史のダイナミズムの二つの極なのだろうか。後者は前者の必然的な結果なのだろうか。それとも「すべての時宜を得ないこと、痛ましいこと、失敗したこと」は、「歴史に最初からつきまとっている」のだろうか。近い過去を見ても、いや現在進行中の事態においても、その両者は絶えず発生し、入れ替わっている。前者を単純に幻想といい換えたくはないし、後者を挫折といって片付けたくもない。

近代の日本人はそういういい換えをやり過ぎてきた。そしてたちまち過去を忘れ、自分たちが生きている歴史のダイナミズムを無化し、思想形成の契機をとり逃してきたのではないか。一九六〇年の安保闘争についてもそれがいえる。とくに一九九一年以後、日本の左翼勢力の崩壊と知識人の〝転向〟は、改革の呼び声の蔭で、ひどい貧富の差社会を生み出すのに手を貸してしまった。

関根弘の詩「死んだネズミ」は、前述した寓意詩の二つの極を同時にふくんでいる。大いなる楽天主義と、「腐朽せる自然」に刻みこまれた歴史の廃墟＝「一つの髑髏の形」とを。前者はかれの階級性からくる戦後の社会主義への希望であり、後者は東西冷戦を経てテロリズムと内戦の激化する現代の「歴史の死相」である。それがわたしたちの現在であり、そこには戦後を生きたわたしたちの「歴史の経過のイメージ」もまた刻みこまれている。その意味で、このわずか八行の寓意詩は、わたしたちの戦後の記念碑的作品なのである。

ソビエト型社会主義は死んでも「ネズミはまだネズミ」であり、人びとが社会主義を必要としたその大元のところは変わっていない。関根弘はそういいたかったのではないだろうか。

（『新・現代詩』4号、二〇〇二年春号、二〇〇七年一二月に加筆訂正）

〈付記〉関根弘「死んだネズミ」は詩集『死んだ鼠』（飯塚書店、一九五七年）所収。「豆の木」と「死んだネズミ」の引用は『関根弘詩集』（現代詩文庫25、思潮社、一九六九年）に拠った。石原吉郎「棒をのんだ話」は『石原吉郎詩集』（現代詩文庫26、思潮社、一九六九年）に拠り、高良留美子「大きな手」は『高良留美子詩集』（現代詩文庫43、思潮社、一九七一年）に拠った。

V　詩と会い、世界と出会う旅

【東ヨーロッパ】

カフカの小路で

魅力的な「黄金の小路」――プラハ城の近くに

プラハの小高い丘の上にそびえるプラハ城から少し下ったところに、魅力的な小路がある。昔から庶民や金細工職人が住み、ある時期には錬金術師も住んでいたところから、「黄金の小路」と呼ばれている。長年のあいだ人びとの足に踏まれて、ここの敷石は見事な丸味を帯びている。

ことに驚かされるのは、路地の中ほどにある水飲み場だ。水受けのたらい状の石がこれほど柔らかな曲線を描くようになるには、どれほどの女たちや男たちの手や容器や食べ物や洗い物が、その縁に触れただろう。そう思わせられる擦り減り方を、それはしていた。ここの石畳や水飲み場は、まるで石そのものが人びとの声や音や仕種を吸いこんで今日まで保ちつづけ、耳を澄ませ想像力をたくましくすれば、それらをふたたび繰りひろげてくれるようにさえ思えるのだった。

しかしこの小路の入口から二軒目ほどのところにある緑色の壁をもった小さな家に、カフカが半年ほど住んで仕事をしていたと告げられたとき、わたしの想像は一瞬、凍りついてしまった。カフカとその小路とは、あまりにも異質であった。水飲み場に集まっておしゃべりをしていた女たちや男たちのなかに、フランツ・カフカがいたなどと考えることは、到底できない相談だった。かわいらしい窓をもつ小さな家々の並ぶこの小路、家のなかにいてもいたなどとは到底想像できなかった。

カフカの孤立を実感——長編小説『城』との関係

坂を下りて橋を渡ると、街の方には高い塀に囲まれたユダヤ人墓地があり、ユダヤ教の教会シナゴーグが建っていた。壁はもう残っていないが、一三世紀から一九世紀まで、ユダヤ人は壁に囲まれたゲットーのなかで、周囲から隔離されて暮らしていたのだ。

プラハのなかでもとりわけ共同体的な雰囲気を色濃くのこした「黄金の小路」で、わたしは不意にカフカの孤立を実感した。それはあまりにも異質な、ほとんど異様なとり合わせだったのである。

「黄金の小路」は鹿の堀と呼ばれる塀をへだてて、かつての王宮プラハ城と背中合わせになっている。近くには、落ちぶれた貴族女性たちの宿泊所になっていた建物もある。この小路に住んでいた金細工師たちは、プラハ城に住む王や貴族たちのおかかえ職人だったにちがいない。

カフカがここに住んだことと、晩年の作品『城』の構想とのあいだには、関係があるように思えてならない。この小説に出てくる庶民の多くは農民だが、職人に置きかえてもけっして不自然ではない。カフカは城と背中合わせに住み、主人公Kと城や人びととのあいだの無限の距離を書くことに、自分の生の異様なほどの孤立を表現するすべを見出したのではないだろうか。

魔女伝説とその痕跡——『審判』のレーナの原像

ところで、わたしはチェコのプラハでも、ハンガリーのブダペストでも、魔女伝説とその痕跡を見出した。ヴルタヴァ川のカレル橋の門には、魔女が箒にまたがって空を飛ぶ形をした樋があり、雨が降ると魔女の口から雨水が流れ落ちる仕組みになっている。もちろんキリスト教以前の言い伝えだろうから、彼女たちは昔から魔女と呼ばれていたわけではない。

ブダペストの小高い山には、魔女が集まって集会を開いていたという言い伝えがある。そこには昔男と女が戦ったという言い伝えがあるという。「女が負けました。残念でーす」と、女のガイドさんは独特の抑揚をつけてユーモラスに語ってくれた。キリスト教の布教にきた司祭をつき落として殺してしまった崖もあり、キリスト教化してからのハンガリーは、魔女裁判を早くやめさせた王をもっている。人びとの気持ちが魔女弾圧になじまなかったのではないだろうか。

魔女裁判を生き延びた女たちのイメージは、カフカの小説のなかに魅力的な女性像となって忍びこんでいる。わたしはその問題を、『審判』のなかの「水かきのある女」レーナについて書いたことがある(「動物と人間 ミシュレとカフカ、あるいは現代の魔女」『文学と無限なもの』御茶の水書房、一九九三年所収)。

『城』に出てくるフリーダという女性もまた、レーナと共通する雰囲気をもっている。この評論を書いた当時、わたしはレーナの住む「太古の沼沢地の家族」はカフカのものだと漠然と考えていたのだが、それはフリーダのものではあっても絶対にカフカのものではないということを、今度の旅行を通して理解した。

カフカの異邦人性は、彼の生まれ育った旧市街広場より、あの「黄金の小路」でこそ、もっとも際立っていたのだ。かれの主人公と女性との交わりは、性ばかりでなく民族と文化をも異にする関係なのであり、かれはそれを書くことに時をこえ、性と民族をこえた融合への願いをこめたのではないだろうか。

カフカを民族と性の両方から、もう一度考え直してみたいとわたしは思った。

二つの大戦と民族間の殺し合いを経たヨーロッパ――自己を滅却して国を肥大させてきた日本人

ドイツ、チェコ、ハンガリー、スロバキア、オーストリアと駆け足でまわって感じたもう一つのことは、ヨーロッパが地つづきであり、国境を接したさまざまな国家がせめぎあい、さらにそれぞれの国の内部でいくつもの民族、文化、宗教をもつ人びとが暮らしているということだった。昨年分離したばかりのチェコとスロヴァキアの国境線は、簡単な杭と針金が草原のなかを走っているだけのものだった。ボスニア・ヘルツェゴビナの悲劇は、ここでは日本よりはるかに敏感に受けとめられている。

また先日テレビでチェコの抽象画家の絵を見て、わたしは抽象絵画がヨーロッパで生まれた必然性を再認識した。この絵画形式は、多くの民族が境を接して生きているヨーロッパ人の生活感覚と無縁ではないのだ。

二つの世界大戦による民族間の殺し合いと憎しみを経験したヨーロッパ人は、明確な他者認識と人権意識、そして強烈な政治的自由の主張を身につけている。いま、そこから民族間の融和と共存への道が模索されているが、その道は近いようで遠いのかもしれない。

西欧的な〝主権的な主体〟、〝大文字の主体〟の解体がいわれてかなり経つが、その思想が、二つの大戦と民族間の殺し合いを経たかれらの深刻な反省から生まれたことを、わたしたちは見逃してはならない。しかし境を接していないアジアやアラブの民族を植民地化してきたことへの反省は、西欧人には足りないと思う。

いっぽうわたしたち日本人は、個々人の主体を滅却して国家の主権や経済だけを肥大させてきた経験をもっている。その極限で起こした他民族への侮蔑と殺戮の経験を、深いところから反省してきたとは残念ながらいうことができない。わたしたちにとっての主体の問題は、この経験をどう考えるかということぬきには、あり得ないだろう。

（『ＲＩＭ』環太平洋女性学研究会会誌　第1巻第2号、城西大学国際文化研究センター、一九九四年九月、加筆）

日常のなかの終末——クリスタ・ヴォルフ『夏の日の出来事』

古い言葉、古い経験が染みついている男たち——終末へ向かってゆっくりと流れていく小説

クリスタ・ヴォルフ『夏の日の出来事』は、さまざまな言葉、意識、問題が重層的に、網の目状に、リゾーム（地下茎）状に重なりあい、関わりあい、きしみあっている作品である。それらは従来の小説のように、一つの対立点に凝集していくのではなく、からみあいながら浮草でできた島のように、終末へ向かってゆっくりと流れていく。語り手はその一部として、それを凝視《みつ》めながら、いままで使ってきた「攻撃し占有する言葉」とは別の言葉、別の関係を探し求めているように見える。

ここに書きこまれている関係性は実に多様である。人間と植物、人間と動物、古いものと新しいもの、過去と現在、都市と農村、知識人と村人たち、村の男たちと女たち、男と女、夫と妻、大人と子ども、女の友人同士、母と娘とその娘、母と息子などなど……。

既成の関係を変え、何か新しいものが生まれるかもしれないと感じさせるのは、女の友人同士の関係からだ。それに比べて、男たちには古い言葉、古い経験が染みついていて、その上かれらはしばしば現在の支配関係にもからめとられている。それによって、男と女の関係も歪められているのだ。

親衛隊の運転手をしていたため、ソ連の強制収容所に入れられていたヨーゼフは、感情を表さないための「鎧」を身につけてしまっていて、癌で死にかけている妻のシュテフィに、生命力を注ぐことができない。いっぽう村の

男たちは祭りの夜、女性をおとしめる卑猥な話をし、豚のように酔っぱらい、妻たちはかれらを我ままな子どものように扱っている。彼女たちは性的な振舞いについて、村の男たちの監視のなかにいるようだ。

またある家の息子は、町で「公安」の仕事についているらしいが、安全のために誰とも話をしなくなっている。かれは親が死ぬとトラックを差しむけて、家財道具全部を昔からの写真や父の母への手紙、自分自身の出生証明書と一緒に、ゴミ捨て場に叩きこませてしまう。このエピソードには、権力に毒された人間という生きものが、自分自身の源泉を破壊しつつあることを示す象徴性がある。

常に武装している五歳の男の子——子どもの不安

ヨーナスという五歳の男の子は、ギュンター・グラスの『ブリキの太鼓』のオスカルの後身のような少年である。かれは常に武装していて、絵を描くときも城や砦、軍事施設しか描こうとせず、幾重にも厚い防御に守られたいちばん奥に、兜《かぶと》をかぶり剣を下げた小さな人物を一人だけ描きこむ。かれ自身だ。かれは常に不安で、その強迫観念は攻撃よりむしろ防禦にある。子どもの不安は、親が離婚したリトルメアリという女の子（エレンの孫娘）にも表れている。

ヨーナスの母親ベラは、彼女のあるがままの存在を認めようとしない、去っていった恋人に、何通もの手紙を書いては破りすてている。いっぽう、ルイーザという不思議な感応力と予言力と傷つきやすさをもった女性は、ヨーナスへの「身を焼きつくすような、苦痛にみちた愛」にとらえられる。ルイーザとヨーナス、ルイーザとベラのあいだには、癒しを伴った新しい関係が生まれそうだ。

語り手に一番近い人物であるエレンもまた、「書かれた言葉」への不快感をもち、「内部の監視人」に監視されて、自信を失っている。

終末の予感に彩られた黙示録的な小説――すべてが内側から溶解し崩壊していく時代

『夏の日の出来事』が、色濃い終末の予感に彩られた黙示録的な小説(小説といっていいかどうかはわからないが)であることは、冒頭の数ページを読んだだけでも明らかだろう。天空の異変を予感させるような暑さの夏、その出来事ははじまる。書きはじめられた時点で、すでにすべては終わり、人びとは去り、家々は破壊されつくしているのだ。「わたしたちを生につないでいた魔法は、煙と消えてしまった。――わたしたちを結びつけていた一つの言葉、一つの言いまわし、あるいは一つの信念が消えて、わたしたちは個々ばらばらの存在に変わった」と作者は書く。ヴォルフがこの本の主な部分を書いたのは、東ドイツが深い閉塞状況にあった八〇年代――一九八二年から八三年にかけてだという。七六年には、シンガーソングライターのヴォルフ・ビアマンが国籍を剝奪される事件が起こり、ヴォルフたちは連名でかれの処分撤回を求めたが、SED(ドイツ社会主義統一党)はまったく聞き入れなかった。この本が出版されたのは八九年五月、チェルノブイリ原発事故の三年後、ベルリンの壁崩壊の半年前のことだ。

しかし作者は、本書で政治にはほとんど触れていない。それに危機は政治にだけあるのでもない。ルイーザは天空の異変を感知していて、「自分が解体していく」ように感じている。エレンの身体は昔のままの輪郭を保っているが、それは能力ではなく、むしろ「能力を装った無力」なのだ。すべてが内側から溶解し、崩壊していく時代がはじまったのだ。

動物たちが人間とその文明を見つめている――希望はあるのか

終末の予兆は、なによりも動物たちの様相に表れている。町のそばまできて死んだノロジカ、火事から救い出したのにまた火の中に走りこんでしまった馬たち――かれらは何ものかによって、動物の本能をメチャメチャにされてしまったのだ。それに破壊された農家の裏手で、鳥籠に閉じこめられたまま餓死した猫――これらの動物たちがこの小説の根底に横たわっていて、人間を見つめている。人間たちとその文明を……。

この世界に対して、人間はどうするのか。エレンの創造力は興味深い過程を通って回復してきたし、彼女と二人の娘たちのあいだには、幼年時代の大切さに気づくのが「遅すぎた」というエレンの悔恨はあっても、お互いの信頼が感じられる。しかし、「強力な熱の放射を受けたように、わたしたちが熔《と》けていく姿が見える」という終末への予感は、変わらない。核戦争による人類絶滅の予感である。

癌で死んでいくシュテフィという女友達との対話で、エレンはいう、「苦痛の強さで希望の強さが測れるのよね。苦痛があるということは必ず希望があったということなのだから」。また彼女は「希望と生命とは同一物です」、「希望を失った人間がきわめて短時間に死ぬのを見たことがあります」という医者の言葉を伝える。

キリスト教やユダヤ教のような強烈な終末観を抱く宗教をもたない人間にも、なんらかの〈終わりの時〉の避けがたいことが感じられる現在《いま》、『夏の日の出来事』は日常のなかに忍び寄る終末の様相を、希望はあるのかという問いかけとともに、わたしたちに差し出してくる。

（『クリスタ・ヴォルフ選集5』解説、恒文社、一九九七年一一月）

【アラブ世界】

アラブの詩人アドニス

古代オリエント世界のほぼ中心で――ギリシア神話の美少年アドニスにちなんだ筆名

一九七四年六月～七月、日本・アラブ連帯会議に出席するためにパレスチナの詩人ダルウィーシュらと共に訪日したシリアの詩人アドニスは、本名をアリー・アフマッド・サイード・イスベルといい、一九三〇年、シリアのラターキア近郊のカッサビーン村の農家に生まれ、父親からアラブ文学の古典を学んだ。その筆名は野猪に殺されその血からアネモネの花が咲き出たという、ギリシア神話の美少年アドニスにもとづいている。

シリアは古代オリエント世界のほぼ中心に位置し、先史時代からエジプト、メソポタミア、クレタの三大文化圏の影響を受けたが、海陸交通の要衝にあたるため常に周辺の強国の争奪の対象となってきた。

ローマ、ビザンチン、イスラムの支配を経て、一六世紀以降は四世紀にわたってオスマン・トルコの領土となり、一九二〇年以後はフランスの委任統治下におかれ、四一年に独立した。古代フェニキアの輝かしい、だが失われた文明、アラブ解放運動の母胎となった長い外国勢力の支配、海陸にひらかれたその豊かな国際性は、アドニスの詩をも特徴づけている。

新しいアラブの詩運動――タンムーズ派の文学運動

アドニスは少年時代、村を訪れた大統領の前で自作の詩を朗《よ》んだことから、教育への道がひらかれた。タルトゥースのフランス中等高等学校を経て、一九五四年、ダマスカス大学哲学科卒業。初期には政治的インスピレーションにもとづく詩を書き、五五年、シリア社会主義民族党の党員として半年間投獄された。五六年、レバノンのベイルートに亡命した。レバノンの文芸評論家ハリーダ・サラーフと結婚。

翌一九五七年、友人の詩人ユーセフ・アル・ハールと詩誌『詩』を創刊した。アドニスは汎アラブ主義を取り、シリア民族主義を捨てて政治から離れていった。この詩誌は『アポロ』誌（一九三二～三三年）が廃刊されて以来はじめての総合詩誌で、しだいに全アラブ地域からの寄稿者も増え、文学運動の拠点となっていった。

アドニスたちのはじめた「新しい詩」運動は、とくに一九四八年のイスラエル建国によるパレスチナ人の故郷喪失以後、優勢になった。「タンムーズ派の文学運動」と呼ばれて自由詩の運動を推し進め、アラブの現代詩にひろい影響をあたえた。タンムーズとはバビロニア神話の死と再生の神であり、アドニスはそのギリシア名である。

一九六〇～六一年に奨学金を得てパリで学ぶ。七〇年、かれ自身の雑誌『立場』を創刊したアドニスは、レバノンにおけるもっとも影響力をもつ詩人、批評家となった。

最初の詩集は『大地は語った』、その他主な著書にシリア時代の詩を集めた『初期詩集』（一九五七年）、『風の木の葉』（五八年）、「アラブのマルドロール」という署名のある『ダマスカスのミフヤルの歌』（六一年）があり、評論集に『演劇と鏡』（六六年）、古代から現代までのアラブ詩を独自な視点で編纂した『アラブ詩選』（六四年）がある。

多彩で若々しいイメージと疾走感——植民地化された人間の不安や苦悩

アドニスの詩を一読して感じることは、その形式にとらわれない自由で清新な詩風、多彩で若々しい豊かなイメージであり、またことに長詩に見られるスピード感、疾走感である。アドニスの詩は植民地の苦悩のなかから萌え出し、羽ばたくアラブの青春そのもののように、解放への熱望と共に世界を駆け抜ける。かれの詩はまことにかれの筆名アドニスにふさわしい。

〈ユーフラテスはぼくに語った／草がかれに語ったことを。／水と羊飼いたちの旅について／ユーフラテスはぼくに語った／かれが見たすべてのことを。／そして石のなかに、ぼくは聴く／季節季節の歌を。／灰色の雲が話したことを、ぼくは聴く／縄のようにもつれた／みじめな流民の群れをぼくは見た。〉（「ある老いたるイメージの章」より）

散文長詩『再生と灰燼』では、アドニスは失われたフェニキア（不死鳥）の文明をタンムーズ神話と結びつけ、アラブ世界の灰燼からの再生への熱望をうたいあげる。その方法はヨーロッパの前衛詩の方法を駆使しつつ、アラブ世界の失われた過去の領域に錘《おもり》を下ろす、きわめて新しいものであった。しかも日本で神話や古代をうたうとき陥りがちな懐古趣味や壮大趣味に陥ることはなく、個体性と肉体を通した未来への意志によって貫かれている。

日本の戦後文学にもみられる個体性と肉体への固執は、アドニスやサイヤーブなどタンムーズ派の詩人たちを特徴づけている。そのヨーロッパ的な教養と相まって、かれらはしばしば「実存的」「知的、哲学的」などと評されたが、そこには植民地化され、自己のアイデンティティを失った人間の不安や苦悩、そして死に脅かされた青春や、解放への熱望が、若々しく漲っているのである。

アドニスが発した三つの問い――詩と自由、詩と革命の根源的一致への確信

鋭利で美しい評論「現代アラブの詩人・自由への三つの状況」（野間宏責任編集『現代アラブ文学選』創樹社、一九七四年）で、アドニスはまず三つの問いを発している。

「どのようにして、外国人の支配を脱したらよいのだろうか。どのようにして、伝統とそののりこえを調和させたらよいのだろうか。どのようにしてハッラージとレーニンを統合したらよいのだろうか」。「このことは、現代アラブの詩人の関心事の中でも際立って重要な問題のように思われてならない。第一の問いは、植民地主義という問題を提起している。また第二の問いは、創造と遺産との関係を示し、そして第三の問いは、変革の精神としての革命と、建設の組織としての革命とを統一する方法を示している」。

これらの問いは、敗戦から今日にいたる日本の文学で問われてきた問いと、ある意味で共通している。ただ最初の植民地主義の問題については、日本人は「脱亜」という形で自ら植民地主義を生み出し、また国内ではその防堤を切り崩してきたことを、ごく最近まで自覚することができなかった。そして革命と政治、あるいは文学と革命の関係についても、さまざまな形で問題にされながら、しだいに皮相的な議論にすりかえられてしまっている。

アドニスはここで、これらの問題について根源的な考察を行なっている。そこにあるのは詩と自由、詩と革命の本源的な一致への確信であり、文学の政治への従属や、その裏返しの文学のための文学というような発想は、はっきり否定されている。

神話から歴史へ——現実の歴史的課題となったアラブの解放

日本・アラブ連帯会議は、日本アジア・アフリカ作家会議の創立記念事業として開催された国際会議である。その東京シンポジウムで、アドニスは長文のレポート「アラブ文学における伝統と変革」を発表し、アラブ文学を縛ってきた悪しき伝統を否定しつつ、伝統のなかの「生きた種子」を探り出そうと努めている。悪しき伝統とは、たとえばイメージや想像力の否定、真実はすでに過去において完全な形で（預言者ムハンマドによって）語られたとする考え方などである。

アドニスは次のように結論する。「近代詩人にとって形式は、単なるエクリチュールの形式ではなく、存在の形式なのです。（略）形式から遠ざかり、あるいは秩序から遠ざかるとき、状態の変貌に人が近づくとき、そこに詩が存在します。秩序を超えた転換期の中に詩があり、変動があるところに詩があるのです」。

アドニスが伝統のなかに創造的側面を探るのは、主としてイスラムの正統に反逆してきた反抗者の系譜のなかだ。前述した三つの問いでレーニンと対置されているハッラージュは、イスラム神秘主義の思想家、詩人であり、異端者として九二二年にバグダッドで処刑された。しかし神との合一を求め、一切の妥協を排するその思想は、現在もアラブの民衆のなかに生きつづけている。

アドニスの詩の根底にあるのは、世界を変え、言語の根本的な変革をもたらそうとする欲求である。アドニスは一貫して、既成のものに固執し新しいものを恐怖するイスラム聖職者の傾向に、批判的な姿勢をとりつづけている。

来日したアドニスに、わたしは「あなたは今も詩のなかで神話を使いますか」と聞いてみた。アドニスの返事は、「今はあまり使いません。もっと歴史的になっています」というものだった。神話から歴史へという傾向は、最近のパレスチナをはじめとするアラブ世界の激動の歴史をみるとき、納得のいくものだ。アラブの解放という課題は、神話の段階からすでに現実の歴史の課題となってわたしたちの前に現れているのである。そしてより複雑化した歴史の転換期において、詩もまた新しい課題を背負わなければならないだろう。

（「詩のしんぶん」7号、一九七四年八月一日、加筆）

〈付記1〉「ある老いたるイメージの章」を始めとするアドニスの初期の詩は、高良留美子訳・編『アジア・アフリカ詩集』（土曜美術社、一九八二年）に六篇訳出されている。

〈付記2〉アドニスは一九七六年にダマスカス大学の客員教授、七〇年～八五年までレバノン大学のアラビア文学教授であった。八〇年、レバノン内戦のためパリに移住した。この年、第一回日本文化デザイン会議に出席するため再訪日している。八〇～

八一年、パリのソルボンヌ大学でアラビア語の教授をし、ヨーロッパのいくつかの大学で教えた後、八五年パリに戻った。近年はノーベル文学賞候補として毎年名前が挙がっている。

アサド政権と反体制派の武力衝突が続き、シリア情勢が緊迫化した二〇一一年、アドニスはアサド大統領と反体制派の双方に公開書簡を送り、それぞれの責任を追及した。父子二代、四〇年余りつづくアサド政権が、出身母体のイスラム教少数派のアラウィ派を優遇し、民主社会をつくらなかったことが内戦を招いたと批判したのだ。双方から返信はなかった（「朝日新聞」二〇一五年一〇月一六日）。

アラビア語版日本現代詩集『死の船』のために――ムハンマド・オダイマ氏の質問に答える

〈付〉詩人　高良留美子さん

史上初の計画を立てたアラブの詩人

ムハンマド・オダイマ氏はシリア生まれのアラブの詩人で、一九九〇年、東京外国語大学の客員教授として来日した。七四年以降二度の訪日をしたアラブの代表的詩人アドニスの推薦によるもので、アドニスと同じカッサービーン村生まれの、若い友人である。オダイマ氏は日本の現代詩のアラビア語アンソロジーをつくるという史上初の計画を立て、それはムハンマド・オダイマ／山本薫訳『死の船』（ダール・マワーキフ社、一九九三年）となって実現した。わたしはそのために日本の詩を推薦する協力をした。

この本には第1部に大岡信のまえがき「日本の詩について」が、第3部に五八人の詩人たちの詩九一篇のアラビア語訳が掲載されている。この問答は高良留美子、吉増剛造、谷川俊太郎、長谷川龍生、天沢退二郎、秋谷豊の六人の詩人と対談した第2部「現代詩人との対話」の冒頭に掲載された。六人の詩人それぞれの節で、まずオダイマ氏が紹介の文章を書いている。「詩人　高良留美子さん」を、最後に収録させていただく。

なお『死の船』は二〇〇六年、シリアのダール・タクウィーン社より新版として出版された。

詩についてのオダイマ氏との対話

問①　ご自分を日本の詩人だと思われますか、またそれは何故ですか。

答　日本語という言語のなかに腐葉土のように蓄積されている日本人の経験が、私の書く詩を、日本の詩にしていると思います。

しかし言語というものが、程度の差はあれ翻訳可能であるからには、詩はすべての人たちに読まれ、理解される可能性をもっています。ことに、人びとの生活が国境をこえて営まれるようになった現代では、この傾向はつよまっています。ランボーのいう世界語の時代がやってくるのも、そうひどく遠いことではないでしょう。

問②　詩と政治には関係があるでしょうか、現代において政治と無関係な詩を書くことは可能でしょうか。「政治」はここでは広い意味でお考え下さい。

答　詩人の意識は、また詩作品は、表面的には非政治的に見える場合もありますが、歴史的・社会的な存在である言葉というものを通して、深いところで政治的であらざるをえないと思います。

問③　詩と宗教では、両者には関係があるでしょうか。

答　慰め、治癒、理想、幻想、霊性、音楽などを媒介として、詩と宗教は深い関係をもっています。しかし現代の詩は宗教からはなれ、非宗教的な方向にむかっています。これは必然的な傾向です。将来、詩と宗教の再結合の時代がくるかもしれないということを、私は否定しません。しかしそのときには詩も宗教も、現在とは別のものになっていることでしょう。

問④　日本の現代詩におけるモダニティとは何だと思われますか、またそのモダニティについて高良さんご自身はどう考えておられますか。

答　日本の現代詩におけるモダニティとは、形式の変革、イメージの重視、伝統的な短歌的抒情からの訣別、いわゆる乾いた感性（湿潤な感性にたいして）、ユーモアの感覚、現実への批評精神などを意味しています。すでに中世以降の連歌や俳諧に、このモダニティの精神はあらわれていました。第二次世界大戦中、日本のモダニズム詩は天皇制ファシズムに加担することによって、実質的に破産しました。戦後、モダニティの精神は、アバンギャルド詩としてあらわれた一時期をもち、また主として一九三〇年前後に生まれた世代の詩人たちの作品のなかに見ることができます。

私にとって、モダニティとは、上記の諸特徴に加えて、自由への意志、人間の対等性の感覚などを意味しています。それ故に、それは私を〝近代〟への批判にむかわせました。そして多様性へのひらかれた精神、フェミニズム、アジアをはじめとする非西欧世界への関心などをわたしにもたらしました。

問⑤　現代詩の新しい世代の詩人や詩をどうご覧になっていますか（若い世代についても、きかせて下さい）。

答　私は現代詩において、若い詩的世代が形成されつつあるとは考えていません。一九二〇年代から三〇年代生まれの世代が、結果として一つの厚い詩的世代を形成したことを考えると、これは非常にさびしいことです。若い世代のことは、若い世代自身が考えることだと思います。しかし多くの点で、若い世代、そしてさらに若い世代は、これから困難な時代を経験しなければならないでしょう。
問⑥ あなたと言語の関係はどんなものでしょうか。言語は手段でしょうか、目的でしょうか。
答 私にとって言語とは、手段でもなく、目的でもなく、あえて名づけるとすれば〝環境〟という言葉が一番ぴったりくるのではないかと思います。人は言葉の海のなかに生まれ、言葉によって養われ、そして言葉の海のなかに死んでいきます。人は言葉を手段にすることも、目的にすることもできますが、人が本当にできるのは、言葉を生きることです。
問⑦ あなたにとって男（男性）はどんな意味をもっていますか。
答 私にとって、男性とはまず、特権をもった存在です。そしてほとんどの男性が、そのことに無自覚です。しかし最近、そのことを自覚した男性があらわれてきたことは、大変心強いことです。

詩人 高良留美子さん

ムハンマド・オダイマ

日本の詩における現代とは何か、東の日出る国には、アラブの読者にも理解されるような現代詩——俳句の形をとらない詩や短歌のリズムにはまらない詩——が存在するのだろうか……。日本の詩について知りたいと願いながら、東京での生活を始めてすでに何ヶ月かが過ぎていた。代表的な詩人は誰だろう、誰が私に日本現代詩への扉をひらいてくれるのだろうか、日本社会全体がこれだけ現代化しているのだから、日本の詩にボードレールやT・

S・エリオットの影響が及んでいないはずはない……。そしてついに、私は、日本の女性詩人 高良留美子さんに出会った。高良さんは、その後およそ三年にもわたり、驚くべき具体性と全体性をもって、私の前に日本現代詩の世界を広げてくれた。多くの詩人と会う機会、いくつもの朗読会でアラブ現代詩について話す機会を、私のためにつくってくれた。（※詩集に収める詩人・詩を選んでいただいたことについては別に記載）

高良留美子さんは、詩人であるだけでなく、第一級の文学評論家でもある。長いあいだアジア、アフリカの文学にも関心をもち、日本でアラブ現代詩の詩集（『アジア・アフリカ詩集』）も出版している。だからナージク・アルマラーイカ、サイヤーブ、アドニス、マフムード・ダルウィーシュその他のアラブ現代詩人について確かな話をすることができる。恐らくそのような詩人は、日本では高良さんただ一人だろう。日本の詩人は――アラブの詩人と同じく――ヨーロッパの詩の現代性にのみ関心が向いていて、中東の文学に関心を持つ人はほとんどいない。〝日本の詩人は、アラブ世界のことは、石油以外何も知らないのよ〟と高良留美子さんは残念そうに笑う。私も、そのことは、日本の詩人たちに会うたびに真っ先に感じた。でも、アラブの詩人たちだって、いったい、日本について、何を知っているだろう？

高良留美子さんは、一九三二年生まれ。多くの文学賞を受賞。代表的な作品には、『場所』『見えない地面の上で』『仮面の声』『恋人たち』などがある。

私は、高良留美子さんにも、そのほかの五人の詩人にも、日本現代詩におけるもっとも重要な問題――アイデンティティ、海外からの影響、日本の現代詩の特徴、日本の詩が世界の現代詩にもたらすことができるもの――といった同じ質問を投げかけた。（武田朝子訳）

（ムハンマド・オダイマ／山本薫訳『死の船』ダール・マワーキフ社、一九九三年）

〈付記〉オダイマさんの来日を迎えて、一九九〇年一二月七日、日本の詩人や若いアラブ文学研究者たちが集まって東中野で歓迎パーティを開いた。その記事「アラブの詩人オディーマ氏を囲んで」（『文芸家協会ニュース』一九九〇年一二月）は『世界の文学の地平を歩く』（御茶の水書房、一九九三年）に収録されている。

【ソビエト・ロシア】

モスクワ通過

二〇年ぶりの訪ソ――詩「モスクワ通過」

昨一九九〇年の秋、わたしは谷川俊太郎氏ら数人の詩人たちとソビエトを訪れ、詩の朗読の旅をした。七〇年にアジア・アフリカ作家会議ニューデリー大会の帰途に訪れて以来、二〇年ぶりの訪ソであった。この旅の詩はまだ書いていないが、その半年ほど前、ロンドンへ行く途中モスクワの空港に立ち寄った際に詩を一つ書いたので、それをご紹介したい。

機上から見降ろす冬のシベリアは
蛙の卵のようだ（と誰かが形容したっけ）
等高線状に渦巻く氷の渦巻きを
凍った流れと　川がつなぎ

一本の　どこまでもつづく線だけが
低い丘のつらなる原野をつらぬいている
視界にあらわれる平たい巨大なバラックは
かつての捕虜収容所《ラーゲリ》の跡らしい

空港をかこむ白樺の林が
白骨に見えて仕方なかった一九七〇年——
二〇年ぶりに見るモスクワでは　いま
一党独裁を放棄する会議がひらかれている

地をおおう雪は　浅く　窓の下で
二人の兵士が立ち話しているのが見える
灯に浮かび上がる白樺林は

やはり　人の骨の蒼白さだ

わたしの青春を
ひきのばした街
わたしの愛を
耐えがたく遠ざけた街

うすい雪の上にのこる
車の跡のように
ひとすじ
傷痕《きずあと》の走る街　モスクワ

（『華沙里通信』83号、一九九一年五月）

アレキサンダー・ドーリン氏を囲んで

『古今集』のロシア語訳のため来日――マヤコフスキーとエセーニンの死について

昨一九九〇年一一月二六日の夕刻から、ソビエトの日本文学研究者アレキサンダー・ドーリン氏を迎えて、日本現代詩人会主催による夕食会がひらかれた。荒川洋治、辻征夫、支倉隆子らの諸氏、ロシア文学を学んでいる詩人たちなど、三十数人が参加して、会は盛会だった。

ドーリン氏はいま四一歳、ソビエト同盟科学アカデミー東洋研究所員で、哲学博士、二〇冊近い著書と訳書をもち、日本の詩歌の研究者・翻訳者としてソビエトで第一人者として認められている。最近の仕事としては、日本の現代詩人一二人を翻訳・紹介した『ものの声――日本の戦後詩』(ラドガ出版社、一九八八年)があり、いまは『古今和歌集』のロシア語訳のために、国際交流基金の招きで来日している。わたしとは一九七〇年に訪ソしたときからの友人だが、昨年の秋、谷川俊太郎、吉増剛造夫妻、佐々木幹郎らの諸氏と共に三つの都市、モスクワとレニングラードとエストニアの首都ターリンを訪れ、二〇年ぶりで旧交を温めることができた(1)。

ドーリン氏はソビエトの詩の状況を、ペレストロイカ以前にさかのぼって日本語で話してくれた。地下出版のこと、シンガーソングライターのことなど……。なかでも最もつよく印象づけられたことの一つは、質問に答える形で語られた、マヤコフスキーとエセーニンの死が自殺ではなく、スターリンの秘密警察による殺害だったことが明らかになったという事実であった。

言葉の響きに酔わされた夕食会の出席者たち——ロシア式の詩の朗読を聞く

ソビエトでは、日本とは比べものにならないほど詩が愛され、読まれている。読まれているというより聴かれているといった方がいいかもしれない。詩集の出版部数の何倍もの数の愛好者がいる。詩の朗読会がそのための大きな役割を果たしている。

詩の形式も、耳に響きのいい従来の定型詩が、まだ多くの詩人たちによって用いられているという。若い詩人たちには自由詩を書く人もいるが、定型詩は音と意味の組み合わせによって、ペレストロイカの詩人たちに諷刺や皮肉、ユーモアの大きな可能性をひらいている。

最後に、ドーリン氏は支倉氏のもちあわせていたアンナ・アフマートヴァの詩を、はじめは普通のよみ方で、次にはロシア式の語尾をひきのばすよみ方で、朗読してくれた。その響きはまことに美しく、聞いていた人たちは、一瞬言葉の魅力に酔わされたようになったのだった。

ロシアの近代詩には、日本の近代詩の影響が見られるという。そのようなことも、長く文化交流が途絶えていた日本の詩人たちにはほとんど知られないまま過ぎてきたのは残念なことだ。ちなみに『現代詩手帖』五月号は、ドーリン氏もふくめて、現代ロシアの詩の特集を組むという。長いあいだの交流の空白がさまざまな形で埋められていくことを願っている。

（「日本現代詩人会会報」一九九一年五月一日）

注

（1）この旅行中、わたしたちはモスクワのラドガ出版社を訪れて懇談し、次のような話を聞いた。『ものの声』は一万部出版したがその日のうちに売り切れ、もう手に入らなくなった。表紙と挿絵が出版美術賞を受賞したので展覧会に出すことがあるが、すぐ盗まれてしまうような状態である。あと二万五〇〇〇部出せば売れることは確実だが、紙がないため再版することができない。森の国ソビエトでの紙不足の問題は現代ソビエト社会のかかえている逆説の一つで、紙を輸入したくても外貨がないため輸入できない現状である。紙さえあれば日本の文学はもっと売れるしもっと読まれるだろう。ソビエトの人たちはペレストロイカ以降、これまでにも増して本を読みたがっている。なお現在、党による検閲は一切行なわれていない。

このソビエト訪問については、「エストニアの旗——首都ターリンを訪れて」「文化のペレストロイカの現在」「ソビエト詩紀行——文化の現状」の三篇が拙著『世界の文学の地平を歩く』（御茶の水書房、一九九三年）に掲載されている。

女性シンガーソングライターを招く——ヴェロニカ・ドーリナさん

『ラ・メール』に協力していただいた日本への招待——外務省へビザをとりに

外務省の不祥事がつづき、その石造の表札がテレビに映し出されるのを見るたびに、ソビエトから女性シンガーソングライターのヴェロニカ・ドーリナさんを招くために、査証《ビザ》をとりにいったときのことを思い出す。

ソビエト崩壊直前の当時、ソ連・東欧圏からの入国希望者へのビザ発行の窓口は、おそろしく混みあっていた。外務省の役人は疲れて、もちろん不機嫌で傲慢だった。貧しい国からのビザ要請人には、とくにそうだったらしい。

しかし実は、ここにくるまでが大変だったのだ。

ヴェロニカさんとの初対面は、日本詩歌の研究者アレキサンダー・ドーリン氏のモスクワの自宅でのことだった。時は一〇年ほど前の一九九一年秋のはじめ、わたしは同行した日本の詩人たち、谷川俊太郎、吉増剛造夫妻、佐々木幹郎氏らと一緒にかれの家に招待されていた。外国人を自宅に呼べるようになったのも、ペレストロイカ以降のことだ。食事のあと、ソビエトで非常に人気があり国際的にも活躍している妹のヴェロニカさんを、日本に呼べないだろうかという相談があった。

日本に帰ると、さまざまな動きがはじまった。個人の資格ではソビエト人を招待することができないため、団体を探さなければならない。当時新川和江さんと一緒に詩誌『現代詩　ラ・メール』を出していた吉原幸子さんに相談したところ、快く引き受けてくださった。滞在費は『ラ・メール』で全額負担するという書類をいただいたように思う。

また身元引受人であるわたしの収入を証明するため、どしゃぶりの雨のなかを高田馬場の公証人役場に行き、年とった公証人に書類を作ってもらった。それから何人もの方にお願いして、コンサートの予定を立てた。アジアやアフリカの詩人たちを招くときもそうだが、国が崩壊したソビエトの詩人のためには、とくにそれが肝要なのだ。

〈水族館〉でのミニ・コンサート――スター性をもったドーリナさん

空港への出迎えには、お兄さんのドーリン氏が行ってくれた。到着予定日になっても飛行機の到着時間がわからず、大いに気をもんだものだ。その晩吉原さんの新大久保のポエトリースペース〈水族館〉でミニ・コンサートが開かれ、ソビエトに同行した谷川俊太郎さんも出席された。ヴェロニカさんは無事到着して、その美しい声とイロニーに満ちた詩とトークで、わたしたちを魅了した。彼女がスター性をもった詩人だということが、そのときわかった。

ドーリン氏の住居が狭いため、はじめの数日間はロシア詩の翻訳・研究者の小出真理さん宅に泊まってもらった。後半の何日かはわたしのマンションに泊めることになり、五畳ぐらいの洋間に厚いマットと敷布団を重ねて、即席のベッドをこしらえた。わたしはロシア語を話さない。彼女は英語を理解しない。通じるのはフランス語だけだが、わたしのフランス語はとうの昔に錆びついたままだ。

しかしほとんど言葉の必要はなかった。彼女は毎日コンサートに出演し、遅くなって帰ってきた。食事の用意はできないと予め断わっておいたので、食堂にはいつもバナナと殻つきピーナツを大皿に入れておいた。そしてわたしは自分の仕事をつづけた。

彼女は一〇日近くのあいだに七つか八つのコンサートに出演した。渋谷のジャンジャンでの吉岡しげ美さんのコンサートや、在日ロシア人のためのコンサートもあった。吉原さんは山梨文学館での詩の朗読会への出演を、ヴェロニカさんに譲ってくれた。女性への吉原さんの優しさは、忘れがたい。

ユダヤ系ロシア人として――多くがイスラエルへ移住

すべての仕事を終えたあと、わたしはヴェロニカさんと西武新宿線の下落合駅まで歩きながら、はじめてゆっくりした気持ちで話をした。いまより寒い木枯らしの季節になっていたが、彼女は手袋をしていなかった。モスクワの冬に鍛えられているのだろう。彼女はイスラエルに亡命した親戚を訪ねたとき、散水によって濃い緑が育っているのに驚いた、といった。彼女はソビエトでもさまざまな迫害や疎外に遭ってきた、ユダヤ系ロシア人だ。

ドーリン氏が優秀な日本詩歌の研究者でありながら、これまで来日の機会を与えられなかったのも、そのためだと聞いたことがある。ソビエト崩壊前後、科学者や芸術家をはじめ多くのユダヤ系の人たちがイスラエルに移住した。イスラエルのことを聞くと、パレスチナのことが思い浮かぶ。そしてわたしの心は苦しくなる。問題は一人一人のイスラエル人ではないのはもちろんだが……。

〝イロニー〟が彼女の方法――あの時代の色、あの時代の匂い

最後の日、わたしはお世話になった人たちを招待して、自宅でささやかなパーティを開いた。そのころのロシアの物不足はひどく、御徒町《おかちまち》にはロシア人のための安い洋服屋があると聞いたが、彼女はドーリン氏の住む中央線沿線で、子供たちや自分のための洋服類を大量に買っていった。荷物は規定の重量を超えていたが、〝芸術を愛し詩を愛する〟アエロフロート航空の職員たちが、彼女をＶＩＰ扱いで帰してくれたという。

先日、わたしは久しぶりにヴェロニカ・ドーリナのディスクをかけてみた。とても懐かしい、とても優しい、あの時代の色、あの時代の匂いのする声と、音が流れてきた。閉ざされていたソビエト社会――そのなかで彼女は詩をつくり、歌った。〝イロニー〟が彼女の方法だ。その歌は、あの時代の彼女たちの苦しみと抵抗を甦らせる。「移民《エミグラーツィア》」という詩の一節を小出さんの名訳で紹介しよう。

エミグラーツィア　エミグラーツィア
見送るあなたは連中（ＫＧＢ）のカメラに狙われている！
移民手続《レギストラーツィア》　レギストラーツィア
レギストラーツィア　シェレメテュボ空港への
エミグラーツィア　エミグラーツィア

ここから群れをなして飛び立ってゆく
おお　秋の鳥の　渡《ミグラーツィア》り
飛び立ち　暗い空に消えていった

（小出真理訳『新日本文学』一九九二年冬号より）
（二〇〇一年執筆、『千年紀文学』98号、二〇一二年五月に発表）

〈付記１〉のちに小出真理さんから聞いた、当時のソビエト人招待の手続きを書いておきたい。①招待状をつくり、そのサインを霞ヶ関公証役場で認証してもらう。一通七五〇〇円、のち一万円。要、パスポートまたは運転免許証または印鑑証明。②法務省東京法務局で認証を証明してもらう。要、印鑑。翌日受けとり。③外務省の証明班に持参し、認めてもらう。翌日受けとり。④ソ連大使館領事部に招待状とコピーを持参。認証の判を押し、一部を返してくれる。要、印紙代。⑤この一部を本人に送る。⑥身元引受人の提出書類を準備しておく。（イ）身元保証書（ロ）入国理由書（ハ）滞在日程表（ニ）招待者の在職証明書または預金残高証明書（ホ）源泉徴収票（必要ない場合もある）。外務省査証室から連絡があったら⑥を提出する。本国の役所の対応が遅いためなかなか本人からの連絡がなく、急にくることが多い。

〈付記２〉小出（早川）真理さんは一九三二年生まれのすぐれたロシア文学者であり、詩人である。詩集に『回転木馬』『髪切虫』『異郷そして懐郷』があり、訳書にオシップ・マンデリシュターム詩集『石』と『トリスチア』がある。また「ソ連の女性吟遊詩人　ヴェロニカ・ドーリナ」（『現代詩ラ・メール』一九九〇年四月）、「カッサンドラーに」（オシップ・マンデリシュターム、早川真理訳、『新日本文学』二〇〇三年四月）などがある。
　父は歴史家でアジア的生産様式論の論者・早川二郎で、『早川二郎著作集』全四巻（未来社）がある。早く山で遭難死されたが、小出（早川）さんは父が人から受けた誤解や事典の誤記について、『千年紀文学』に十数回にわたって書きつづけた。二〇一二年七月に死去され、わたしは同誌100号（一〇月一〇日号）に追悼文を書いた。

ソビエト崩壊時、モスクワ車事情

中古車を横浜から送り出すまで――モスクワでかいま見たこと

ソビエト連邦共和国崩壊直前、一九八九年初秋のモスクワでかいま見たことが、忘れがたい。わたしたちを迎え入れ、案内してくれたアレキサンダー・ドーリン氏は、車に乗るときはいつも細心の注意を払っていた。ワイパーは降りるとすぐとりはずし、トランクに入れて鍵をかける。運転席の脇には、強盗に襲われたときのためにナイフがひそませてあった。フロントガラスはいつも汚れ、斜めに線が走っていたが、よく見るとそれはガラスの傷ではなく、傷に見せかけた線なのだった。

車をなるべく古く、ぼろく、盗む価値のないものに見せるための工夫だった。ワイパーをそのままにしておくと、たちまちもっていかれてしまう。そのころ新潟港などに上陸したロシア人船員が、五万円ぐらいで日本の中古車を買ってかえり、転売するという話も話題になっていた。

当時神奈川県真鶴のわたしの姉のところで、一台の中古車が突然運転する人を失ったまま、車検の時期を迎えようとしていた。中古車の中古車だから売ってもいくらにもならない。そんな車に一〇万円もの車検料を払うよりはさし上げたらどうだろうというので、同年一〇月から半年間、国際交流基金の依頼で『古今集』のロシア語訳のため来日していた氏に話すと、ぜひいただきたいという。氏がほんとうに車を必要としていることが、その表情から理解できた。当時のロシア人の暮らしが大変なことを知っていたので、業者には頼まず、自分たちで手続きをすることにした。

まず練馬の役所に車をもっていき、廃車手続きをした。書類を書いて、ナンバープレートを返却するのだ。これでこの車の日本車としての登録が、抹消されたことになる。次に車を横浜まで運んで、船に乗せる手続きをした。明治通りの西武新宿駅前で待ちあわせ、わたしはかれの運転する車に乗りこんだ。高速道路などは通らず、細い道を縫って横浜に向かう。ナンバープレートのない車で走ったわけだ。港近くの輸出会社に寄って送料を払い、車を送る手続きをする。送料はたしか二万数千円だった。そのあと港へ向かった。

港に面したビルには巨大なエレベーターが備わっていて、わたしたちは車に乗ったまま屋上へ上がった。そこには何十台もの車が並んでいたが、すべてが輸出される中古車だという。これで一応手続きを終えたことになる。

オデッサの港で——タイミングが受けとりの正否を分ける

船は黒海沿岸のオデッサに着くことになっていた。いまは独立したウクライナ共和国の港である。わたしは車を載せた船の出港日を調べて、モスクワに戻っていたかれにその書類を送ったが、肝心なのは船がいつオデッサに着くかを、かれが正確にキャッチすることだった。船が着く直前に、港にいなければならない。ひとたび港に降ろされると、車はたちまち分解されて誰かに持ち去られてしまう。しかも船は予定通り着くとはかぎらない。海の荒れ具合などで二、三日遅れることもある。そのタイミングが受けとりの成否を分けるのである。

氏は何とか無事に車を受けとることができた。しかしそのあとが大変でした、と翌年再来日したかれは語った。

「オデッサからモスクワまでの道路は、よく舗装されていません。ソビエトでは走る車に道を舗装させるのです」。走るにつれて、小石がフロントガラスに飛んでくる。中ぐらいの石まで飛んでくる。ついにガラスが割れてしまった。それからほぼ四〇〇キロ、かれは正面から吹きつける風のなかを、モスクワまで走りつづけたのだった。

オデッサの港といえば、エイゼンシュテインの映画『戦艦ポチョムキン』の長い石段の場面が思い浮かぶ。皇帝の軍隊が発砲する。石段を降りてくる買い物袋を下げた普段着の女や子供たちが、撃たれて倒れる。その表情がアップで映される。赤ん坊を乗せたまま、乳母車が石段を落ちていく。戦艦の甲板から身を乗り出す水兵たち……。一九〇五年のロシア第一次革命時、黒海艦隊の叛乱を描いた映画だ。モンタージュという方法と言葉が新鮮だった。わたしはこの映画でソビエト革命を〝見た〟。それから七〇年、いや映画を見てからほぼ四〇年を経て、オデッサという地名がわたしを不意打ちする。

〝ソビエトでは〟というロシア式ジョーク――日本の敗戦時と比べて

ドーリン氏は独特のニュアンスで、〝ソビエトでは〟という言葉を使った。モスクワの街では、空《から》のトラックが走るのをよく見かけたものだ。いかにも忙しそうに走っているが、荷台にはなにも積んでいない。わたしがそれを指摘すると、かれは答えた。「それをソビエトでは、〝空《から》の壜から空の壜に注ぐ〟といいます」。

なるほどどこれがソビエト式、いやロシア式のジョークなのだ。ガソリンは空費され、価値は何も生み出さないが、〝労働〟はなされている。これがソビエト式労働価値説の一面なのだろうか。官僚の観点から、あるいは働いた労働者からすれば、そこには確かに評価すべき、支払われるべき〝労働〟があるのだから。いやこれは単なるノルマ達成の手段だったのだろう。

わたしも一二歳のとき大日本帝国の崩壊に遭ったが、どこが共通し、どこがちがっているかを簡単にいうことはできない。ソビエトには焼け跡はなかったが、人びとは内戦を最も恐れていた。ゴルバチョフの人気は五パーセント以下に落ちていた。ブルガーニン時代にもパンはあったのに、と人びとはいっていた。国営市場には何もなく、凍った鱈を斧で割る音だけが奥のほうで虚ろに響いていた。

闇市はあったが、墜落した米軍飛行機のジェラルミンから弁当箱を作り鍋釜を作って売るような、戦後の日本人のもっていた猥雑なものづくりのエネルギーは、感じられなかった。不安ととまどい、そしてどこか抽象的な無力感が漂っているように見えた。

共通していたのは、国家崩壊に遭遇したときの一人一人の年齢という、残酷な現実である。四〇歳という壮年期にあった氏は、その点では幸運だった。あの車はその後故障もせず、盗難にも会わずに走りつづけたという。かれはモスクワで車のために駐車場を借りた。その後再来日したかれは、いま新しい家族とともに日本で暮らしている。

あれから一〇年以上が経つ。ロシアは内戦を免れたが、内戦は周辺のグルジア共和国や旧ユーゴスラビアに飛び火した。アフガニスタンの現状は内戦どころではない。民族の抗争はつづき、難民という形で人びとの流出はつづいている。

（『千年紀文学』36号、二〇〇二年一月）

映画『私は二〇歳《はたち》』の中の同時代——言葉の氾濫

堰を切ったように語る——哲学的な思索の力を帯びて

いまはその国名すらなくなってしまったソビエトの映画『私は二〇歳《はたち》』を見た率直な感想は、同時代、ということだった。この映画がつくられた一九六二年、わたしは三〇歳になろうとしていた。もちろんセリョージャやアーニャの生きた二〇歳《はたち》とは違う。しかしまぎれもない同時代が、そこにはあった。

冒頭に響き、結局この映画全体に響いていることが分かる三人の軍人の足音が、おそらく同じなのだ。セリョージャが友人と会うときの、いまとなっては不可解にさえ思えるあの喜びが、似ている。フィルムのなかに閉じこめられていた空気も、あの時代のものなのだろう。その同時代性は、スターリン批判、フルシチョフ、雪どけなど、当時のソビエトについてのわずかな知識や記憶より、はるかに直截にわたしに迫ってくる。

飢えと戦争と死者たちとの、そろそろ忘れかけてはいても実際は薄膜をへだてただけの近さ。上の世代への批判と、それを表明することの不可能性。恋愛の自由と不自由。親というもののもつ存在感。友だちとのあいだで経験される絶対的ともいえる輝かしさ。生きることの重さ。そして何よりも堰を切ったように語るかれらの言葉……。

日本の一九六〇年代にも、言葉の氾濫といえるような現象があり、若い詩人たちが輩出した。しかしかれらの言葉は、今日バブルの崩壊という形で崩れ去ったあの高度経済成長期の欲望の氾濫に見合った、泡のような饒舌へとつながっていかなかっただろうか。

この映画でかれらが語る言葉は、饒舌とはほど遠い。それは哲学的な思索の力を帯び、詩的な情調と美しさをもっている。ほとんど日常性を超越した言葉の群れだ。ナレーションの言葉はさらに抒情的で、詩の朗読を聞いていると思うほどだ。

死の時代のなかから生を見つめる目——ものが語る映画でもある

セリョージャは何かを考えているのだが、それを直接表現することはできない。多くの若者たちが何かを考え、何かを求めているのだが、直接そのことを話しあうことはできないのだ。しかしかれらの言葉はモノローグではない。お互いに相手のいわんとするところが半分ぐらいは分かっているらしい。意味としてというより、語ろうとする欲求として、あるいは情念として。

表情やしぐさや街の光と影、季節の移り変わりなどが、女性カメラマンの目を通して言葉の語らなかったことを語る。それは死の時代の中から生を見つめる目を感じさせる。生のすばらしさ、その可能性を。カメラはとくに、すべての女性登場人物をていねいに描いている。

この映画はまた、ものが語る映画でもある。本棚の蔵書から出てきたセリョージャの父親の母親あての手紙。それは戦地からのもので、一九四一年の日付をもっている。母親が失くすことを極度に怖れていた配給切符。彼女が遠くまで掘りにいき、息子と飢えをしのいだジャガイモ。それらの背後から亡霊として現れてくる父親は、その若さと何も知らないらしい純真さによって、衝撃的だ。

息子は父親には見えていなかったものを、見ようとしている。母親が沈黙のうちに耐えてきたものを、語り出そうとしている。少なくともかれは、それらのものを忘却の淵に追いやってしまうことを肯んじない。この映画を、たんなる清新なロマンティシズムに満ちた青春彷徨映画と区別しているのは、その点であろう。

裕福らしいアーニャの父親のものわかりのよさから現れてくる、「誰も信ずるな」という忠告や、職場でのセリョージャと上司との緊迫したやりとりなども、この映画の明確な方向性を示している。同僚を陥れることをすすめる上司に、セリョージャが「証人がいない」（上司と二人切りで、誰もかれの発言について証言してくれる者がいない）というところなど、身ぶるいするほどの怖ろしさを感じた。こういうところがフルシチョフ政権の検閲に、真先に引っかかったのではないだろうか。

時代の熱いテーマだった〈青春〉——日本では〝やりたい放題〟や差別的言辞へ

ヴォズネセンスキーやオクジャワなど、いまでは伝説化されている詩人たちが、くたびれた背広を着て舞台に上がり、無造作に詩の朗読をする朗読会の場面は、若い聴衆の熱い雰囲気と共に、珍しく、感動的だ。かれらの言葉もまた、高度の抽象性と哲学性をもち、二〇世紀の詩特有の錯乱性を帯びている。それが暗号のように若い人たちに伝わっていくのだ。ロシア・アヴァンギャルドや詩人マヤコフスキーを生み出した伝統が、生きているのを感じた。

アントニオーニやゴダール、大島渚などのヌーベル・バーグの映画からもわかるように、六〇年代には〈青春〉が時代の共通の熱いテーマだった。若者たちの反抗が人間解放の希望を担っていたのだ。『私は二〇歳《はたち》』を見ると、いまその青春の行方が問われなければならないのを感じるが、その問いに答えるのは誰にとっても難しいことだろう。ソビエト政権が崩壊したいま、セリョージャたちの世代は五〇代になっているはずだが、かれらも現代の若者たちも、当時は知られていなかったあまりにも多くのことを知っている。それどころか、六〇年代以降の権力に加担した経験さえもっているに違いない。

ゴルバチョフが推進したペレストロイカの政策が、過去の暗部についての暴露的知識を飛躍的に増大させた。人びとはシニカルであらざるを得ず、感動する力を失った。詩も一時、経済の崩壊と安易な娯楽文化の波に呑みこまれたように見えたが、聞くところによると、最近ロシアでは詩とその朗読会が息を吹き返しているという。解体の時代がつづくなかで、言葉が復活しつつあるということだろうか。

日本の六〇年代の言葉の氾濫は、人間解放への希望と幻影を伴いながらも、アジアを侵略し、女性を抑圧してきた日本の〈近代〉の限界を越えることができなかった。それはしだいに、日本人の言葉が与えられた枠組みを越えようとするとき陥りがちな、〝やりたい放題〟の膨張性や差別的言辞へと、つながっていく傾向を見せたのだった。

女性解放のテーマ——日本とソビエトの同時代が同じ位相のもとに見えてくる

七〇年代の女性解放《ウーマン・リブ》の言葉が生まれたのは、そういう環境のなかであった。ソビエトから二人のロシア人フェミニストが亡命してきて、日本のリブの女性たちと交流し、深い印象と幻想的な絵画を残して去ったのは一九八〇年のことだった。この映画にも、核家族での子育て、家族の崩壊、女性の自立など、女性解放のテーマは見えかくれしている。しかしまだほとんど〈言葉〉にはなっていない。その点も、日本の六〇年代と共通しているのを私は感じた。

日本でもそうだが、ある種の専制が行なわれている国では、自由の伝統は、権力（マスメディアの権力もふくむ）によって断絶させられる。ソビエトでは地下出版や小話、そして詩の言葉のなかで批評精神は生きのびたが、日本ではどうだったろう。男たちの言葉は、連合赤軍事件から地下鉄サリン事件までつづく社会主義革命の陰惨なパロディから、立ち直ることができていない。この映画は、スターリン批判以後のソビエトと日本の高度成長期という同時代が、同じ位相のもとに見えてくる、不思議な、しかし真っ当なすぐれた映画である。

『私は二〇歳』マルレン・フツィエフ監督作品／一九六二年製作／モノクロ／三時間一八分。兵役から帰ってきたセリョージャを中心に友人たちとの日々、アーニャとの恋をモスクワの街を背景にみずみずしく描く。

（ロシア文化通信『群　GUN』6号、一九九五年四月）

【アフリカ】

ガーナの恋歌は月夜の晩に——日本の歌垣とアフリカの口承文学

言葉のシラブルに合わせてドラムを叩く挨拶から

昨一九九五年秋、わたしはアフリカのガーナ大学で開かれたアフリカ口承文学会議に出席した。それは首都アクラの小高い丘の上にある風通しのいいガーナ大学の講堂で、勇ましいドラム演奏からはじまった。外には大木に混じって、アフリカにはないと思っていた竹の一むらも見える。

開会式では一人が祝詞《のりと》のような言葉をのべ、もう一人がシラブルに合わせてドラムを叩いていく挨拶があったが、聞いていくうちに突然自分の名前を呼ばれて、驚いた。遠い日本からきてくれた客人として、皆に紹介してくれたらしい。これも宮廷などで行なわれていた口承文学の一形式なのだ。

その日から一週間、地元のアフリカ諸国をはじめ、英、米、メキシコ、ブラジル、ジャマイカ、オーストラリア、日本などからきた五〇人近い発表者が次々と研究の成果をくりひろげ、夕方からはドラムや劇や歌などが、「生きている口承文学」として上演された。アフリカ人の男女は、思わずどきっとするような原色の衣装で盛装していて、それがまたアフリカの大地と空に実によく似合う。

日本の歌垣について発表——情熱的でエロチックな恋の歌

四日目に日本の口承文学についての特別セッションがあり、わたしは日本の掛け合い恋歌としての歌垣についてのリポートを読み上げた。そして石垣島の青年から民俗学者の谷川健一氏が聞きとった、男女の掛け合い恋歌を紹介した。情熱的でエロチックな歌である。

すると会のあとで、この会議を主催したガーナ大学アフリカ研究所のコフィ・E・アゴヴィ氏と、ナイジェリアのハウサの研究をしているロンドン大学のファーネス氏から、アフリカの恋歌と形式はちがうがフィーリングがよく似ている、ぜひ比較検討したい、という申し出があった。アゴヴィ氏は日本にも一年ほど滞在して各地の祭りを見学し、とくに諏訪の御柱祭からは強烈な感動を受けた方である。

アフリカの恋歌はどのような形で歌われるのだろうか。わたしのその疑問は、アゴヴィ氏のリポートを読んでいくうちに次第に満たされていった。

月夜の晩に歌われるガーナの恋歌——石垣島のモーアシュビも

ガーナの恋歌は、石垣島のモーアシュビ（モーは野原、アシュビは遊びを意味している）と同じように、月夜の晩に歌われる。何人かの女たちが村の広場で歌いはじめると、次々と女たちが家から出てきて歌の輪に加わるのだ。一人が独唱すると、他の女たちは手拍子でそれに呼応する。独唱者は交代していき、すべての参加者に行きわたるまでつづく。男たちや年配の女性たちは、広場のまわりで歌に聞き入っている。
次の歌は、ガーナ南西部のンゼマの、主に未婚の女たちによって歌われる歌である。

恋人よ
月が昇っている
あたしたち
宙返りをするのね

恋人よ
ベッドは高い
あたしたち
少しよじ登らなければね

恋人よ
月が昇っている
あたしたち

危険なゲームで遊ぶのね

…………………………

ンゼマの人びとは出稼ぎや職探しで村を離れることが多く、その日々がこのようなロマンチックな歌を生み出すことになったようだ。ここの女歌には、男性や結婚についてのもっと諷刺的でウイットや皮肉に富んだものも多い。

開会式のころ、ガーナの月は実に繊細な新月で、それはアフリカの伝統的な暦では、新しい月のはじまりを示すということだった。その月の弦はほとんど真上を向いていた。だから新月や半月も、ゆりかごやベッドを連想させる。

閉会パーティの夜、月は半月に近く中空にかかっていた。三人の女性たちがわたしの詩「木」を朗読してくれ、すべての参加者と協力者は三年後の南アフリカでの再会を期して、真夜中まで踊りつづけた。

（「東京新聞」一九九六年二月二〇日夕刊）

日本とアフリカの口承文学――ガーナ大学の国際会議に出席して

日本の口承文学についての特別セッション――土屋哲氏の基調報告

アフリカの口承文学についての国際会議が、三年前のロンドン大学につづいて、アフリカのガーナ大学アフリカ研究所の主催により、同大学で一九九五年一〇月末に開催された。

ガーナは雨期の終わりにさしかかっていた。日中はかなりの暑さになるが、朝晩は涼しく、夕方にはときに雷光をともなう激しい夕立が降って、アフリカの赤い大地を冷やしていく。大木が喜ばしげに大枝をひろげている木陰では、人の背丈ほどの蟻塚《ありづか》が無造作にその建造物を風にさらしている。

会議の四日目に、日本の口承文学についての特別セッションがあり、明治大学の土屋哲氏が日本とアフリカに共通するアニミズムや俳句について基調報告をした。次いでわたしが日本の伝統的掛け合い恋歌である石垣島の歌垣と、奈良県の山村に近い被差別部落で行なわれていた若い男女のしりとり唄について、オーストラリアのモナシュ大学の時田アリソン氏が日本の物語音楽について、国立民族学博物館の江口一久氏が「日本文学研究のための西アフリカ口承文学の役割」について発表した。

「藁《わら》しべ長者」の話はアフリカにも――比較研究はこれからの課題

毎年のようにカメルーンに調査研究にきている江口氏は、西アフリカの語り部であるグリオの研究が、古代日本の語り部の失われた足跡を知るための手がかりになるのではないかという問題と、日本と西アフリカの民話の類似性についてのリストと実例を提示した。

そのなかには「藁《わら》しべ長者」の話もあり、しかもそれらの民話のすべては、アジアの民話とも対応している。ゴールは遠いかもしれないが、これらの類似した民話の系統的な関係は、証明され得るだろう、すべての面白い民話は、バイリンガル（二言語使用）の結果として伝播《でんぱ》している、またモロコシ属の穀物やヒョウタンなどが、ユーラシア大陸を通って日本へきたことはよく知られている、面白い民話も同じようにして日本へきたのではないか、という見解を江口氏はのべた。

この問題に参加者たちの関心が集まったが、アフリカの民話については、まだタイプ別やモチーフ別の目録ができていないため、日本とアフリカの民話の比較研究は、これからの課題になるだろう。海を渡っての伝播も考えられるかもしれない。

会議の最後の日、わたしは偶然隣に座ったガーナの中学校の女性教師と話をした。彼女はこの問題に関心をもっていて、夜のワークショップで一部が上演された西アフリカの「不誠実な猟師」あるいは「アンテロープの妻」という民話が、日本の「鶴《つる》女房」の民話とよく似ているという話をもちかけてきた。

猟師が仕とめたカモシカが人間の女に変身し、おいしい料理や宮殿をつくってかれを幸せにするが、決して叩《たた》いてはいけないといわれたドラムを猟師が好奇心から叩いてしまったため、女はカモシカに戻り、すべては失われてしまうという話である。女が実は人間で、神との結婚を拒んだために呪《のろ》いをかけられていたという、日本の「鶴女房」にはない部分もあるが、のぞき見の要素も入っていて、たしかに不思議な類似性が感じられる。

民話の担い手により近いところにいる教師たちにも、新しい国際的な研究や交流の芽が育っていることを感じたエピソードであった。

日本の歌垣について発表――アジア歌垣会議も夢ではない

日本の歌垣の伝統について、わたしは戦後までつづいていた例として、石垣島の青年から谷川健一氏が聞きとった掛け合い恋歌を紹介したが、ガーナの女歌の研究をしているアフリカ研究所長・アゴヴィ氏などから、アフリカの恋歌とフィーリングがよく似ている、ぜひ比較検討したいという申し出を受けた。

なおこの会議では、「ジェンダーとディスコース」という二つのセッションがあり、アフリカ女性のおとなしいイメージを変えるような報告がなされたのが印象的だった。

日本でもパフォーマンスが盛んになり、語りの研究と共に、口承文学研究の気運が少しずつ高まっている。中国やインドシナ半島の少数民族などに現存する歌垣もふくめて、アジア歌垣会議の開催も夢ではないと感じた一週間だった。

（「毎日新聞」一九九五年一一月二二日夕刊）

口承文学会議設立の経緯および現在までの活動概況

第一回国際会議

アフリカの口承文学に関する第一回国際会議は一九九一年一月、アフリカ研究センターによって組織され、ロンドン大学のSOAS主催によって開催された。参加国は一〇ヵ国、参加者数は約四〇人であった。この会議のテーマは「アフリカ口承文学の力と境界」であり、現代アフリカ社会における民謡と口承詩の役割と、書き言葉と話し言葉のあいだの力のバランスなどの問題が考察された。この会議の議事録は現在ケンブリッジ大学出版所で印刷されつつあり、レゴン会議で販売される予定である。

今回の会議の目的と意義

一九世紀以来、さまざまな学問分野への口承文学の寄与の大きさにもかかわらず、研究および学問研究所において、口承文学を周縁文化として位置づける傾向が常に存在してきた。本会議はアフリカ、南アメリカ、北米合衆国・カナダ、ヨーロッパおよび日本の社会的・知的伝統における口承文学の意義を明らかにし、現代の世界の学問分野におけるその存在価値と有効性を高める方法を、論義することになるだろう。

近年ますます、口承文学の影響は、とりわけ文化創造と結びついた共有社会経験の更新としてのコミュニケーションに関連して、パフォーマンスとコミュニケーション研究の領域で顕著になっている。したがって、現代社会はその情報メディアの感覚を、口承的パフォーマンスのうちに見出されたマルチメディア・コミュニケーションの観念と調和させる必要がある。この意味において、この会議は口承的コミュニケーション・パラダイムの刺戟を、現代のメディア技術と他の諸方法の上において評価し、両者が共に現代社会の関心に役立ちうる方法を探ろうとするものである。

日本からの他の出席予定者
明治大学教授　土屋哲氏。

議論または論文の概要——注目すべき掛け合い恋歌の伝統

日本の口承文学の伝統は長く、豊かなものがある。文字が使われるようになってからも、読み書きのできる者はわずかで、多くの人びとは口承の語りや歌の伝統のなかで生きていた。

日本文学の起源は呪術や祭祀と関係があると考えられ、詩《うた》もまた呪術と結びついた長い口承の時間をもっている。その伝統のなかで注目すべきは、掛け合い恋歌の伝統であろう。

歌垣の意義については諸説があるが、①部落間の親和と婚姻、②共感呪術としての性の交わりによって豊穣を祈る予祝儀礼、③山の神の祭りなどがあげられている。呪術・宗教的なものから人間的なものへ、儀礼から遊楽へと移っていった経緯が考えられる。

歌垣の名は七七〇年（西暦）を最後として、文献からは消えている。しかし歌垣の伝統は遊楽化された農耕予祝として、また民俗行事として生きつづけ、今日に伝承されている。

歌垣でうたわれた男女掛け合いの恋歌は、おびただしい数にのぼったと思われるが、わずかしか記録されていない。それらはしかし純粋な古代民謡として、日本の文学史ないし歌謡史の上で大きな意義をもっている。

この恋歌の伝統は近代以降もいくつかの地方でつづき、民俗学の研究者によって記録されている。うた合戦（喧嘩うた）もある。そのいくつかの例を、日本の口承文学の伝統としてレポートのなかで紹介したい。なお歌垣のような掛け合い恋歌の伝統は、日本だけでなく東アジアの諸国に存在する。その国際的な研究もこれから進められていくべきであろう。

日本語は本質的に語りの言語であり、このことの深い認識は、これからのコミュニケーション・メディアの発展にとって重要であると思われる。

申請者の研究実績と講演・論文との関係——アフリカの口承詩に魅せられて

私は一九七〇年代からアフリカの詩に関心をもち、南アフリカの詩人マジシ・クネーネの詩と詩論集『太陽と生の荒廃から——アフリカ共同体の詩と文学』（共編訳、一九八〇年）、『アジア・アフリカ詩集』（同、一九八二年）、『アジア・アフリカ文学入門』（一九八三年）、『世界の文学の地平を歩く』（一九九三年）などにおいてアフリカの詩を訳し、日本に紹介してきた。またアフリカの口承詩の魅力を通して、日本の口承詩に関心をもち、研究してきた。この国際会議において、まだほとんど世界に紹介されていない日本の口承詩、とりわけ歌垣についての研究を発表したいと考える。

講演・論文の発表により期待できる成果・意義など

日本の文学研究は文献中心の実証的なものであったため、文献の少ない口承文学の研究は遅れていたが、近年この方面にも関心が集まっている。また古代文学の研究と民俗学の研究が別々に行なわれてきたため、口承文学についての一貫した研究が行なわれず、またほとんど外国に発表されてこなかった。この会議で、日本の口承文学についての特別のセッションが開かれることにより、アジアにおける口承文学に世界の研究者の注目が集まり、ひいては国内の研究にも刺戟を与えると思う。中国、韓国をはじめとするアジアからの参加が期待できないため、とりわけ日本の役割は重要だと考える。

（国際交流基金「国際会議出席助成事業申請書」一九九五年六月）

日本の掛け合い恋歌の伝統について——アフリカ口承文学会議における発表

1　長い口承文化の伝統と歌垣——詩《うた》は呪術と結びついていた

日本の掛け合い恋歌の伝統は長く、豊かなものがある。日本に中国から漢字が体系として入ってきたのは紀元五、六世紀頃といわれ、やがてこの漢字から仮名と呼ばれる表音文字がつくられていった。しかし漢字と仮名をふくむ文字が一般に使われるようになってからも、読み書きのできる者は相対的にわずかで、多くの庶民は口承の語りや歌の伝統のなかで生きていた。このように日本には文字以前の長い口承文化の伝統があり、「やまとことば」といわれるこの国の古くからの言葉が、響きがいいといわれるのはそのためと考えられる。日本語という言語自体が語りの言葉であり、厳密な時称やはっきりした三人称をもたないなど、語りの言語の特徴を備えていることが指摘されている。

近代の活字文化の時代になってからも、家族が一堂に集まり、誰か一人が声を出して読むのを聞くという共同的な読書形態が、一九世紀の七〇年代には人びとのあいだに残っていた。家のなかで個人がそれぞれ明かり（洋灯［ランプ］、次には電灯）をもつようになってはじめて、夜一人で細かい活字を黙読することが可能になったが、一般の家庭に電灯が普及するのは二〇世紀に入ってからである。

日本文学の起源は、呪術や祭祀と関係があると考えられている。詩《うた》もまた、呪術と結びついていた長い口承の歴史をもっている。口承文学としてのうたの伝統のなかで、とくに注目すべきものの一つは、歌垣の伝統だろう。歌垣のことは、『古事記』『風土記』『万葉集』など日本最古の文献にしばしば書かれている。

古代の日本人は、歌垣あるいはか嬥歌《かがい》（東国方言による）という、男女があつまって互いに求婚歌を掛け合いしながら飲食を楽しみ、求婚する習俗をもっていた。季節は大体春と秋におこなわれたようだ。場所は山頂、海浜、川、市など、境界性を帯びた地が多く、常陸筑波山、同童子女松原、肥前杵島岳、摂津歌垣山、大和海石榴市、同軽市などの例がある。集まる男女は村里の庶民で、未婚の男女だけだったとは思えない。未通女《おとめ》壮士《おとこ》が集まるとしている歌のなかで、同時に他人の妻と交わることができるとも詠まれているからだ。歌舞のために琴を持参したりしたようだ。

うたは集団のなかで歌われる民謡であり、男女掛け合いの恋情的な短歌形式のものだったと思われるが、わずかしか記録されていない。しかしそれらは純粋な古代民謡として、日本の文学史ないし歌謡史の上で大きな意義をもっている。

歌垣がおこなわれた目的については種々の説があるが、①部落間の親和と婚姻、②男女の結びつき、すなわち人間の繁殖によって農産物の豊かな収穫を招こうとする呪的信仰・予祝・感謝、③山の神の祭り、などがあげられている。神に祈る呪術・宗教的なものから人間的なものへ、儀礼から遊楽へと移ってきた経緯が考えられる。この民衆的な習俗が中国（唐）から伝来した踏歌と合流して宮廷芸能の一つになると、姿を変えて風流な行事となり、野性を失ったことを八世紀の文献から知ることができる。七七〇（宝亀元）年の河内由義宮での歌垣を最後として、歌垣の名は文献から消えている。

歌垣はその後の歌合《うたあわせ》、連歌に影響を及ぼしたとされている。また歌垣の伝統は、遊楽化された農耕予祝儀として民俗行事のなかに生きつづけ、今日に伝承されている。山遊び、野遊び、磯遊び、花見、山見、ままごとなどと呼ばれて、春におこなわれるものが多いが、性の面は上代の伝承ほどには表に出ていない。ただ、未婚男女の婚姻のきっかけとしている地方もある。今日の花見や潮干狩りも、山遊びや磯遊びとしての春の歌垣的機会が変質してきたものである。

2　歌垣の始源をめぐって――折口説の検討など

日本の民俗学の創設者であり歌人でもあった折口信夫は、歌垣を神迎えの場として考えた。掛け合いの性格を、神もしくは神を仮装する男と、神を迎える巫女もしくは接待する処女に起源すると考えたのだ。これが祭りの場でおこなわれたのが歌垣だという。

折口はこう書いている。「片歌の問答が発達したのは、神に仮装した男と、神に仕へる処女、即、其時だけ処女として神と接する女とが、神の場（には）で式を行ふ。即、両方に分れて、かけ合ひを始める。神と人との問答が、神の意義を失って、春の祭りに、五穀を孕ませる為の祭りをする。其は、神と村の処女と結婚すれば、田畑の作物がよく実ると思ったからである」（『折口信夫全集　第一巻』）。

折口のこの説は、神をア・プリオリに男性に擬している点と、女性を奉仕する存在としている点で、大いに問題がある。私見では、日本の歌垣の始源には、縄文以来の大地母神＝月女神の信仰文化が横たわっている。この問題は別の機会に詳しく論じたい。

森朝男は折口説に従いつつも、さらにその始源には、男女二神を祭る祭祀があったと考えている。歌垣の掛け合いでは、しばしば求愛の目的で、男女が相手の名を問うたらしい。そしてそれは、相手のはぐらかしに遭うものだった。この求愛行為は、もともとは神の顕現を誘う象徴的な行為であったとみられる。神はその存在を名によって現す。しかし再三の呼びかけにもたやすくは応じずに、黙しつづけた果てにようやく名のるのが通例だった。神々が自然界の森羅万象の象徴であるとすれば、わたしたちは歌垣の掛け合いの始源に、人間ばかりでなく自然界のすべてがお互いに言問いをしていた世界と宇宙を思い描くことができる。

3　奄美大島と沖縄諸島にのこる歌垣——若者たちの心を深くとらえた沖縄のモーアシュビ

歌垣における掛け合い、とくにその音楽的側面の様相がどのようなものだったかは、復元が困難である。しかし今日に伝わる民謡の掛け合い形式を通して、それを考えてみることはできる。

掛け合いの根深い伝統をもつ日本の南西部の奄美大島には、次のような民謡が残っている。大意をとれば、女歌「いやだ、いやだ、田持ちはいやだ、／昼飯を食って田に入るのはだるい」、男歌「昼飯が出て食べようとすれば／きれいな娘がやってくる。抱かずにおれようか」となる。女歌の後半は二度くり返して歌われ、二度目の途中からこれに重なりあって、男歌が歌い出される。男歌は女歌の「昼飯」のところから歌い出すのだ。「食《こ》て（食べて）」と「据《し》かて（出て）」が、韻を踏みながら重なりあう。また別の研究によれば、女歌と男歌は異なる旋律をもち、両者の旋律が重なりあってポリフォニーをつくり出している。

次に、奄美大島よりさらに南の沖縄諸島で近代まで残っていたモーアシュビを、民俗学者の谷川健一の調査によって紹介しよう。月の明るい晩、未婚の若い男女が三々五々うちつれて野原に集まり、歌を歌い踊りを踊って時を過ごすことを、モーアシュビという。モーは野原の意味で、アシュビは遊びである。蛇皮線が使われることが多い。砂浜や土堤に集まってさわぐことも少なくないが、これもモーアシュビと呼ばれている。ここで男女がそれぞれ一団となって、男の組と女の組が互いに歌の掛け合いをするのだ。

一九四九年に編纂された『琉球大歌集』のなかのある歌には、このモーアシュビが次のように歌われている（大意）。「山内村の原っぱまで寄せかけて、いきおいよく口笛を吹いて合図する。と待ちかねていた山内村の若者たちは徳利に古い泡盛をつめてもちより、「百合の花」という盃のようなもので汲みかわすと、古酒の匂もしたわしい。胡弓や三味線を弾き、そのしらべにのせて歌う乙女たちの声も心をひきつける。若者たちの踊りもおもしろい。今宵のモーアシュビは申し分ないが、鶏も鳴いたのでこれ以上とどまるわけにもいかない。別れる道に歌う歌のしらべが身にしみて、明日はなごり惜しい人の面かげが立たないだろうか」。

別れ道にうたう歌とは、「天の川が村の横になってしまうほど夜が更けた。今夜は別れてまた明晩遊ぼう」という意味の歌だ。

モーアシュビが沖縄の若者たちの心をあまりに深くとらえ、村の風習のなかに食いこんでいたため、首里の王府は風俗に害があるとして、これを禁止しようとしたことがある。一七一九年のことだった。このときある女性は、「恩《うん》納《な》松下《まつした》（地名）に禁止の札が立っているが、恋を禁じる国法はないはずだ」という意味の歌をつくって、抗議した。また別の人は、「七重八重いくえにも廻らした垣の内の花でも、その香りが外にうつるのを止めることはできない」と歌った。どんな禁止令も人間の自然の情を押しとどめることは不可能だ、というのである。

モーアシュビが行政官によって禁止され処分された例は、一九二〇年に計二五件の統計がある。それほどこの習俗が、各地に根を下ろしていたことを示している。モーアシュビは農村の男女が相手をさがすための集まりだった。遊びが終わると、帰り道には幾組かの男女二人連れができて、それが結婚にすすむ例が少なくなかった。

第二次世界大戦後も石垣島のあるところでモーアシュビをよくやったという若者が、次のような歌の掛け合いを記憶していた。大意を紹介する。

男　今そこをゆく乙女はいろじろだが、腰から下は他村へ通っている。表面はきれいだが、淫奔だ。
女　うたをうたいなさい。誰が聞くもんか。意味のない歌はあっちに捨てなさい。
男　三弦をひけば歌がはいるのはあたりまえ。乙女の首を抱けば、一緒に寝るのはあたりまえ。
女　寝たら孕む。孕めば生む。生めば裏屋（くちゃ）の中にひっこみ、色白な日陰者になる。
男　孕んだからといってどうしたというんだ、子どもを生んだからといって大したことはない。いま咲かない花だったら、いつ咲くというのだ。
女　二、三月の猫はときどきしか交尾期はないが、あんたの村の青二才は、毎夜交尾期だ。

このように男の集団と女の集団のなかから、男と女が交互に歌って相手を刺激しあう。そして男女の関係は次第に逆転していく。

男　私を門に立たしておいて、自分独りで寝られるのかわが女よ。面かげに立たないのか（心に浮かばないのか）。夢は見ないのか。

女　どんなに思っていても私の家の入口には立つな。家のうしろの勝手口にまわれ。クバの木の下に立っていなさい。
男　家のうしろにまわるのは、こわいよ、吾が思う女よ。あなたの部屋の戸をあけて入れておくれ。
女　わたしの部屋の戸をあけて、入れたいのはやまやまだが、もし親兄弟に知られたらどうするか。
男　親がなにか。兄弟がなにか。いま咲かない花がいつ咲くというのか。

このように、男女が感情を吐露する表現を交互にくり返しつづけるとき、そこには物語《ロマン》が生まれる。そしてモーアシュビは、月夜と切っても切れない関係があった。沖縄のある離島では、一九七〇年にようやく電灯がついた。六〇年代半ばについた島もある。長いあいだ、これらの島々には太古さながらの闇が支配していたのである。この夜の暗さを救うものは、月明かりだった。親しい人びとが群れて遊ぶほか娯楽のない島の現実が、月夜を一層心はずむものにしたのだろう。

沖縄は江戸時代に薩摩藩の支配下に入り、人頭税のもとで徹底して収奪された。前記の掛け合い歌を覚えていた青年は、幼いとき人身売買され、二〇歳まで酷使された体験の持ち主だった。しかしかれと同じような境遇にある若い男女との交情が、かれの苦しい心を支え、人間として生きることを可能にしたのだった。

4　被差別部落のしりとり歌――〈色気の混ざらぬ唄はなし〉

歌垣の遺風は、福島県会津地方のウタゲイや秋田県仙北地方の掛唄にも見られる。大分県の例も報告されている。日が暮れると、家々から赤ん坊を背負った子守り女たちが湧くように現れてきて、青年たちとのあいだの歌のやりとりをはじめるというのだ。

また古代に都のあった奈良県の山村に近い被差別部落で、一九八四年に聞きとり調査がおこなわれたが、そこでは一三、四歳からの若い女性たちが四、五人で夜、一室に集まって藁仕事をしているところへ、二、三人の若い男たちがやってきて、しりとり唄を歌ったりして遊んでいく風習があった。男たちは歌を歌いながらやってくるので、嫌いな人の声がすると電気を消してしまい、好きな人がくると場所をあけて待っていたりしたものだった。

「唄のしりとりしようじゃないか」と一人がきっかけをつくると、別の人が語尾の「か」が頭についた歌を唄っていくのだ。「うたはあるある　せんくじゅうくあるぅ　いろのまぜらぬぅ　うたはなしぃ（唄はあるある千九十九ある　色気の混ざらぬ唄はない）」というように、数え切れないほどの唄があった。そのなかでも「あて唄」という種類の唄は、女性が嫌いな男にいやみをいう唄で、「いやとおもたら見る目も顔も　着てる着物の柄もいや」「いやと思う衆（し）　毎晩来るし　来ると出ちがう道ないか（入れちがいに出てしまう道はないか）」などがあった。またしんて唄というのは好きな子に唄う唄で、「錦まいて来る殿さんよりも　ぼっこ着て来る殿かわい」などがあった。羽織袴で錦をまいてくる人より仕事着でくるあの人がかわいい、というのだ。

最後が「ん」になっても、「ぅんと言うてくれ　顔立ててくれ　男ながらも頼むのに」などとつないでいき、あとが思いつかなくなると、「また、明日の晩、つづきしよかぁ」などといってお終いになる。別の男の子の組がきて、入れかわることもあった。その間にも女の子たちは藁草履を作りつづけ、好きな子が遊びにくると、「この人は仕事ができる」と思ってもらうように一層仕事にはげんだという。一日三足できないと、一人前の女《おなご》じゃないといわれていた時代だった。

男の子は好きな子ができると一旦友達と一緒に出た家に、また一人で戻っていったりして、次第に気持ちを通わせていく。結婚は、仕事場を提供している家のおばあさんに女性を呼び出してもらい、そのまま帰れなくする、そしてその日のうちに男の親が女の親のところに謝りにいき、女の親がしぶしぶ承知するという形をとった。「かたげ」といって、女性を途中で待ち伏せして略奪婚のような形をとることもあった。しかしその場合でも、本人同士の意向が前提になっていた。前述のおばあさんの意見も尊重されたのだ。

「泣いてねだって買うてもろうた帯を　質《しち》に置かれて流された」「留守や留守やと　いつきてみても　ここの借金いつかえす」などという生活苦の唄もあり、嫉妬をからかう唄もあった。唄が社会教育や性教育の場にもなっていたことがわかる。

第二次大戦後、藁草履がスポンジの草履に変わり、作業が部分的な仕事の流れ作業になると、唄など唄っていられなくなり、この村の唄の文化は消えてしまった。労働のリズムが変わったのだ。

5　闇夜の消滅と上からの政策――対話の精神の重要性

このように人びとのあいだに広まっていた集団的な掛け合い恋歌の伝統は、機械による労働のリズムの変化と電気照明による闇の消滅にともなって、消えていった。月夜は特別の夜ではなくなったのである。

それればかりでなく、明治政府は日本各地の農村や漁村に広まっていた若者宿《わかものやど》や娘宿《むすめやど》などの慣習を、不道徳でみだらなものと決めつけて禁止する政策をとり、上からの道徳教育をふくむ農村改良運動を推し進めた。それは明治民法による家父長的な家制度の確立、女学校での良妻賢母教育、そして西洋的な処女観念の普及と、並行しておこなわれた。

一九〇〇年頃に農村に処女会がつくられ、その全国組織化がはかられて、一九一八年に全国処女会中央本部が設立された。処女と娼婦への女性の二分化・分断化は、このような形でも進められたのである。ある程度の性的自由、性的寛容を前提に成り立っていた日本の掛け合い恋歌の伝統は、このような上からの政策によっても急速に消滅への道をたどっていった。

オーラルな文化から活字文化への変化は、恋愛をふくむ文化を公共の場から密室へ、パブリックなものから人間の内面へと方向づけた。ラジオが普及すると、音は出来事から、また身体から切りはなされて無限に複製されうるものとなり、遍在化していく。音の闇が消え、耳の遠近法は平面化された。二次的な声の文化が成立したのだ。

今日では歌垣の伝統は、前述したように花見や潮干狩り、盆踊りや秋祭りのなかに受けつがれている。また口承的な文化伝統は、今日の電気・電子的メディア（テレビ、ラジオ、電話、テープレコーダー、オーディオ、コンピューターその他）のなかにも、形を変えて生きつづけている。それは恋人たちの電話でのお喋り、歌い手と聞き手が絶えず交代するカラオケ、そしてさまざまな市民運動のなかに生き、またテレビのバラエティ番組や漫才などのお笑い番組、トーク番組、座談会や対談のなかにも生きている。

掛け合いの精神と形は、歌ばかりでなく、中世以来の狂言や掛け合い漫才などの喜劇的な芸能としても発展してきたもので、人間の平等、男女の平等を求める日本の民衆文化の中核をなしている。それは命令を絶対視し、上意下達と男尊女卑を特徴とする武士の文化――それは学校教育、とくに体育教育と企業のなかに継承されている――とは別の土壌で、人びとが育んできた文化であり、日本語のなかにも刻印されている。

この伝統のもつ対話の精神の意味と重要性を明らかにし、現代の公共原理の上に据えなおし、受けついでいくところに、口承文化の継承と発展の可能性を見出すことができると思う。

なお歌垣と同様の風習は、中国南部からタイ、ベトナム、カンボジアなどインドシナ半島の少数民族、フィリピンやインドネシアにも存在する。東アジアの照葉樹林文化の一環として、これを位置づける研究もある。他の地域をふくめた国際的な研究は、これからの課題であろう。

参考文献

大林太良・本田義憲「歌垣」項、『世界大百科事典3』平凡社、二〇〇五年
臼田甚五郎「歌垣」項、『日本古典文学辞典』岩波書店、一九八三年
土橋寛「歌垣」項、『国史大辞典』吉川弘文館、一九八〇年
森朝男『掛合いの様式』「国文学」一九八九年一月所収、学燈社
渡辺昭五『歌垣の研究』三弥井書店、一九八一年
谷川健一『埋もれた日本地図』筑摩書房、一九七二年
福島安則ほか編著『被差別の文化：反差別の生きざま』明石書店、一九八七年
吉見俊哉『「声」の資本主義』講談社、一九九五年

〈付記〉この評論は一九九五年一〇月二四日から三〇日までレゴンのガーナ大学で開かれたガーナ大学アフリカ研究所主催・第二回アフリカ口承文学会議で発表した原稿に、手を加えたものである。

アフリカの女性の地位

口承物語には否定的な女性像も——アフリカ知識人の模索する姿

一九九五年秋、第二回アフリカ口承文学会議に出席したわたしの関心事の一つは、アフリカの女性の地位の問題

だった。会議のプログラムには「ジェンダーとディスコースの諸形態」というセッションが二つもあり、興味深そうなタイトルが並んでいた。

しかし行きがけにロンドンのアフリカセンターで求めたアフリカ口承文学の本には、カレンジンとマサイ社会の口承物語に描かれている女性像は、極度に否定的なものであり、女性を不注意で、怠惰で、無情で、虚栄的だとしていると書かれていた。

会議の発表者には白人研究者も多く、またアメリカの大学で教えているアフリカ人研究者も少なくなかった。とりわけ今度の会議ではじめて発表を許された南アフリカの白人研究者たちの、嬉しそうな姿が印象的だった。ちなみに、わたしの七〇年代からの畏友である南アフリカの詩人マジシ・クネーネは、長編叙事詩『偉大なる帝王シャカ』（邦訳は土屋哲訳、岩波書店、一九七九年）の著者として名高く、この叙事詩はすでにアフリカ文学の古典の位置を占めているようだった。

七日間を通しての研究発表を聞いたところでは、構造主義やフェミニズム以後の新しい理論による研究と、従来の反植民地主義理論による研究とのあいだの差異が目立った。前者による後者の手きびしい批判が展開される場面もあり、南アフリカ勢が批判の対象になる傾向も見うけられた。植民地以前のアフリカを理想化したり、すべての悪を植民地主義のせいにしたりするのではなく、アフリカ独自の近代化の道を探ろうとする（探らざるをえない）アフリカ知識人の模索する姿が、そこにはあった。

アフリカ女性の二つの姿——ガーナのユーモラスな恋歌

ジェンダーとディスコースの研究発表では、最後に司会者がまとめたように、アフリカ女性の二つの姿、二つのイメージが浮かび上がってきたように思う。一つは積極的な姿であり、もう一つはおとなしい姿である。前者について少し紹介しよう。

カリフォルニア州立大学からきたウガンダのヘレン・N・ムガンビ教授は、「ジェンダーとエンパワーメント——キガンダ農村女性のパフォーマンスにおけるコミュニケーション戦略」という発表をした。ウガンダでは近年の政治闘争によって女性が力をつけていて、女性の副大統領まで出ている国である。農村女性たちが従来女性の役割とされてきた籠作りや織物などの仕事を、女性の力の増大とコミュニケーション戦略のために役立てている有様が、生き生きと語られていた。

ガーナ大学のアゴヴィ教授の発表は、「ンゼマのアヤボモ歌におけるフェミニストの一覧表《アジェンダ》」というものだった。ガーナの恋歌は、月夜の晩に何人かの女たちが村の広場で歌いはじめると、次々と女たちが家から出てきて歌の輪に加わっていく。南西部のンゼマの社会では、女たちは出稼ぎや職探しのために村を留守にし勝ちな男たちに、恋歌や女歌の形で自分たちの気持ちをユーモラスに、はっきりと伝えている。その歌にはロマンティックな恋歌もあるが、「私はあんたのベッドをこしらえてあげる、シャツもつくってあげる、コンクリートの家も買ってあげる、飛行機だって買ってあげる、でも私のところに戻ってこないと、ハンサムなボーイと一緒に行ってしまうよ」などという愉快な歌もあるのだ。ガーナには母系制の伝統があり、そのことが女性の地位や生活感情に影響を与えているのではないだろうか。

「家」が閉じた制度としては成立していない——女性解放の道筋は

全体としてアフリカ社会は、私が考えていたより伝統的な女性像や女性の役割分担のはっきりしたジェンダー社会であり、女性の地位は高いとはいえない。しかしアフリカにおける女性の地位は、欧米やかつての中国、日本のような家父長制社会における地位とは明らかに異なっている。「家」が閉じた制度としては成立していないのだ。

多くの民族が父系出自原理をとっているが、母系出自をとる民族も少なくなく、母系制の遺制も存在する。
アフリカの女性解放の道筋は、アフリカ社会の近代化と民主主義の道筋と密接に関わりあっていることを、女性たち自身が感じているように思われる。

（一九九六年一月二四日に環太平洋女性学研究会例会で報告、『ＲＩＭ』６号、一九九七年三月に掲載、加筆）

アフリカに来て――ここはアフリカだ！

アフリカの空の下、アフリカの大地で

アフリカに来て――帰ってから一年以上になるのに、わたしはアフリカに行って、と書く気にはどうしてもなれない――最もつよく感じたのは、ここはアフリカだ、わたしはアフリカにいる、という感覚だった。アフリカの地面、アフリカの空、アフリカの木々のある、そして何よりもアフリカ人の住む土地なのだ。
ガーナの首都アクラの空港で、夕焼けの空に浮かび上がる大勢のアフリカ人男女のシルエットを見たとき、わたしはとても美しいと感じた。そしてその感動は、ガーナを去るまで変わらなかった。この美しさは写真では伝えら

れない。

わたしたちはアフリカ人やアフリカ系の人たちを、温帯の空の下で見るのに慣れている。アフリカの空の下、アフリカの大地で、自分たちの衣装を着たかれらがどんなに美しいかを、わたしはそれまで知らなかった。服装だけでなく、仕種もそうだ。お母さんが三、四人の子供を後ろに従えて歩いている。男が長い脚を前の方に出して木の下に腰を下ろしている……その姿はアフリカ的としかいいようがない。

いまにも踊り出しそうに生きている木

アフリカの木の魅力を語りはじめたら、切りがないだろう。とくに大きくなった木は、何ともいえず歓ばしい姿かたちをしている。マンゴーの木などは五、六年で大きくなるらしいのだが、木々は枝を横に張り、何本もの手足を出して、いまにも踊り出しそうに生きているのだ。あたかも長い乾期を耐えてきた木が、雨期を迎えて思う存分水を吸ったときの激しい歓びが、木の遺伝子に組みこまれているかのようだ。

人間はその土地に生える木に似てくる、と考えることがある。日本の木は垂直か斜め上に枝をのばすものが多く、わたしたちはそれを〝神々しい〟とか〝精神的〟と感じる。アフリカの人たちは、枝を横に張ったあの歓ばしい木々に似た生命力と精神性をもっているのではないだろうか。生きることの歓びに満ち、いまにも踊り出しそうな生命力と精神性を……。アフリカが人類の誕生の地だとは、ひどく納得のいく事実である。

ガーナの母系制と美しい織物

ガーナが母系制の社会だということは、ひろく知られている。母系出自の原則は、ことに南部のアカンの社会組織を解明する手がかりになっているようだ。

ガーナの市場を仕切っているマーケット・マミーのことを聞いていたので、楽しみにして行ってみた。たしかに案内された布地店の主人は、女性だった。周囲の店にも女主人が多い。だが古道具街の主人たちは男性だった。性別分業のはっきりしている社会だから、織物などの分野は女性が仕切っているのかもしれない。

ガーナの織物は原色の赤や黄、オレンジ色や青色の木綿糸を織りこんだ、とても美しいものだ。これがまた肌の色、空と大地の色に実によく合う。

奴隷貿易の城砦——自殺したイギリス人提督の妻＝詩人

ギニア海岸のゴールド・コーストにポルトガルが一四八二年に築いたエルミナ城に行ったときのことは、忘れられない。一七世紀以後は、代わってオランダ、イギリスが占領し、奴隷貿易の基地にした。

外見は白亜の美しい城塞である。しかし内部にはいると、内陸で捕えたアフリカ人を奴隷商人に売り渡すための部屋があった。船がくるまでの二、三ヵ月間、かれらを立ったまま閉じこめておく、高所に一つだけしか窓のない真っ暗な部屋（倉庫）があった。船の底にかれらを積みこむための、帰路のない門があった。そしてカソリックの礼拝堂をプロテスタント風に改装した礼拝堂までそろっているのだ。海に面したテラスには大砲が並び、海からの争奪戦に備えている。女奴隷のための部屋もあった。

門の手前の小さな部屋には素朴な祭壇がつくられ、石と、枯草のようなものが祀られていた。たまたまそこは、アフリカ人が祖霊を祀る聖地だったという。

昼間かれらを運動に連れ出したテラスには、二つの墓銘が並んでいた。一人はこの城塞のイギリス人提督、もう一人はその妻で、詩人であった。彼女は自殺したのだ。ここで行なわれていたことに耐えられなかったのだろう。

アフリカの望み

ガーナにも部族対立はあるが、いまは国内が一応安定しているため、外国からの援助がくる。だが援助に頼る経済は、恩恵が下まで届くことはない。車の運転をしてくれた若い技術者は、生活は非常に苦しいといっていた。日本へ働きに行きたいともいうが、ガーナ政府は旅券の発行をきびしく制限している。日本政府も働きにくる移民は受け入れない。ガーナの失業者は多く、親戚同士の助け合いで何とかしのいでいるようだ。

ボツワナの悲劇にも、過去の植民地主義の影が射している。しかし反植民地主義と民族主義だけでは現状は改善されないことを、若い人ほど感じている。アフリカは近代化を望んでいる。だがどうやって？

今日の新聞を読むと、日本政府はＯＤＡ供与の配分をアフリカ重視に切りかえていくことにしたというのだが……。

（『千年紀文学』６号、一九九七年一月）

サンゴール氏の来日

ネグリチュード（黒人性）の価値を主張し、うたいあげた詩人——日本の俳句への理解も

古都の春に時をあわせて故周恩来氏の夫人の鄧穎超さんが日本を訪れたのと相前後して、アフリカ、セネガルの大統領サンゴール氏が来日した。

知る人は少ないかもしれないが、サンゴール氏は政治家というより思想家であり、詩人である。世界ではじめてネグリチュード（黒人性）の価値を主張し、うたいあげたすぐれた詩人なのだ。この詩人サンゴールに明治大学が名誉博士号を贈ることになり、その式のあとサンゴール氏の記念講演が行なわれた。

サンゴール氏はアフリカにおける社会主義的民主主義の伝統について語った。それはアフリカの共同体で、人びとが自分の意見を思う存分いいあう伝統だという。わたしはかつてインドで開かれたアジア・アフリカ作家会議でかいま見た、アフリカの代表たちのあざやかな会議の進め方を思い出した。かれらは会議の前に樹木の陰などで、実に生き生きとした表情や仕草で意見の交換をしていたのだった。

サンゴール氏は日本の文学についても語り、蛙が浮草に乗って川を流れていく、という意味の俳句をとりあげて、このような詩は西洋人にとってはただそれだけのことにしか過ぎないだろうが、アフリカ人にはその良さが理解できる、と語った。これは、この句にふくまれている自然と人間との関係が、アフリカ人にも共有されているということだとわたしは思う。

西洋と東洋との関係は、アフリカという第三項を立てて考えてみると、もっと興味深いものになるのではないだろうか。

ところで、〈ものいえばくちびる寒し秋の風〉というような俳句は、共同体のなかに民主主義の伝統をもつアフリカ人にはわからない句ではないだろうか。

（「公明新聞」ことば歳時記、一九七九年五月一七日）

〈付記〉サンゴールの思想については「ネグリチュードとヒューマニズム」（『世界』一九七八年七月）参照。

マジシ・クネーネとの再会——大地への責任

アフリカの古老を思わせる風貌に

南アフリカ共和国の詩人マジシ・クネーネ。その名前はいつもわたしの心に、わたしの周囲に、原初からのドラムのように鳴り響いていたのだが、一九八三年三月に彼が再来日し、実に一三年ぶりの再会を果たすことができたのは、大きな喜びであった。

アフリカの大地から生え出た若い黒檀のような高貴な精悍《せいかん》さを湛えていたかれの容姿は、歳月を経て、頭蓋をおおう白髪と岩の頑丈さをもった、アフリカの古老を思わせる風貌に変わっていた。

「アメリカでの生活はきびしかった」と語るクネーネは、人種差別政策をとる南アフリカ共和国から亡命してすでに二三年になる。かつて詩人兼アフリカ解放運動の闘志としてわたしたちの前に現れ、アフリカ共同体の詩と哲学を語り、力強いズールー（南部アフリカの人たちで、かつて誇り高いズールー帝国をつくった）の叙事詩を朗じて聞く者に強烈なショックを与えたかれは、この二三年のあいだにアフリカの神話や歴史にもとづく尨大な叙事詩を完成して、真に世界的といえる詩人に成長していた。

しかしけっして個人の業績を誇ることはなく、「祖先の人たちがいて、わたしがいるのだ」と語るのだった。クネーネが祖先の人びと、アフリカの人びとと「共にいる」在り方は、少しも変わっていなかった。

アフリカが目の前に立ち現れてくる——渋谷のライブハウスで

三月一五日の夜、クネーネの友人である詩人白石かずこさんの努力で、東京渋谷のライブハウスでかれの朗読会がひらかれた。クネーネは最初に、「ズールーと日本とは、お互いに往き来していたかのように似ています。ズールー人も戦うのが好きで、日本人も戦うのが好きです」といって聴衆を笑わせたあと、「世界はバランスを失ってしまった。もう一度世界に調和を、秩序をもたらすことができなければ、わたしたちは大地への責任を果たすことができない」と語った。

詩人のパフォーマンスは観る者に、アフリカそのものが目の前に立ち現れてくるかのような感動を与えた。それは紋切り型のアフリカ、動物写真で見るアフリカ、植民地化された貧困のアフリカではなく、神話や大地や人びとの生死をはらんだアフリカであった。ある詩は「人びとが自分自身を忘れ、宇宙的な運命に参与する時」にうたわれる叙事詩であり、別の詩は人びとや子供たちに影響を与えるための諷刺詩だった。

一方の人たちが問いかけると別の人たちが答える、そういう形で人びとに何をしなければならないか、何をしてはいけないかを示していくのだという。またある詩のなかで、かれはわたしたちに「コスウォーザ」という合いの手を教え、かれの朗誦と身ぶりの合間にときおりその合いの手が響くようにした。

かれはあとでステージはない方がいいといっていたが、それはほんとうに客席もステージもない、そこにいるすべての人たちが一つになって何かに呼びかけ、何かを地の底から呼び出すような、喜びと迫力にみちた経験だった。詩人が村から村へ旅して歩き、「自分の詩をただ朗読するだけでなく、それを演じ、音の高さのさまざまな変化を用い、あらゆる感覚の刺戟を通じて自分の詩を伝達しようとする」アフリカの詩人の在り方を、わたしははじめて自分のからだで感じとることができたように思う。

ヨーロッパ詩への厳しい批判──世界の詩をだめにしている

クネーネの作品は、いまのところ二つの形で日本語に翻訳されている。『偉大なる帝王シャカ』Ⅰ・Ⅱ（土屋哲訳、岩波書店、一九七九年）と、『太陽と生の荒廃から──アフリカ共同体の詩と文学』（竹内泰宏・高良留美子編訳、アンヴィエル、一九八〇年）である。後者から、わたしの訳した一つの詩のはじまりを紹介したい。

わたしはあなたが／でこぼこの砂の上を歩いていくのを心に描く／夕方遅く／地平線の素晴しい赤いヴェールとともに／つづけざまに太鼓を打つ音が／影たちの山で地面を揺るがせ／人びとはすばる星座の前兆に従っている／わたしは／雲が縦隊の上に凝集するのを心に描く

三日間にわたり、わたしたちは神話について、シンボルについて、詩について実に多くのことを語りあった。「ヨーロッパの詩はだめになってしまった。それればかりでなく、世界の詩をだめにしている」というかれの意見の背後には、T・S・エリオットにはじまる拡散的な傾向を示す現代詩への根底的な批評がひそんでいる。この夏、クネーネはふたたび広島と東京の街に姿を現すだろう。

（「毎日新聞」一九八三年四月一一日夕刊）

白人支配社会の終末相――南アフリカの女性作家ナディン・ゴーディマの小説を読む

白人支配階級の頽廃、無気力、不安、動揺の姿

昨一九九四年四月に南アフリカで、アフリカ人の参加するはじめての総選挙が行なわれ、ついで長いあいだ獄中にあったマンデラ氏が大統領になった。わたしはシャープビルで政府軍による虐殺がなされ、非常事態が宣言された一九六〇年以降、国外亡命を余儀なくされた詩人マジシ・クネーネや、作家アレックス・ラグーマのことを考えていた。

その間国内で書きつづけていた白人女性作家ナディン・ゴーディマ（一九九一年にアフリカで二人目のノーベル賞を受賞した）の小説を読むと、クネーネたちが国外からしか関われなかった南アフリカの状況が、ゴーディマの想像力という鏡にありありと映されているのを見ることができる。とりわけこの鏡によく映っているのは、南アの白人支配階級の頽廃や無気力、不安や動揺の姿である。

とくに白人抵抗者を含む男性に、それがはっきり表れている。いっぽう女性は、批判する場合もふくめて丁寧に描かれ、しばしば未来につながるものをもっている場合さえある。

人種、民族、性、年齢、居住地等々さまざまな多様性をもつ人物たちの織りなす人間のドラマは、皮膚の色という差異が極限的に拡大されて対立や憎悪、裏切りなどを生み出すと同時に、ときに共感や贈与としても現れてくる。小説はそういう時代の終末相をリアルに浮かび上がらせる。

もちろんこの社会の中心にあって、差異を拡大したり隠蔽したりしているのは、人種差別である。しかもそれは、終末を刻印された社会なのだ。ゴーディマは人種差別社会の終わり、白人支配の終わりをはっきり見つめている。

白人支配社会の〝安全さ〟に疑問

短編小説集『ＪＵＭＰ』（ヤンソン柳沢由美子訳、岩波書店、一九九四年）には、八四年以降に書かれた一二篇の短編が収められている。冒頭の「隠れ家」は、地下にもぐった白人の反体制活動家が、逃亡中に出会った白人女性と夫の留守の家で情事を重ねながら、〝安全〟にかくまわれる話である。かれはその家を出て三日目に逮捕されるが、女性が密告したのではないらしい。「考えてみると、彼女の家に新聞はなかった。あの家、彼女が木々に囲まれて安全だと考えていたあの家、彼や彼のような人間たちの脅威から安全なあの家、現在というものから守られる安全なあの家に」という言葉で小説は終わる。くり返し強調される〈安全〉という言葉が、反語的《イロニカル》に白人支配社会の〝安全さ〟に疑問を投げかけている。

外部からはうかがい知れない人種関係――結末の衝撃力の強さ

「銃が暴発する寸前」は、地域の政党指導者で地方保安部隊の司令官でもあるアフリカーナ（南アに移住してきたオランダ系住民の子孫）の農場主が、〝使用人〟の黒人青年を銃の暴発で殺してしまう話である。

農場主は、この事件は「彼らの南アフリカのイメージにぴったり」であるが故に、世界中に報道されることになるだろう、と考えるが、真相は別のところにあるらしい。かれは内向的なタイプの男で、暴発殺人にショックを受け、警察で「どろんこのやんちゃ坊主のように」泣き、立派な葬式を出して、「使用人の妻と子どもたちの面倒は自分が見る」といったが、そういうことは報道されないか、報道されても信用されないだろう。南アフリカのイメージがひとり歩きしているからだ。

しかし語り手は、アフリカーナの農場主にも人間的な人物がいるといおうとしているのではない。「白人の過失で無惨にも撃ち殺された黒人の若者は、農場主の使用人《ボーイ》ではなかった。それはかれの息子だった」という結末の一句が、白人による植民地支配の三四二年という長さと、その間に白人がつくり出した、外部からはうかがい知れない人種関係を暗示している。

ゴーディマの小説の大きな特徴の一つは、このような結末の衝撃力の強さにある。それは小説に潜在していながら読者には明確に意識されない現実を開示して、小説を終わらせながら、実はなにも終わっていないこと、現実は小説とは別の形でつづくだろうことを示している。結末は、終わりよりもむしろ始まりを示しているのである。

贈与としての愛の経験——きたるべき国家の新しいエートス

長編『ブルジョア社会の終わりに』（福島富士男訳、スリーエーネットワーク、一九九四年）は、訳者のあとがきによると、英米で一九六六年に出版され、南アでは即座に発禁になった小説である。白人の組織ARMアフリカ抵抗運動を示唆しているのが、発禁の本当の理由だったのではないかと訳者はいう。反アパルトヘイト勢力がほとんど身動きできない状態にされ、「沈黙の網」をかけられていた六〇年代前半の時期をテーマにしている。

小説は白人女性エリザベスの一日を描きながら、前半では白人の抵抗運動に加わってプラスティック爆弾を投げて逮捕され、結局国側の証人になって「しゃべった」前夫——自殺したマックス——と、その家族のことが語られ、後半では、彼女に助力を求めてやってくるアフリカ人抵抗者たちとの関係が、主に描かれている。

マックスはその出身である白人特権階級を否定しようとしながら、目の前の他人の欲求を察することができず、「賛成と賞賛」を求めてしか愛することができなかった。しかしエリザベスは、外国からの送金を受けとる銀行口座を求める黒人活動家ルークとのあいだで、「それが愛でないと、いったいだれがいえるだろうか？　だれでも自分のもっているものを与えることしかできないのだから」と、贈与としての愛を経験しはじめている。

また「われわれは、ずっと昔から、お互いの面倒をみてきたし、お互いのこどもたちの世話をしてきたんだから」と語るスピァズの言葉は、かれの求める「きたるべき国家の新しいエートス」を示している。ブルジョアという言葉は、南アでは白人社会と同義だというが、ここまでくるとブルジョア世界とは、わたしたちの生きていること、の世界のことだということが、わかってくる。

（「図書新聞」一九九五年一月二一日）

【アメリカ先住民】

アメリカ先住民の口承詩――金関寿夫氏の仕事

〝エコノミック・アニマル〟の時代に――先住民族はその存在さえ無視されていた

金関寿夫『アメリカ・インディアンの詩』（中公新書）が出版されたのは、一九七七年のことだった。わたしはすぐに買い求めた。七〇年ごろから南アフリカの詩人マジシ・クネーネの詩と詩論を読み、訳しはじめていて、アフリカに豊かな口承文学の伝統があることを知り、口承文学に関心をもっていたからだ。

それは人間の声のもつ魅力への認識とつながっていた。わたしの関心はインドやアラブの詩にも広がっていたが、その話をすると、人は「そういうところに文学があるのですか」と真面目な顔をして尋ねるのだった。

一九七〇年当時の日本の新聞やテレビは、アジアやアフリカについてくわしい報道をすることはほとんどなかった。ことにアフリカには特派員の派遣もなく、何かあると外電を最小限に載せるだけだった。ジャーナリズムの関心は米ソ二大国を主役とする冷戦に集中していて、そこからこぼれるものは次第に「第三世界」や「発展途上国」という言葉でまとめられていったが、それぞれの土地で人びとがどのように暮らしているかについての関心は、きわめて低かった。

文化については、さらにひどかった。先住民族はその存在さえ無視されていた。文化といえば物質文明のことであり、アジアやアフリカを「遅れている」のひと言で片づけてしまう傲慢な感性が、経済の高度成長期を通じてこの国に形成されていった。恥ずべき〝エコノミック・アニマル〟の時代であった。
そのなかで、アフリカやパレスチナの詩を少しずつ訳しながら孤立感を深めていたわたしを、金関氏の本は励ましてくれた。癒してくれたといってもいい。

なつかしい言葉の数々

最近読み返した改訂版『魔法としての言葉——アメリカ・インディアンの口承詩』（思潮社、一九八八年）に、わたしはなつかしい言葉の数々を見出した。

　黒い七面鳥が　東の方で尾をひろげる
　するとその美しい尖端が　白い夜明けになる

　……………………

　虹が送ってよこした少女たちが
　踊りながらやってくる
　かれらが着ているのは
　日光で織った黄色いシャツ

　……………………

　かれら夜明けの少女たちは　おれたちのうえで踊っている

カリフォルニアで出遭ったアメリカ先住民――モロンゴ人の居留地で

一九八四年にカリフォルニアを訪れたとき、水田宗子氏がわたしをアメリカ先住民のモロンゴ人の居留地に連れていってくださった。別のオアシスでは、混血のカヒュイラ人の老女が、遊んでいる孫娘のかたわらで、皮ひもを木枠に通してみやげ物の民芸品をつくっていた。

ロサンゼルスでは十数年ぶりに南アフリカの詩人マジシ・クネーネとマタボ夫人、そして三人の子どもたちに会うことができた。かれは昔スペイン人の建てたスペイン風の家に住んでいて、先住アメリカ人についても話してくれた。鉱物やウランが発見されると、アメリカ人は先住民の反対を押し切って、聖なる山を掘り崩してしまった。しかしそれ以来、山は噴火をくり返すようになったという。クネーネはまた、先住アメリカ人の哲学は非常に興味深く、アフリカの哲学にも近いと語った。

すべての偏見や傲慢さから自由な精神

金関氏とはじめてお会いしたのは、数年前、坂戸の城西大学女子短期大学の五階エレベーターの前でだった。それ以来、毎週同じ場所で会うようになった。わたしは金関氏の本を読んで勇気づけられたと話したが、氏の仕事がどんなに素晴しい地平をわたしたちに開いてくれたかを、充分に伝えることはできなかったと思う。それはすべての偏見や傲慢さから自由な精神が生み出した仕事だった。

一昨一九九五年、わたしはガーナで開かれたアフリカ口承文学会議の第二回大会に出席した。口承文学についての関心は、現在世界中で次第に高まってきている。しかしそんなことを話すこともできないまま、その秋から氏は病気で欠席され、やがて亡くなってしまった。誠に残念でならない。心からご冥福をお祈りする。

（『城西文学』一九九七年七月）

【日韓交流】

日韓女性文化の再発見と交流のために

今日は日韓現代詩交流35周年に当たり、韓国の詩人の方たちとお話ができることを大変うれしく、光栄に思います。

日韓の歴史問題と韓流ブーム

ご存知の通り一九世紀末から二〇世紀の日韓関係は実に忌むべき、悲しむべき関係に陥りました。最近も日本軍のためにひどい思いをさせられた韓国の女性たちが高齢で次々に亡くなられたという報せが入ってきて、私はそのたびにせめてもの償いとして心からご冥福をお祈りしています。日韓の歴史問題、とくに日本人としてのこの問題の自覚と反省は、依然として大事なこととして残っています。

いっぽう、近年日本の中高年の女性たちが盛り上げた韓流文化のブームがあります。私は、歴史問題の自覚と文化の交流とは別のものではないと考えています。韓国の方たちがみずからの文化の価値を自覚することを通して自尊の心を養ってこられたように、多くの日本人もこの機会に韓国の文化を愛し理解することを通して、韓国と韓国人への尊敬の念を抱くことができたと思います。文化の交流によって培われる共感や尊敬の上に立ってこそ、過去の行為への反省は本当のものになると思います。

日韓の文化の交流は実に長い歴史をもっています。しかし女性文化に焦点が当てられたことは、ほとんどありません。これは日韓女性のこれからの大きな共通のテーマです。

古代の日本は韓国から仏教をはじめ多くの文化を学んだのですが、日本ではじめて出家した僧は六世紀の善信尼という尼僧で、のちに百済に留学して正式に得度した人です。こういうことは教科書に載せるべきことなのですが、日本ではまだ一般にほとんど知られていません。

また在日女性の雑誌『地に舟をこげ』2号で読んだのですが、七世紀の新羅には善徳王という女王がいました。こうしたことの背景には、日韓に共通する厚い女性文化の層があったと思われ、今後の興味ある重要な研究課題になると思います。

樋口一葉の韓国への関心——半井桃水《なからいとうすい》『胡砂《こさ》吹く風』を読んで

近年私は樋口一葉という二四歳の若さで亡くなった明治の女性作家を研究しているのですが、彼女が学び、恋していた半井桃水という人は対馬の生まれで、韓国語もよくした人です。なかなかの美男子で、新羅の花郎《ファラン》を理想としていたといいます。かれは明治の家父長的な男性とは全く違った女性観をもっていて、一葉は知り合ってまもなく熱烈に愛するようになったのです。

桃水は若くして「東京朝日新聞」の日韓関係の報道員となり、その後日韓中三国の連盟を実現しようとする青年を主人公とする『胡砂吹く風』という長編小説を、この新聞に連載しました。その単行本を半井桃水から贈られた一葉は一晩中これを読んで主人公の智勇、ヒロインたちの節操と苦節に感動し、それ以後彼女の日記には日韓関係の記事が確実に増えていきます。そして一葉は日清戦争を批判する気持ちを抱くようになり、「ゆく雲」という小説に秘かに書きこんでいます。

また「やみ夜」という小説には、ヒロインが直次郎という青年に暗殺させせようとする悪い代議士がいるのですが、そのモデルは私の推理では大石正巳《まさみ》という韓国公使です。彼は自由民権運動の理念の裏切り者で、当時日韓両国のあいだに起こった「防穀令事件」という事件を拙劣かつ傲慢な態度で〈解決〉しました。

そのころ、明治政府は女性の政治活動を全面的に禁止していました。女性は政見演説をすることはおろか、聞きにいくことさえできなかったのです。この禁止は一九二二（大正11）年まで実に三二年間つづき、そのあいだに日本はすっかり帝国主義化してしまいました。これを見ても女性の地位、女性の自由がいかに大切かということがわかります。

日韓女性文化の再発見と交流は、お互いの理解と尊敬のための不可欠な課題だと思います。

ご清聴ありがとうございました。

（「日韓現代詩交流35周年記念・アジアの詩のつどい　ソウル」にて二〇〇八年五月一七日に発表、『地球』147号、同年一二月に収録、加筆）

〈付記〉樋口一葉の半井桃水への恋については拙稿「告白小説「雪の日」と一葉の恋」（『恋する女――一葉・晶子・らいてうの時代と文学』学藝書林、二〇〇九年）に、一葉の日韓関係と「ゆく雲」「やみ夜」については拙著『樋口一葉と女性作家　志・行動・愛』（翰林書房、二〇一三年）のⅠ章所収の諸論文に詳述した。

実に遠い道をきた——ワシントンで日韓・詩と音楽の交流

韓国と日本の詩人の出会いを望んで

森の都といわれるアメリカの首都ワシントンで、去る二〇〇八年一〇月一〇日と一一日、「日韓の詩と音楽の会」が開かれた。韓国からは国民的詩人の一人である申庚林《シンキョンリム》氏が、日本からはこの会の発案者である東京在住の女性詩人李承淳《イスンスン》氏、大阪の冨上芳秀氏、そしてわたしが参加した。新川和江さんは残念ながら別の方の朗読による参加となった。

「詩と音楽が同じ幹の上で出会い、また韓国と日本の詩人が出会い、もしくは、地球村のあらゆるところで色々な人々が出会い、素晴しい未来を運んできてくれることを望む思いでこの集いは日本から始まりました」という李さんの言葉が、この集まりの意図を余すところなく語っている。

最初の晩は韓国文化会館にあたるコーラス・ハウスで、韓国語・日本語・英語の詩が音楽とともに朗読され、ホールに入りきれないほどの日・韓・米の詩の愛好者が聴きにきてくれた。パンソリの上演や歌唱もあり、フルートの調べも流れた。次の晩は別の会館で、韓国語と日本語で詩が朗読された。そしてその夜、参加者一同が韓国大使に招待されて、晩餐と談話をともにした。

韓国で詩が盛んなこと、詩人の地位が高いことは知っていたが、アメリカという他郷においても詩が大切にされていることを痛感した。

女性詩人の詩ににじむ父母への思い

わたしたちはここで事業に成功している韓国人の家に泊めていただいた。そして日本人が一〇〇〇人しかいないワシントンに韓国人が一五万人もいることを知って、驚かないわけにはいかなかった。一九六五年の米国移民法の改正以後、韓国にまだ自由がなく貧しかった時代にアメリカに渡り、苦労して生きてきたかれらの日々は、ここに住む女性詩人たちの詩にもにじみ出ていた。

ある女性詩人は〈私のおとうさん　足を洗ってあげたい　太平洋を越えて　実に遠い道をきた謙遜な足〉と詠み、また別の詩人は〈我が身を喜んでみんな差し上げ　殻だけ浮き上がるタニシになるとしても　母の肉をたべて成長した　子タニシは残るのだ〉とうたった。

申氏は〈地下室の床を掻く　鎖の音を聞いて　墓の中深いところの　慟哭の声を聞いて……〉という独裁政権時代の詩を朗読したが、二度も逮捕された申さんの現在は、韓国が本当に自分たちの力で民主化を成し遂げたことを実感させてくれた。

わたしは〈一つの街のなかに　まだない一つの街があって　その広場がいま　わたしの行く手で揺れている〉という詩句で終わる「木」をよんだ。

今度の旅行で、日韓関係がよくなることを願っている韓国人がアメリカにも大勢いることを知った。日本に旅行したこともあり日本が好きで、それでも日韓の歴史だけはしっかり認識してほしいと望んでいる人たちだ。その熱望を背に受けながら、わたしは金融危機にゆれるワシントンをあとにした。

（「毎日新聞」二〇〇八年一二月三日、加筆）

済州島で文化芸術の祭典――舞踏や詩の朗読などで交流

〝自然との調和〟をテーマに――世界平和への貢献をめざして

このたび韓国の済州島で、文化と芸術の祭典「第3回済州世界デルフィックゲーム」が国際デルフィック協議会の主催で開催され、私は詩の審査委員の一人として招かれる機会を得た。〝自然との調和〟をテーマに、世界五四ヵ国から六六〇〇人が集まり、二〇〇九年九月九日から一五日まで、華やかな競演を繰りひろげた。

この大会はいわば〝文化芸術のオリンピック〟といえるもので、古代ギリシアの都市デルフォイで四年に一度、オリンピックの前年に開かれていた芸術文化の祭典を一六〇〇年ぶりに復活させ、今度が三回目になる。多様な価値の文化芸術によるコミュニケーションの場を提供し、世界平和に貢献することを目的としている。

日本人はパントマイムの部門でいいむろなおき氏が金メダルを獲得したのをはじめ、仮面舞踏の部で獅子舞、弦楽器の部で一弦琴、即興舞踏の部で舞踏など、何人もがメダルを受賞した。

詩の部門では、静謐《せいひつ》な朗読と女性の弾く弦楽器の調べが海と島々を感じさせる、韓国のキム・イル・ユン氏に金メダルが、小柄な体から感情豊かな演技をほとばしらせた南アフリカのムバリ・ヴィラカジ氏（女性）に銀メダルが、四川大地震で受難した子供たちに成り代わってうたった中国ジン・クィンロン氏に、銅メダルが授与された。ヴィラカジさんとは、短時間だが二〇〇六年に他界したマジシ・クネーネの話をすることができた。クネーネは三〇年余りの亡命生活を終えて、一九九三年に南アフリカに帰国していた。享年七六歳だった。

ほかに多彩な楽器の伴奏で故郷の山河を賛美したモンゴルのチームにリラ賞が、フィリピンのチームにローレル賞が与えられた。地元韓国の若い詩人たちは、仮面や幕を使うなど、舞台表現に工夫をこらしていた。メダルの色に関係なく、受賞者たちのはじけるような喜びが、印象的だった。競技外で、アフリカの女性たちが〝母なる大地〟を讃えて歌い、踊ったのも心に残った。パレスチナの詩人がいないと思っていたところ、パーティでヨルダンの詩人が、パレスチナ出身だと名乗ってくれた。でも亡命者である詩人は、残念ながら元気がなかった。

韓国の文化発信力と公的支援への感銘

日本からは東京在住の李承淳《イスンスン》氏の呼びかけで参加した白井明大、雪舟えま、原田克子、三角みづ紀、車椅子の詩人福角幸子氏など五人の詩人・歌人が、詩を朗読した。私には英訳の詩二五篇ほどを一晩で読むという苦行が課せられたが、前夜、李さんと一緒にマエストロ詩人として詩の朗読をした。

芸術を総合化しようという主張は以前からなされてきたが、韓国デルフィック委員会の数年にわたる努力により、このようなグローバルな規模でそれが実現されたことに、私は感銘した。韓国の文化発信力の強さと公的支援の大きさを、改めて実感した。

第一回大会はモスクワで二〇〇〇年に、第二回はマレーシアのクチンで二〇〇五年に開かれた。第四回目はドイツになるかもしれないが、時期と共に未定だという。

日本の参加者にとっては、なによりも海外の文化・芸術家たちと自由な交流をするよい機会になったと思う。

（共同通信配信・「四国新聞」二〇〇九年一〇月八日、「山陰新聞」一〇月一一日、「京都新聞」「中国新聞」一〇月一四日、加筆）

〈付記〉出発前、わたしは済州島四・三事件（一九四八年）についての本を読んだ。島でのバスのなかでも、ボランティアの人が英語でこの事件のことを話してくれた。またホテルのロビーで入手した韓国語と日本語のリーフレットによると、一九四五年八月まで、この島の西側には日本軍が駐屯していた地下要塞があった。いまは済州平和博物館に併設されて、要塞の内部を見学することができる。強制労働の写真もある。

いっぽう島には興味深い女神の神話がある。また今回、世界遺産に登録されることになった済州島のムーダンの舞いを、幸いにもいくつか見学することができた。数日間の滞在で、わたしは済州島のことはおろか、あまりにも韓国のことを知らないことを感じた。

拒食症と暴力――負の連鎖、物語へと昇華

ベトナム戦争に従軍した父親の暴力――肉を食べない娘に炸裂《さくれつ》

ブラジャーを嫌がるほかは特に長所も欠点もなく、平凡な妻の役を無難にこなしてきたヨンヘが、ある日突然肉を食べなくなる。ハン・ガン『菜食主義者』（きむ・ふな訳、クオン、二〇一一年）の物語は、ここから始まる。彼女が菜食を始めた理由という〝夢〟は、殺人や肉食や血、そして人間の〝顔〟に満ちている。

連作三篇のうち、表題作はサラリーマンの夫の視点から書かれる。姉が買った新しいマンションでの家族パーテ

ィで、肉を食べないヨンへに「家父長的な」父親の暴力が炸裂する。彼はベトナム戦争に従軍し、ベトコンを七人も殺したらしい。口に押し込まれた酢豚を、うなり声と共に吐き出したヨンへは、ナイフで自分の手首を切る。

次の「蒙古斑」は、姉の夫で芸術家肌のビデオ作家が語り手である。ヨンへの体に蒙古斑が残っていることを知ってから、かれはこの義妹に性的に執着するようになったのだ。身体中に描いた花や葉の絵によって、植物に〝変身〟した二人が交わるまでの過程は、とても美しい。血や暴力の呪いが浄化されていくようだ。

暴力、家族、幼年期の傷、拒食症、死という負の連鎖——その深層にある戦争

最後に男たちは二人とも去り、姉がヨンへを経済的に引き受ける。この姉の幼い息子への愛が、別の家族のあり方を暗示する。読み終わると、この小説に家庭内暴力に起因する拒食症のテーマがこめられていることが分かる。その深層には社会的暴力、たとえば戦争への従軍がある。暴力、家族、幼年期の傷、拒食症、死という負の連鎖は、このような構造を普遍的にもつのだろうか。作者はそれを、一筆一筆別の次元に昇華させていく。

個人的な感慨が許されるなら、私はこの本を読みながら拒食症で一八歳で死んだ妹[1]のこと、木の絵を数多く描き、木になりたいともいっていた姉のこと、妹を溺愛しやがて放置した強い母と、彼女が疑問を感じながらも協力した戦争と植民地主義のこと、姉として決定的に駄目だった私自身のことなどを、まざまざと感じていた。

ハン・ガンは一九七〇年生まれの韓国の代表的女性作家。『菜食主義者』は作者の代表作として高く評価され、新鋭イム・ウソン監督によって映画化もされた。

（共同通信配信・「神奈川新聞」「神戸新聞」「新潟新聞」「埼玉新聞」「山陰中央新聞」「大分合同新聞」「東奥新聞」二〇一一年七月一〇日、「愛媛新聞」七月一七日、「熊本新聞」八月二八日。『書評大全』共同通信文化部編、三省堂、二〇一五年に収録）

注

（1）彼女の拒食症にも戦争が色濃く影を落としている。わたしは妹の遺した詩、創作、日記、手紙を集めて高良美世子著・高良留美子編著『誕生を待つ生命――母と娘の愛と相剋』（自然食出版社）を二〇一六年六月に刊行し、「加害する母の溺愛と戦時中の〝うつ〟――高良美世子の闘い」という長い解説を書いた。

【アジアの国々と日本】

ネパール・創作意欲盛んな女性詩人――バニラ・ギリさん

詩の盛んな国ネパール――母親の〈内なる声〉を聞いて

ヒマラヤの国ネパールでは詩が盛んで、人びとの厚い尊敬を受けている。以前ネパールの詩を英語から訳したことはあったが、昨年国際交流基金の招きで来日した女性詩人バニラ・ギリさんと対談する機会を得て、わたしはネパールの詩についての理解をいくらか深めることができた。

ギリさんはネパールで最高の栄誉である賞をはじめ、数々の賞を受けた詩人である。対談の日、彼女はネパール風のサリーに身を包んで、その活気あふれる姿を現した。両親が専制政治を嫌ってインドのダージリンに移り住んだため、彼女はその地の美しく壮大な自然のなかで成長したという。母親の影響も大きく、母の捧げる祈りにはサンスクリットでいう〈ナーダ〉(内なる声)があった、自分は毎朝それを聞いて育った、と詩人は回想する。

サンスクリット語はネパール語の親言語であり、ネパールの詩は、厳しい規則をもったサンスクリットの古典韻文の歴史に根ざしている。いっぽう村々で歌われた民謡もまた、ネパールの詩の主要な源泉である。

さらにこの国の現代詩を考えるとき、社会の抑圧と対抗するように口語自由詩を書きはじめ、口語自由詩の父といわれるようになった詩人ゴパールプラサッド・リマールを忘れることはできない。「リマールの詩はシンボルの使い方、実験的な手法など本当に素晴しい」と讃えるギリさんの詩を一篇、英訳詩集『わが発見』から訳してみよう。

〈創造の/水さしの中でわたしはこの祈りを暗唱し//すると木霊《こだま》が/わたしの体の最も深い青天井から戻ってきた。//生まれ故郷を離れて/わたしにはそれが必要だ//そして返ってくる旋律は/震えながら流れてきてわたしを魅惑した。〉(「57」)

タゴールの影響、民主主義、戦争と創造――文学者たちは絶対王政に抵抗

学校ではキーツやシェリー、ワーズワースを学び、最も影響を受けたのがタゴールだという彼女の詩には、タゴールの詩の神秘的な声も反響している。

ネパールでは文学者たちも絶対王政に抵抗し、民主化運動の柱となって一九九〇年に民主主義が実現した。ギリさんはいう。「ネパールの民主主義はまだ若く、七年の歴史しかありません。いま非常に厳しい岐路に立っています。人間はそんなに簡単には変わらない。民主主義を妨害しようとしている人も大勢います。ただ、民主主義が戻ってきたことは確かです。喜ばしく思っています。民主主義をもっと推し進めて、世の中をクリーンにしなければならないと思います」。「戦争は人間の在り方について大きな疑問を投げかけました。戦争という破壊の証人が人間だとすれば、創造という決意表明を厳然と遂行するのもまた人間なのです」。

邦訳としては『ネパール女性作家選　二十世紀・ある小路にて』（三枝礼子／寺田鎮子訳、段々社発行、星雲社発売）があり、この詩人をふくむ現在活躍中の一九人の女性作家の短編小説を集めている。ネパール人の内奥にひそむ情念と生活感情の源泉に触れることのできる小説集である。

（「東京新聞」一九九八年八月二六日夕刊、加筆）

中国の太湖石と人間の頭脳

良い石は〝漏れる〟石

中国南部の太湖の近くからとれる太湖石は、浸食されて沢山の穴があき、複雑な形と化した石灰石である。中国の人はこれを珍重し、南部の庭園に多く使っている。よい石の条件はいくつかあるようだが、ガイドから聞いたその一つに〝漏れる〟という特徴がある。〝溜まらない〟ということだ。雨などが降っても水が凹凸のあいだに溜まることがなく、下へ下へと漏れていくのが良い石とされる。日本にも韓国にもこのような石の趣味はない。

蘇州のある庭園で、これを作った人が書斎から眺めるのを好んでいたという巨大な太湖石を見ていて、なぜこのような石が珍重されるのかが少し解かったような気がした。この石はどこか皺の多い人間の脳髄に似ているのだ。皺の一つ一つに沿って石を見ていると、思いが滞らず滑らないで深まっていくようだ。〝漏れる〟というのは、考えが立ち止まらないで進んでいく、それも直線的な進み方ではなく、曲がったり落ちたりしながらゆっくりと進んでいく様子を表している。石のくぼみに水が溜まって腐ることがないという実際的な利点もあるのだろうが、この石を眺めながらものを考えるのは楽しいだろうと思えた。

中国の南宗画にも、人間の脳髄のように感じられるものがある。そして全体が宇宙のような全体性・総合性を感じさせる。このような宇宙性をもつ墨絵は、日本では雪舟だけだろう。かれは中国で学んだ人だ。わたしは宗達のたっぷりした墨絵が好きなのだが、宗達には少し別の意味の総合性がある。部分が全体性を抱いている、という感じだろうか。

（二〇〇五年六月二五日）

木を愛したタゴールとコルカタの動物供犠

木に生命のつながりを見る

日本詩人クラブの詩人たちと一緒に二〇一二年二月、デリー、コルカタからタゴール大学のあるシャンティニケタンまで訪れたことは、わたしにとって忘れ難い経験となりました。

シャンティニケタンでは、タゴールが最初の生徒となった数人の子どもたちをその木の下で教えたという、昼なお暗いマンゴーの森を見ることができました。(1) タゴールは「木を愛する精神」をもっていたと思います。インドは、昔は森の国だったのです。詩のなかで、タゴールは生命《いのち》のつながりを木に見ています。そして、大自然と人間が生命の共同体であることを感じています。『ギタンジャリ』に、その適切な例を示す詩があります。六九の詩です。

ひるとなく　夜となく　わたしの血管を流れる　おなじいのちの流れが／世界をつらぬいて流れ　旋律にあわせて踊っている。／そのいのちが　喜びとなってほとばしり／大地の塵から　無数の草の葉を　萌え出させ／木の葉や　花々の騒がしい波を　立たせる。／そのいのちが　生と死の海の　揺りかごのなかに／満ちたり引いたりしながら揺られている。／このいのちの世界にふれて　私の四肢は　栄光に充たされる／そして私の誇《ほこ》りは　いまこの瞬間に私の血のなかに踊っている／幾世代のいのちの　鼓動からくるのだ。

（高良とみ訳『タゴール詩集　新月・ギタンジャリ』アポロン社、一九六七年）

四五には〈陽の輝く四月の香ぐわしい日に／森の　小さな径を　通って／あの方はいつでも　いつでもやって来ます。〉とあり、四八、五四などにも森や木が書かれています。

「いのち」がキーワードに

わたしの母・高良とみが七十数年前の一九三五年末にシャンティニケタンを訪れたときは、森がもっと深かったようです。ジャッカルの鳴き声がしたと書いています。野生動物が住んでいたのです。今回の訪問で通ったのは、野生動物の生息している気配のない、疎林という感じの森でした。

母はタゴールに会ったあと、デカン高原まで行ってガンジーに会い、日中戦争を防ぐため日本にきて平和を説き、日中の仲介をしてほしいと頼みましたが、その願いはかないませんでした。母はガンジーのアシュラムで、「おおインドよ、目覚めよ」という詩を書いています。イギリスの植民地にされていたインドを嘆き、励ます気持ちが詩になっています。しかしこのとき本当に目覚めなければならなかったのは、タゴールとガンジーから批判された、日中戦争を起こそうとしていた日本人でした。

母はクリスチャンでしたが、晩年は仏教に共感し、仏教には森羅万象があるといっていました。しかしタゴールの思想は仏教より古い『ウパニシャッド』からきているようです。森の学校でも「木に学ぶ」ことを教え、実践しました。最初に来日したときは、軽井沢の三井邸の大樅の下に端座して、浅間山に向かって瞑想したのです。

わたしの知っている南アフリカの詩人マジシ・クネーネも、植物が基本だ、動物はすべて植物によって生きている、といいました。

自然科学の生命史を研究している中村桂子さんが、「今までの科学は、「理性」がキーワードだったけれど、これからは「いのち」がキーワードになるだろう。そして人と自然と人工物をいのちというところから見直すことを、これからやっていく」という意味のことをいっています。

わたしは昔からモノが気になっていて、それはビルディングだったりアスファルトだったりするのですが、人間は自然を加工してさまざまな人工物をつくり出して生きているのですから、人間と自然だけでなく人工物を書かないとモダニズムの克服にはならないと思います。

シャンティニケタンの村の祭りとコルカタで見たヤギの供犠——原型は共同体の祭り

タゴールのような人たちは、おそらく紀元前に北方から南下して『リグ・ヴェーダ』をつくったアーリア人の子孫だと思います。わたしたちは二月六日にシャンティニケタンで村の祭りを見学しましたが、壁画を背景にして歌と音楽を奏で、『リグ・ヴェーダ』のなかのお話を劇化して演じていました。

インド旅行にご一緒した松田悦子さんは、この祭りを次のように生き生きと表現しています。〈インドの村のお祭り／ガンガから遠く離れた街の　小さな学校の広場／水の流れが遠いので痩せた土地が続く／（略）子どもや大人　賑やかな祭りの始まりに／楽隊の後ろの壁には　ベージュ色のキャンバス／描かれたものは　白い牛　連れだって歩く農夫／美しい娘らの集団　種もみ　鋤／台地に芽吹く　青い芽／嬉々とした娘らが　青い芽を手に走る／太鼓　笛　銅鑼　煽る　煽る／男達の手に沢山の楽器　芽吹く命を讃えて／紀元前二〇〇〇年　是がベーダの祭りの始まり／歌と音楽　真ん中に鎮座する　村の長達〉（「清少納言の背中」詩集『タオの流れ』土曜美術社出版販売、二〇一五年所収[2]）。

いっぽうわたしたちがコルカタのカーリー寺院で見たヤギの生贄は、先住民族のもので、支配民族によって一旦禁じられたあと復活したというのが定説になっています。違うという学者もいますが、わたしはそうだと思います。

中国・雲南の少数民族が毎年つづけている動物供犠は、ウシやブタを供犠するものですが、肉を村人全員に分けるなど、共同体のお祭りです。ハニ族の祭りをテレビで見ましたが、まず村で一番よく肥ったブタを捌き、小さく分けて村人全員に配ります。人びとはメイン・ロードにテーブルを並べてご馳走を持ち寄り、神に捧げるのです。神のお下がりのご馳走を食べたあと、ドラなどをもった人たちがきて芸能を演じます。村人たちも広場で踊りに興じるのです。神は、普段は森のなかで小さなヘビの姿をしているといいます。ヘビに姿を変えた月母神＝大地母神だとわたしは考えます。森の木に宿る神を守っているのは特別な家の人で、ブタの捌きにも関わりますが、祭りが終われば普通の農民に戻るのです。

インドの動物供犠は個人や家族の願いを祈るためのもので、動物を扱う人たちはカースト制によって差別されてきました。芸能民は別のカーストに属するのですが、カーリー寺院では芸能は行なわれていませんでした。インド先住民の風習の原型は、雲南のそれに近い共同体の祭りだったと思います。

日本にも動物を屠殺したり皮なめしをしたりする人たちを差別してきた歴史があります。ただ日本の被差別部落では、それらと芸能とが一体になっていました。これも原型に近いものだと思います。かつては動物を大地母神に捧げて雨乞いなどをするシャーマン的な人たちだったと思います。(3)

創造と死の女神カーリー・マー——父権制以後の大地母神

カーリー女神は『神話・伝承事典——失われた女神たちの復権』（大修館書店、一九八八年）の「カーリー・マー」の項目に、次のように書かれています。「「黒い母親」の意で、創造・維持・破壊を司るヒンズー教の三相一体の女神。現在では、とくにその「破壊者」の相が一般に知られている。カーリーは、彼女の夫であるシヴァの屍の上にしゃがみこんで、夫のはらわたを貪り食い、同時に、彼女のヨーニ（女陰）は、シヴァのリンガ（男根）を呑みこんでいる。カーリーは、「飢えている大地」であり、自分が生んだ子供たちを貪り食い、彼らの屍によってわが身を肥やす。（略）カーリーは、誕生と死をもたらす母親の根源的なイメージであり、子宮であると同時に墓であり、生命を与える者であると同時に子供らを貪り食う者だった。古代の多くの宗教には、この母親のイメージが例外なしに描かれていた（後略）」。

コルカタでわたしたちが見たのは、そのような破壊の女神、恐怖の女神に生贄を捧げて願いをかなえてもらうための儀式だったのです。ただわたしは、大地母神がそのような恐ろしい姿にされたのは、父権制に支配された後だと思います。

インドの牛肉禁忌と日本の部落差別——カースト制をはっきり批判したタゴール

コルカタでヤギの生贄を見、シャンティニケタンでタゴールの精神に触れて、わたしたちの頭は相当混乱しました。インドには今もウシを聖なる動物として崇め、ウシを殺し牛肉を食べることへの強い禁忌があります。デリーでのガイドはバラモンの出身で、母親から、今日は牛肉を食べなかったでしょうねと毎日電話がかかってくるそうです。

タゴール家は、祖先がムガール帝国時代に牛肉の匂いを嗅いだだけでバラモンの秩序からはずされてしまったと、丹羽京子さんの『タゴール——人と思想』（清水書院、二〇一一年）に書いてあります。タゴールがカースト制度から自由な精神を育むことができたのは、そういう環境のおかげもあったでしょう。タゴールはカースト制をはっきり批判しています。

おそらくインドの先住民族は、ウシの供犠を行なっていたと思います。しかし北方からきたアーリア人はウシの供犠を禁止し、供犠を行なう人たちや皮を扱う人たちをカーストのさらに下において差別しました。しかし神に生贄を捧げる文化は根強く、やむを得ずヤギの生贄として復活を許したのだと思います。

インドのウシは実に美しい三日月型の角をもっています。ウシは月母神＝大地母神のシンボルとして崇められていたと思います。大切な、聖なるものを神への生贄にする文化があったのです。支配民族は先住民族から、聖なるウシの観念を引き継いだのでしょう。

いっぽう日本では、ウシを尊ぶ神話はほとんど消されています。日本の支配層は、ウシを初めとする生きものを殺すことを厳しく禁じました。仏教の殺生戒を利用して、先住民の動物供犠を禁じたのです。ウシを聖なる動物として尊ぶか否かという違いだけで、目的は同じです。支配層が先住民を支配して下位におくための政策、地母神文化の撲滅政策です。インドのほうが先住民族の数が多く力が強かったため、かれらを押さえつけるためにカースト制度はよりきびしく精密につくられました。

インドの人たちがこれからどのようにカースト制度を克服して文化統合を行ない、産業を発展させていくか、興味ある問題だと思います。

インドの女性——学校に行けない農村の女の子

新川和江さんに「わたしを束ねないで」という詩があります。

わたしを束ねないで
あらせいとうの花のように
白い葱のように
束ねないでください　わたしは稲穂

秋　大地が胸を焦がす
見渡すかぎりの金色の稲穂
……………………

デリーで開かれたセミナーの開会式で、インドの演劇人がこの詩と小犬の詩を、タゴールの詩と組み合わせて面白く演じてくれました。十数人の若い女性を、少し離れたところから一人の男性が鞭のような、縄のようなものを振り回して束ねる仕草をするのです。とてもリアリティがありました。

わたしの生家には、母がタゴールから贈られたインドの婦人像がかかっていましたが、決して幸福そうでない、その姿を思い出します。インドの女性の識字率は最近上がってもなお六五・四五％ですが、議会や大学などには女性が多くいても、農村の女子が家の手伝いのため学校に行けないのです。

タゴールと撮った母の写真と詩――〈三人の娘をいつの日かあなたの学園に送りたい〉

シャンティニケタンで母がタゴールさんたちと一緒に撮った写真を最近見つけたのですが、そのとき母のおなかには妹の美世子がいました。妹は一八歳で拒食症のため亡くなりましたが[4]、おなかの中でタゴールさんやガンジーさんに会っていたのです。インドに行きたいといっていた妹は、体が弱っていたので結局行けませんでしたが、人間には生まれたところに戻りたいという胎内記憶のようなものがあるのかもしれないと思います。

コルカタの日本館には高良とみも加わったタゴール来日の写真もあり、その娘がきたとわたしは歓迎していただきました。バスで訪れたシャンティニケタンでは、母が「あら、きたのね」といって迎えてくれたような気がしました。昨日、母の詩に〈十九の娘は母となり　三人の娘の母となりました。／そして　いつの日か　子供たちを／

タゴール先生の学園へ送りたいと　心して　育てました。〉〈今はインドへ行っても　シャンティニケタンにも／あなたのお姿はありません……あの澄んだやさしいお声も。〉とあるのを見つけ、やはり母にはかなわないなと思いました。

今度いい旅をさせていただき、皆様のおかげだと思っています。ありがとうございました。

（佐々木久春氏との対談「アジアの先達詩人タゴールと私たち」二〇一二年七月一四日より、『詩界通信』日本詩人クラブ、61号、二〇一二年一一月、加筆）

注

（1）そこでたまたまタゴールの映画が撮影されていて、タゴールに扮した俳優たちが台車のような車で移動していました。

（2）この詩が発表されたのはこの対談より三年ほどのちのことですが、わたしのメモより正確で美しいので、作者の了承を得て引用させていただきます。

（3）この問題については別の機会にくわしく論じるつもりです。

（4）「拒食症と暴力」の注（1）参照。

『地に舟をこげ』の終刊を惜しむ

ずっしりと重く、貴重な経験

在日の人との出会いは、断片的であってもわたしにとってずっしりと重く、貴重な経験でありつづけている。最初に会ったのは高史明《コサミョン》さん。野間宏さんの紹介で夫の竹内泰宏らの「冒険文学会」に加わった方だった。知り合ったのは一九五九年頃だろうか、高さんはわたしたちの雑誌『21世紀』（一九六一年一月）に、舘耕造という名前で小説を書いている。

「冒険文学会」は六六、七年頃にも下落合の拙宅で会合を開いていた。

わたしは女性差別については自分なりに考えつくしていたが、高さんから聞いた話は、衝撃的だった。かれは朝鮮人である自分の血と日本人の血を試験管に入れて比べ、この血のどこが違うのか、と自問したというのだ。当時は李珍宇という一八歳の定時制高校生が、高校生の少女を殺して警察に手紙を出した〝小松川事件〟が、日本の若い知識人に衝撃を与えていた。

一九七〇年頃、わたしは百合丘で子育てを手伝ってくれた香取喜世子さんから、関東大震災のとき浅草のひょうたん池のほとりで避難生活をしていたとき、自警団の男たちが朝鮮人の男を池の中に追い詰めて殺すのを見た、という話を聞いた。長年心にわだかまっていたのだろう、堰を切ったように話す彼女の話をテープにとらせてもらい、引越しのときは失くさないよう持ち歩いたが、やがて『新日本文学』（二〇〇〇年一〇月）に発表し、都立大学にあることの問題の研究機関に送って、役立ててもらっている。

一九七〇年代は、李恢成氏をはじめ在日の作家たちが踵を接して世に出た時代だった。金石範《キムソクポム》、高史明氏もいた。しかし女性の作家の姿はなかなか見えなかった。わたしは八一年からほぼ三年間、新宿の画廊「エスパース土曜」で朗読の会を開いていたが、その会に李良枝《イヤンギ》さんともう一人の方を招いて、パンソリとチャング（朝鮮の鼓）を披露していただいたことがある。

李さんも紹介者の久保覚さんも、韓国の文化の日本人への紹介に熱心だった。わたしは韓国の踊りや音楽が日本のそれらと違って、天を舞うような軽やかな動きとリズムをもっていることを、そのとき知った。やはり騎馬民族なのだろうか、と思ったものだ。李さんが小説家として文壇に出る前のことで、新宿の三越裏の喫茶店ローレルで会ったのが初対面だった。彼女たちが俳優座で演じた舞台も見にいった。

現代思潮社やせりか書房のすぐれた編集者だった久保さんとは、詩論集『物の言葉──詩の行為と夢』（せりか書房、一九六八年）を出して以来の付きあいだった。当時『新日本文学』で韓国の民衆文化運動を盛んに紹介していたかれが在日の人だということは推察していたが、亡くなるまでその話をしたことはなかった。(1)

女性たちとの出会い──宗秋月さん、河恵子《ハフジャ》さん

宗秋月さんの第二詩集『宗秋月詩集』（編集工房ノア、一九八四年）は、在日の女性詩人とのはじめての出会いだった。その感動は深く、翌年から編集に関わった『詩と思想』に、宗さんをはじめ何人もの在日詩人に詩をお願いするきっかけとなった。

一九八八年、『新日本文学』が季刊化してそれぞれ編集長を立てることになり、わたしはその一人になった。男性中心のこの雑誌のはじめての女性編集長というので、多少話題になったものだ。宗さんにももちろん詩をお願い

した。

久保さんの紹介で韓国の河恵子さんと会ったのは、やはりこの頃だった。河さんは人形劇の交流のためたびたび来日していたが、韓国側の荷物検査をすり抜ける手立てを心得ているようだった。わたしは彼女にパレスチナの詩人ダルウィーシュの英訳詩集などを渡し、彼女はそれを持ち帰ってソウルの事務所に置く（逮捕された人たちの救援事務所だと思う）。詩集はまもなく韓国語に訳されて、出版されるのだ。「訳してくださいというと、男たちはしてくれません。そこらに置いておくと、訳してくれるのです」と河さんはいっていた。

わたしは彼女の智恵と、そのめざましい成果に感嘆した。一九七〇年からアジア・アフリカの詩を訳していたが、日本ではそれを雑誌に載せるのさえ難しいことだった。『アジア・アフリカ詩集』（土曜美術社）を八二年に出してはいたが、一人の詩人の単独詩集など出せるものではない。民主化運動が力をつけていた韓国の青年たちの実力を感じた経験だった。

世界詩人会議に出席——忘れられない文玉珠《ムンオクチュ》さん

一九九〇年八月、わたしはソウルで開かれた第12回世界詩人大会に参加する機会を得た。はじめての韓国旅行である。宗秋月さんもこの大会に出席を希望していたが、行けなくなり、大阪空港かどこかで改札ごしに一瞬顔を合わせて挨拶したのが、最初で最後の出会いとなった。帰国後、わたしは〈行きたかった人／行くべきだった人が行けないで／わたしが行く〉という詩句ではじまる「韓国抒情——宗秋月さんに」という詩を書いて、のちに詩集『風の夜』に入れた。在日が韓国に自由に行ける日は、まだきていなかった。

韓国政府主催の大会だったが、驚いたことに夜になると反体制派の詩人たちがホテルのロビーに集まってきて、出席した詩人たちと交流しているのだ。それに勇気を得て、河さんに電話してみると、翌日、彼女はロビーに現れた。そして出獄して二年近くになる詩人金南柱《キムナムジュ》氏と会わせてくれた。わたしたちは若者たちの集まる大学路を、詩の話をしながら歩いた(2)。

一九九一年に深沢夏衣《かい》さんが小説『夜の子供』で新日本文学賞を受賞されたとき、わたしはこの賞の最初で最後の選考委員をしていた。授賞式で会い、その後『千年紀文学』にもお誘いして今日に至っている。その後知り合った韓国の李修京《イスギョン》さんとの交流もつづき、李承淳《イスンスン》さんとはソウル、ワシントン、ハワイ、済州島などへ朗読の旅をご一緒した。

最後になったが、友人の家での元「従軍慰安婦」だった文玉珠《ムンオクチュ》さんのことは、忘れることができない。文さんはわたしたちに朝鮮人参の沢山はいったおいしいスープを作ってくださり、また四〇〇曲も覚えたという日本の歌をいくつも聞かせてくださった。別れるとき、わたしはただ深く頭を下げることしかできなかった(3)。

『地に舟をこげ』は二〇〇六年に発刊されたが、翌年わたしの主催する「女性文化賞」の第一一回目を受けていただいた。今年で終刊になるのは残念だが、在日女性の存在感は充分に発揮されたと思う。現在わたしは佐川亜紀、清水澄子、朴和美《パクファミ》さんたちと『宗秋月全集――在日女性詩人のさきがけ』を土曜美術社出版販売から刊行するため(4)、準備を進めている。

(『地に舟をこげ』7号、二〇一二年一二月、加筆)

注

(1) 久保覚氏については、その没後に「消えない足跡――久保覚さん追悼」(『新日本文学』一九九八年一二月)を書いた。『未刊の可能性――久保覚追悼集』(影書房、二〇〇〇年)に収録。

(2) 「韓国の詩と詩人たち」『世界の文学の地平を歩く』(御茶の水書房、一九九三年)所収参照。

(3) 文玉珠さん(一九二四~九六年)の証言は、森川万智子氏の聞き書き・構成による『文玉珠　ビルマ線戦　楯師団の「慰安婦」だった私』（梨の木舎、一九九六年）に記されている。元「従軍慰安婦」だった女性たちの境遇や移動経路が、本人の証言をもとに軍の記録や関係者の日記、現地調査などで詳細に追跡できる例はそれほど多くないが、文さんの証言はその貴重な一例である（「慰安婦問題を考える」朝日新聞、二〇一六年五月一七日参照）。

（4）刊行は二〇一六年九月に実現した。

詩における東と西――アジアからの孤立

東と西のもつ二つの価値観の統一を――西洋文明に過剰適応した日本人

日本人は過去一世紀以上のあいだ、西洋の文明をとり入れ、それに適応してきた。しかしそこには過剰適応の面があり、人びとは長い時間をかけてつくりだしてきた自分たち自身の生活様式や魂の在りかを見失い、自己喪失や麻痺、空しい狂騒に見舞われている。それが頂点に達しているのが、現代という時代である。アジアからの孤立もまた、わたしたち日本人の精神を見えないところで深く蝕んでいる。

戦前の詩人たちは、しばしば魂の悲哀を詠嘆という抒情に託したが、第二次大戦後の詩人たちはより複雑化した現実のなかで、詠嘆をこえる表現――自己の魂を現実に拮抗させる表現を求めてきた。そこにも自己喪失の悲哀は忍びこんでいるが、すでに詠嘆への耽溺はわたしたちのものではない。

西洋の詩形、思想、表現を学びながら、失われたアジアの一員としての魂の在りかを探ること、しかもアジアの現実から遠く離れて。わたしたち日本の詩人たちがしてきたのは、そんなことだったのかもしれない。

日本の詩人としてアジア・アフリカ作家会議ニューデリー大会に出席した一九七〇年からほぼ一五年間、わたしは多くのアジアの詩に出会い、それらを日本に紹介し、訳してきた。アジアの詩には、人間解放を求める希求の底に、西洋の詩にはない人間関係のやさしさ、柔らかさがあり、自然の秩序への近しさがあった。いっぽう西洋の詩には、アジアの詩にはないイメージの明晰さ、屹立した主体の自由への意志が感じられた。

現在、西洋の生み出した民主主義と人権の思想は、世界のいたるところでますます重要性を増している。しかしそのいっぽうで、同じ西洋のもたらした文明が、かけがえのない地球に生態系の危機をもたらしていることも事実である。東と西のもつ二つの価値観の統一は、男性的なものと女性的なものの統一と共に、現代文化の緊急で本質的な課題であると思う。


（『地球』99号、一九九〇年九月）

沖縄で考えたこと――女性の性的被害を根底にすえた戦後文学を

売春を不可欠とする軍事体制――女性への広義の加害

昨一九九八年の秋、山之口貘について のシンポジウムに出席するため初めて沖縄を訪れ、さまざまなことを考えた。その主な一つが、なぜ女性の戦後文学がほとんどないのだろうということであった。

沖縄ではいまも〝戦後〟がつづいている。沖縄の戦後がつねに次の戦争につながる危険をはらんでいたし、いまもはらんでいることは、多くの人が指摘している通りだ。そのなかでこれまで声高に語られることがなく、近年ようやく自らの経験の勇気ある証言をふくめて語られはじめたのが、女性の性的な被害についてである。

わたしは琉球大学でひらかれた社会文学会にも出席して、里原昭氏の綿密な研究発表を聞き、戦後の米軍占領下の奄美大島で生活苦からいやいや沖縄の米兵目当ての性産業（売春）に出ていく中学出の少女たちが多く、小説にも描かれていることを知った。[1] 四年前、沖縄の小学生の少女を犯した米兵たちについて、「売春婦を相手にしていれば何の問題も起こらなかったのに」といった米高官の言が伝えられたが、売春を不可欠とする軍事体制そのものが、女性への広義の加害ではないだろうか。

日本の戦後文学あるいは戦後文学研究は、これまでこのようなところにまで届く視野を持つことができなかった。それは戦後も米軍の占領下にあった南の島々に目が届かなかったというだけでなく、戦争や占領下における女性の性的被害が、視野の外にあったという事実と関係がある。そしてこのことは、戦争中に日本兵が犯した「従軍慰安つながっていることと、「従軍慰安婦」の人たちの証言が、日本国内で必ずしも真摯に受け止められず、さまざまな感情的反発に逢っていることと、つながっている。

女性への性的加害を加害として認めようとしない――〝頭かくして尻かくさず〟

この国では、女性への性的加害を加害として認めようとせず、軽く見ようとする傾向が根づよくある。自分自身の恥部として、下半身の問題として、できたら忘れてしまいたい、隠しておきたい、黙っていてもらいたい……そしてそのことが相手の女性の尊厳を二重三重に傷つけていることに気がつかない、いや気がつきたくないのだ。

恥をかくすことは、その行為が他者に対して犯された場合、そして他者によってあばかれた場合、頭かくして尻かくさずの醜態を招く。その人への罪だということが意識されていないのだ。戦争や占領下における女性の経験、とりわけ性的被害にまで視野をひろげるとき、戦後文学の領域は一挙に広がるはずだ。

これはほぼ半世紀おくれで語られ、明らかにされはじめた問題であり、これまで主に男性の視点で書かれてきた戦後文学の視点の拡大、ないし転換をうながしている。それは日本の戦後文学と「従軍慰安婦」問題との断絶を架橋し、国境を超えた戦後文学の可能性を開くものとなるだろう。それはまた男性作品の読みなおしや、女性作品の再検討をも迫るものだ。たとえば林芙美子の長編『浮雲』（一九四九～五一年）なども、戦後文学として読みなおすとき、女性の性的被害を根底に据えて書かれた、自分自身の戦争協力への反省と自己処罰の書として読むことができるとわたしは考えている。

（『新日本文学』一九九九年八月）

注

（1）里原昭『琉球弧・文学における奄美の戦後』（本処・あまみ庵、一九九八年）。

幕末の国内難民――映画「ほかいびと～伊那の井月～」の監督への手紙

北村皆雄　様

先日、映画「ほかいびと」を興味深く拝見しました。伊那の俳人・井上井月《せいげつ》のことは、これまで知りませんでした。

かれは幕末の亡命者・難民、それも故郷を懐かしむことのできない亡命者だと思います。明治になって、三度も故郷に帰されようとして、三度とも伊那に戻ってきてしまうところに、一番惹かれました。故郷を捨てたというより、故郷を裏切ったため捨てざるを得なかったのでしょう。

『百年の跫音』（御茶の水書房、二〇〇四年）の上巻でわたしが書いた母方の祖先・群馬県境町島村の田島弥平も、幕府に追われた亡命の知識人を何ヵ月も居候させて世話しています。井伊大老を暗殺した水戸浪士の一人も、島村で塾を開いていたといいます。でもかれらと違うのは、井月が幕府方でも勤皇派でもなかったことで、居場所のない、行き場所のない知識人だったということです。

そういう人を伊那が受け入れたことに、感動があります。それが北村さんの手によってよく表現されていると思いました。芸能なども生きています。伊那の〝月の文化〟が生きていたのでしょう。明治という時代の残酷さも、よくわかります。

鳥をよんだ辞世の句に、かれの孤独がよく現れていると思いました。

養蚕家で蚕種製造業者だった田島弥平のような人は、養蚕地だった伊那にもかなりいたのではないでしょうか。井月が三十数年間も伊那にいたとすれば、一ヵ所に二日や三日滞在したのでは、もたないと思います。立派な書を残した家などには、句会を開いたりして何ヵ月も滞在したのではないでしょうか。誰かが描いた肖像画のように、もう少し丸い感じの人だったような気もします（芭蕉も肖像を見ると丸い感じがします）。お風呂をもらったり、座敷でゆっくり寝たりする場面もあったのではないでしょうか。

当時の伊那には養蚕に携わる女性たちが沢山いたでしょうから、彼女たちの世話にもなったと思います。日本人には難民や亡命者に対する実感も想像力も欠けているのですが、遠くない時代にこういう人がいたことを、その句や書、そしてこのような映画を通して知ることは、とても大切なことだと思います。

ありがとうございました。

（『伊那路』666号、二〇一二年七月、加筆）

Ⅵ　詩誌と詩人会、詩運動へ参加

【『詩組織』】

『詩組織』をめぐって——フェミニスト詩人を輩出

参加したころ——方程式が多元化

わたしは一九五八年二月に、最初の詩集『生徒と鳥』（書肆ユリイカ）を出した。『詩組織』は五九年六月に創刊されている。その年の末ごろ、伊豆太朗から「現代詩の会の若手が集まっている会です」という葉書をもらって、2号から『詩組織』に参加した。わたしを推薦したのは長谷川龍生だったらしい。2号に詩「道の終りまでくるとき」、3号に詩「大きな手」、4号と5号にサルトルのポンジュ論『ひとと物』の翻訳、5号に詩「ある反省」、6号に詩「部屋」を発表した。詩四篇はすべて第二詩集『場所』（思潮社、一九六二年）に入れた。。

その頃わたしは「人間と物」ということを考えていたのだが、それだけでは考え切れなくなって、方程式が多元化した。女性の問題、アジアとアフリカ、部落差別などを考えていったが、その根底には自然と社会の問題がいまも当時も横たわっている。

三木卓の適切な回想文——獲物をとらえて帰ってくる〝ぶうめらんぐ〟の会

創刊前から関わっていた三木卓が適切な回想文を書いている（「わが青春の詩人たち」8「雑誌がスタートした」『図書』岩波書店、一九九九年三月、同名書、二〇〇二年に収録）。後半には何人かの詩人の仕事についての親切な紹介と、わたしと夫の竹内泰宏についての貴重な同時代評もあるが、残念ながら割愛する。詩の引用は行を詰めるために／を使った。

『詩組織』の母体である「ぶうめらんぐの会」は、伊豆太朗や鈴木啓介や三木卓ら、若手の詩人たちが、長谷川龍生の意向を受けて結成したもので、獲物をとらえて帰ってくる、というところからの命名だという。

ぶうめらんぐの会は、いきなり雑誌を出さないで、最初の数号を二つ折藁半紙八ページほどのパンフレットで出し、エッセイや感想や詩を載せた。いわば創刊準備号である。（略／）やがてぼくたちは『詩組織』という雑誌を出した。これは、第二次世界大戦中に中野秀人や花田清輝らが作った「文化再出発の会」の機関誌「文化組織」から出たものだろう。ぼくが言い出したのだったと思う。当時のぼくは花田清輝を、恐れおののきつつ尊敬していて、今思うと恥ずかしいような、懐かしいような複雑な気分になる。

雑誌『詩組織』第一号が世に現れたのは一九五九年六月一日。ロシア構成主義を感じさせる表紙デザインで、季刊とあり、編集者　ぶうめらんぐの会　伊豆太朗　東京都杉並区大宮前1―45と印刷されている。これは伊豆太朗の住所である。

ひらくとこうある。

僕らの武器は飛ぶ。／僕らの円を描いて。／僕らの獲物を討ち。／僕らの詩と組織の。／僕らの場所に戻る。／僕らの武器は詩だ。

これは伊豆が書いたはずである。ぼくらの気負いが、わかろうというものだ。

第一号には、とよださなえ、中村紀代士、秋村宏、植田祐久（鈴木啓介だ）、伊豆太朗、福井桂子、友呂岐行夫、小林健作、藤田章子、谷敬、三木卓が詩を書き、エッセイは中川敏「荒地派ノート」、三二ページ、定価五十円だった。

創刊号は好評で、同年九月に第二号が出た。このときには会員全員の名前が公表されている。それによると約五十人ほどで、秋村宏、飯村隆彦、しま・ようこ、高良《こうら》留美子、水野淳などの名前が見える。

ヒリヒリした自我をかかえて――動き出していた階層のもつエネルギー

わたしは言葉を武器として考えることには違和感があったが、それでも参加したのは、同世代の詩人たちと話したいという気持ちからだった。

『詩組織』は社会派ということになっている。しかし会合などで、社会の問題について議論したことはあまりなかった。政治についてもそうだ。議論の少ない会であった。各人がそれぞれ殻をもち、他人の殻も尊重していて、議論の場でも他人の殻のなかにあえて踏みこもうとはしない。それだけヒリヒリした自我をかかえていたということだろうか。

ただ未組織労働者や、学校を出て就職したばかりのルンペン・インテリゲンチャの卵みたいな若者の集まりだったし、子供時代に戦争の傷も受けてきていたから、一種自然発生的に、社会批判の眼や現状変革的な意識はもっていたと思う。お金もないし、そのせいで意識だけはピンピンしていた。好きな詩人の詩はよんでいたが、あとは現実感覚だけで手探りに書いていた時期だった。

わたしはそれまで他の会で、少し年上の人たちとかなりつっこんだ議論をしてきたので、この会の議論の少なさは不可解だった。各人がカプセルみたいなものにはいっている感じだった。もっとも他の人から見たら、わたしも固い透明なカプセルのなかに入っているように見えただろう。多少火星人同士のような付き合いではあった。

詩の相互批評も、同じようにあまり徹底しては行なわれなかった。お互いに相手の差異を認めあっていて、その意味ではいわば「近代的」で、現在の若者にまで続いている傾向がこの頃から始まっていたともいえる。血を流して他人と格闘するより、自分の自我を外界から守るのに精一杯だったのかもしれない。

むしろ相互批評は、しばしば斜にかまえたところから行なわれた。そしてそれは理論や認識よりもむしろ生活感情のレベルで発生し、消化されていったと思う。しかし『詩組織』の会員数は多く、当時の社会情勢のなかで動き出していた階層のもつエネルギーをもっていた。運動というには理念の面で弱いところがあったが、同人雑誌ではなく、サークル誌よりは規模が大きく、運動誌になりうる可能性はもっていたと思う。

六〇年代に政治との関係で解散論——七〇年代にフェミニスト詩人が輩出

一九六〇年代のはじめ、安保闘争の特集号を出したあとに会の解散論が出て、いま聞くとはっきりした解散という形はとらなかったらしいのだが、多くの会員が脱けていった。わたしもその一人で、6号（六一年八月）に散文詩「部屋」と編集後記を書いたあと会を去ったが、このことについては後述する状況と関係がある。

六〇年代のはじめは、詩が政治との関係をめぐって大きくゆれ動いた時期だった。いっぽうに詩の方法や詩の思想という媒介なしに政治（政党）への接近をはかる動きがあり、他方に、スターリン批判に名を借りて、政治との関わりを実際にも詩の言葉の上でも断とうとする動きがあった。五〇年代に行なわれた詩の運動も、背後からそれを支えていた民衆の勢力が退潮したとき、行きづまり、あるいは放棄された。

この三つの力の三すくみのなかから、今日の詩の混迷は胚胎したということができるだろう。『詩組織』のメンバーも、この政治と詩をめぐる渦のなかで各自の方向へ離散した、ということだと思う。わたしは第三の詩の運動の立場を貫きたいと考えていたが、その立場の支えを当時の、『詩組織』に見出すことはできなかった（少なくともそう思われた）。そのためには第一の立場とも、第二の立場とも、明確に一線を画す必要があったのだ。

その後、七〇年代に会のメンバーのなかから女性解放運動に関わる女性詩人が何人も現れてきたことは、思いがけなく、また嬉しい現象だった。『詩組織』から出現したフェミニスト詩人は、わたしのような旧メンバーを加えると四人にもなる。しかもしま・ようこ、水田宗子、渥美育子、それぞれが重要な役割を果たしてきた。

福井桂子のこと

『詩組織』で出会った詩人として、福井桂子のことを忘れることはできない。一九六〇年五月に三木卓と結婚した彼女とは、その後ほとんど会うことはなかったが、詩誌「P」に発表される不思議な自然のイメージと宇宙性をもったその詩には、いつも魅せられていた。

一九八三～九八年の毎年末、「読売新聞」の「女の詩・女のうた」欄にわたしの書くフェミニズム的な選評を読んで、彼女はよく共感の年賀状を寄せてくれた。二〇〇七年に死去され、吉田文憲編『福井桂子全詩集』（かまくら春秋社、二〇〇九年）が刊行されている。

詩を政治や社会から切りはなした六〇年代以降――詩が全体性を失う

結局、詩を政治や社会の問題から切りはなす方向へと、六〇年以降現代詩の大勢は動いていったのだが、それは一時期に見られた詩の政治への従属の裏返しであって、現在ではむしろその弊害が、詩が全体性を失うという形で表れている。しかし詩の運動がなければ、現代詩はいつまで経っても一方の極から他方の極への振子のゆれ動きに終始するほかないだろう。

二〇〇五年に終刊21号を出す――対話はつづいている

『詩組織』は7号（一九六二年八月）から川原よしひさ、しま・ようこ、谷敬、中川敏ら小人数の詩人によって規模を縮小し、20号まで同人雑誌として発刊されたが、二〇〇四年一一月、実に久しぶりの会合をもち、翌年三月に終刊21号を出して終わった。水田宗子の強い希望があったと記憶している。

水田は5号（六〇年五月）から参加したが、6号（六一年八月）にすぐれたオーデン論を残してアメリカへ去った。終刊号に、「『詩組織』の頃」という興味深いエッセイを寄せ、最後に次のようにのべている。

『詩組織』は私が始めて個性的で自立した詩と批評の人たちに遭遇した場であったし、そこが第一詩集の『春の終わりに』だけでなく、その後の批評をふくむあらゆることの出発点であった」、「「ぶうめらんぐ」から高良留美子さん、しま・ようこさん、渥美育子さん、私と、フェミニストが四人も育ったことになるが、私たちは皆それぞれ勝手に、独自な思考とやり方でフェミニズム批評の草分けの部分を担ったのだった。いかにも「ぶうめらんぐ」らしいと思う。

なおこの終刊号で、水田宗子としま・ようこの二人が、「ぶうめらんぐ」という会名に惹かれて参加したと語っている。わたしはこの道具のことをよく知らなかったと思う。当時、わたしは会員同士の議論が少ないことが不可解でもあり不満でもあったが、それ以来、長い時間をかけてさまざまなレベルでの対話がつづいている。

（『詩組織』14号、一九八四年四月に書き終刊21号に再録した「『詩組織』のこと」および村田正夫との対談「詩組織とは何か」潮流詩派68号、七二年一月からの引用を含む）

『詩組織』編集後記

3号（一九五九年一二月）

戦後十五年たって、ようやく日本の文学が戦前の肉体ぬきの観念や抒情からぬけだして、肉体と情念を言葉にすることが出来はじめたように思われるが、肉体の名において実は肉体の観念が提出されているにすぎない作品が非常に多い。抑圧された情念をとどめた肉体の破片が街路や商品の間にちらばっているのだが、それが充分に現象として定着されていないために、作者がそれについて何を読者に訴え、何を読者と共に認識しようとしているかが不明なのだ。欲望が行為に、行為が物につながりうる希望がわれわれの時代に全く存在しない以上、われわれは希望のないところから出発せざるを得ないし、欲望と物、肉体と社会とは分裂してあらわれざるを得ない。しかしそれを鏡に映してみせるためには、また読者に選択をせまるためには、単なる分裂としてではなく対立として表現しなければならず、基本的な対立が何処にあるかがたえず追求されていなければならないだろう。『詩組織』は三号を送り出すが、今までの文学運動の壁を動かすために、インテリ風の空転する社会意識ではなく、われわれの肉体と物との関係そのものに実在する矛盾をドラマにまで高める方法を追求していきたいと思う。

6号（一九六一年八月）

私たちの現実では、エリュアール風な愛と連帯のロマンティシズムと同様、シュールレアリスムの神話もまたすでに死んでいるのではないだろうか。その方法は個人の無意識や孤独な肉体をとらえることはできるが、物質のなかで人間と人間を結びつけているもの、私たちをとらえている物そのものに迫ることはできないのではないだろうか。一方私たちの周囲では、シュールレアリスムをはじめとする二〇世紀前半の詩的方法をこえてこの現実を表現する新しい方法を求めようとする試みは、すでに数年来壁にぶつかっているように思われる。このことは、マッカーサー解放の欺瞞とスターリン主義の間で分裂した私たち自身の戦後体験がまだ形象化されていないということでもある。私たちはこの両方を見うる視点に立ちたい。云いかえれば、新しい自然と反自然の論理をふくんだイメージをつくることが必要なのだ。そして人間と人間を結びつけるものを物質のなかに探りたいと思う。

谷敬とビラの行方——一九六〇年を歩きつづけた詩人

アンポ・ハンタイの声が響く——下町の子どもたちの魂の中心へ

二〇〇〇年三月に亡くなった谷敬のことを考えると、時間を遡って一九五〇年代の終わり頃の高田馬場の「大都会」や、新宿歌舞伎町の「門」などで開かれていた『詩組織』の会を思い出す。谷敬はいつもあっさりした服装をして、肩肘を張らず、理屈はこねなかったがとても熱心なメンバーだった。背広姿の谷敬をわたしは知らないし、想像できない。

かれは下町の人だった。そのことを話した記憶はないが、当時からわたしは下町育ちの人にある種の羨望を抱いていた。羨望の一つの中心には、かれらが生きているにちがいない豊穣な玩具《おもちゃ》の世界があった。のちに谷敬が玩具屋を始めたと聞いたとき、わたしはかれが下町の子どもたちの魂の中心に、真直ぐに入っていったのを感じた。

「ぶうめらんぐの会」の『詩組織』は、創刊後まもなく一九六〇年の安保闘争（日米安全保障条約改訂反対闘争）に遭遇し、わたしたちはそれぞれさまざまな詩を書いた。安保特集を組んだこともあった。

谷敬は町の銭湯にも子どもたちのアンポ・ハンタイの声が響くという詩「湯ぶねの中の童謡の死」を発表し、その生き生きした生活感覚と表現力で、詩人たちと読者の熱い支持を得た。当時は『詩学』『ユリイカ』『現代詩手帖』のほかに、詩の運動誌として『現代詩』があり、わたしたちは「現代詩の会」の会員でもあった。谷敬のこの詩は一九五九年二月、『現代詩』の第二回新人賞を受賞している。詩人の地位は高くなく、みな貧乏だったが、詩の影響力はいまより大きかった。

〈泥は　ガソリンよりも強い〉——ビラの行方を見つめていた

その後、谷敬の書いた玩具屋倒産の詩を読んだが、それは画鋲を呑みこむという痛ましいものだった。

最近、パートナーのしま・ようこさんから、小詩集『老人と広場』（一九七三年）を送っていただいた。三〇年近く前のものだが、谷敬はすでに老いと死を見つめている。冒頭の「老人・抄」には、しまさんから聞いた退院後の最後の〝歩き〟と重なり合うものが感じられ、わたしは不思議な思いにとらわれた。

かれは〈ベッドの上でも　泥の方へ〉曲げられていた足で〈ふたたび　性こりもなく／歩きはじめ〉〈風の方角

へ　歩を運〉んだのだ。泥に出会いたかったのかもしれない。〈そして　泥は／ガソリンよりも強い〉という最後の詩句には、ガソリンの時代、高度経済成長の時代を生きなければならなかった者の不幸と抵抗がにじみ出ている。「広場のへりで――」と「ビラの行方」には、ビラが〈擦りつぶされて舗石の色をかためていく〉、紙が〈ぎっしりと舗石の隙間を埋めていく〉という詩句が書かれる。「ひと晩に――」には、〈擦り切れた大きな署名簿のような駅前広場〉というイメージがある。

わたしはこれらの詩に、谷敬が一九六〇年を生きつづけていたこと、ビラの行方を見つめていたことを感じる。舗石の色をかためていったビラのイメージは、決して絶望的なものではない。自分自身の死の予見を書きこんだとも思える「老人・抄」を冒頭に置いたこの小詩集は、トーイ・ジャーナリスト、谷敬の顔の裏側にぴったり貼りついたもう一つの顔であり、いまもわたしたちにビラの行方を問いつづけている。

（詩とエッセイ『光、そして崖』栞、津軽書房、二〇〇〇年一二月、加筆）

〈付記〉ここで語った詩は『谷敬詩集』（日本現代詩文庫22、土曜美術社出版販売、二〇〇三年一一月）に収録されている。

しま・ようこを読む――父の戦争

〈罪〉という言葉――コレヒドール島の司令官として戦死した父

しま・ようこさんの父上が軍人として太平洋戦争で戦死されたことは、『詩組織』のころ間接的に聞いたことがあった。将校だったと聞いた覚えがある。しかしわたしはしまさん自身の口から、父上について聞いたことは一度もなかった。その沈黙をとても重いものに感じながらも、わたしは次第に彼女の詩をよりよく理解するためには、彼女自身の言葉で父のことが語られるのを聞き、書かれたものを読まなければならないと考えるようになっていた。その詩を支えている独特の抽象性の中味を知りたいと思うようになったのだ。

詩における抽象性は大事なものであり、それが彼女の詩の具象性を批評的に（危機意識によって）支えているのだが、一度その抽象の支えをとりはずして、彼女の詩を具象性のレベルで読んでみたいと思うようになったといえるかもしれない。しまさんが戦後半世紀を経て書いた「〝無言の語り〟を解く――ある男の個の底から」を読んだのは、ちょうどそういうときだった。

しまさんの父上は海軍大佐で、フィリピンのルソン島マニラ湾の入り口に浮かぶ小火山島・コレヒドール島の司令官に任命され、再上陸した米軍との戦いで戦死された。全軍玉砕だったが、生き残った者もいたらしい。

この文章で、しま・ようこは父親に対してとてもやさしく、とてもきびしい。とてもきびしく、とてもやさしいといってもいい。そのきびしさとやさしさは、彼女が他の人に対して、また自分に対して発揮するきびしさとやさしさと同質のものだ。彼女は父親に対しても、けっして言いわけを許さないかのようだ。

だがわたしはまず、同じ主題を書いた詩「影を裁く」（詩集『北の方位』津軽書房、一九九八年所収）について考えてみたいと思う。

この詩のなかで〈罪〉という言葉が多用されていることに、わたしは驚く。〈見えないものを　見ない罪／忘れやすいものを　忘れる罪／語り継がない物語を　反古にする罪／古い海図のまま　人を引導する罪〉。現在まで引き継がれているこれらの罪は、詩の前半では〈あなた〉と呼ばれる父の骨と結びついている。〈あれから　半世紀／加害と被害の　時に晒され／骨の粉になって／密林の闇深く　〈罪〉を埋めている〉。

作者はこの詩のなかでも、父に対してあるきびしさを発揮している。〈だが　あなたは／裂ける胸ぐらへ垂直に靴を投げなかった／裸足で獄死した男もいたのに〉。

父は幼い娘にこういい残して戦地へ行った。〈せんそうは　ひとごろしする　わるいこと／でも　とうさんはぐんじんだから　いくさにいく〉。父の残したその言葉が、〈暗号〉として作者を〈〈罪〉という大文字の始まりへ〉導く。

しかしこの詩を読んで、なぜ〈罪〉なのだろう、とわたしは思う。キリスト教の原罪意識に批判的なためもあるが、わたしは〈罪〉という言葉を詩のなかで使ったことはない。使いたくないと思っている。なぜかといえば、〈罪〉は行き止まりの言葉だからだ。そこには〈断罪〉と〈償い〉しか残されていないのではないか。〈償い〉を否定するわけではないが、罪と断罪、罪と償いという分裂した両極からは、対話の可能性が見えてこない。

できたら、そのままでは詩の言葉として使えないが、〈罪〉をまず〈責任〉という言葉におき換えてみたい。この言葉も〈追及〉や〈果たす〉という言葉を呼びだすが、〈責任〉には〈答える〉や〈応える〉道が残されている。いわゆる応答責任や説明責任である。とくに前者は重要だと思う。そこには対話の余地がある。

詩「影を裁く」には、古写真の裏にかすかに読める父の筆あととして、〈支那の人々の　心やいかに〉という言葉が書かれているが、それ以外は〈罪〉の名づけから最後の決意まで、いわば自己完結している。タイトルにも〈裁く〉とある。〈裁く〉のは誰なのか？　ここでは書き手しか考えられない。書き手は裁判官、あるいは神の視点に立っているのだろうか。そんなことができるのだろうか。

〈個〉の深みにおいて問う――他者を勘定に入れない日本の文化

「〝無言の語り〟を解く――ある男の個の底から」では、しま・ようこは父を〈罪〉という行き止まりから解放して、一人の人間として応答の場、対話の場に置いている。父の残した言葉を〈暗号〉として読み解こうとしているのだ。

彼女は父の言葉を父の言いわけとしても、また世の中に対する自分の言いわけとしてもけっして使わない。あくまでも父の言葉と行為のあいだの亀裂を、一人の男の〈個〉の深みにおいて問おうとしているのである。わたしはこの文章で描かれているその人の姿に触れて、一人の職業軍人が長い軍人生活のあとになお、〈せんそうは　ひとごろしする　わるいこと〉という認識と判断をもちつづけていたことに、感銘を受けた。そこには素朴さを保ちつづける〈個〉の強靭さがある。その強靭な〈個〉が、父の筆あとに示される、対等な他者としての中国人への尊敬を支えているのだ。

おそらく、かれは自分の思想と行為の矛盾を、もっとも分かりやすい言葉で娘に伝えようとしたのだ。それは娘がいつか発するかもしれない問いへの、あらかじめの〈答え〉でもある。〈暗号〉どころか単純明快な答えだ。しかしかれはその言葉を、国に向かっては言わなかった。言えなかった、あるいは言おうとしなかった。〈でも〉でつないだ二つの文のあいだには、深い亀裂が走っている。そこには軍人であった一人の日本人男性が選んだ、選ばざるを得なかった必然と自由の一切が、語られないままひしめいている。青森県の寒村で庶民の家の長男として生まれたかれが軍人の道を選んだ前提にも、「その父（祖父）が身代を食い潰した困窮」があったという。

しま・ようこの〈個〉の底への問いは、普遍的な問いだとわたしは思う。男にかぎらず女についても、戦争期にかぎらず現代においても、また他者にかぎらず自分についても、それは問われなければならない問いなのだ。結局最終的な答えは得られず、何本もの補助線を引き、いくつもの仮説を立てるだけに終わるとしても……。

おそらく大事なのは答えそのものではなく、プロセスなのだ。過程で発せられる言葉が、思考が、対話が重要なのだ。それが死者との対話だとしても。ああでもない、こうでもない、ああだったかもしれない、こうだったかもしれないと行きつ戻りつすることが大切なのだ。それが相手を対話の場に呼びこみ、世界を照らし出し、それに関わる人の心を耕す。〈責任に応える〉ことは、そういうプロセス抜きには不可能ではないだろうか。その責任が、けっして果たしきれない責任だとしても。

日本の文化は、互いの〈個〉の底を問いつめずに曖昧に流していく文化だった。互いの傷に触れないことを、〈思いやり〉とみなしてきたのだ。しかしそれは村や藩や国にとっての他者を勘定に入れないからこそ、成りたってきた文化ではないのか。他者を視野に入れつつ、ひとたびお互いを問いつめてみると、わたしたちは近代の日本人がどれほど内心と行為の恐ろしい亀裂を生きてきたかに気づく。そして〈個〉の底を語る言葉と思考を、どれほど貧弱にしかつくってこなかったかに気づいて、茫然とするのだ。戦後半世紀を経て、また近代百数十年を経て、わたしたちは言葉と思考の廃墟の上に立っているのではないだろうか。

しかしわたしたちがこれまでとは別の生き方を選び、別の社会を思い描くことができるとすれば、それはこの廃墟の自覚の上に立ってのことでしかない。そこからしか再出発はできないのだ。しまさんの父は他の人たちと同様、娘に十全な答えを与えることはできなかったが、大事な対話の手がかりを残してくれた。

詩「影を裁く」は、次のような決意として終わっている。〈記憶の庭が／わたしを生え抜きのフェミニストに仕立てたとしても／〈罪〉の大文字の残る手で／海図は描くまい／何千の他者から疎まれても／寒々と栄える街を拒み／加害と被害の　影の終わりが見えるまで〉

〈寒々と栄える街を拒み〉という詩句は、しま・ようこの生き方を正確にかたどっている。彼女は高度経済成長以降の日本を、具体的な生活のレベルで拒んでいる。それは便利さとか能率とかいうものを、あっさり無視する。

〈罪〉を引き受ける——父の残した手がかりを本格的に拾いあげる

しかしそれだけでなく、ここには〈〈罪〉の大文字の残る手で／海図は描くまい〉という詩句がある。〈〈罪〉の大文字〉は前のほうで、〈〈罪〉を小文字に返せない〉という言葉と対比されている。国家や社会が犯した〈罪〉を、作者はみずからのものとして引き受けているのではないだろうか。〈罪〉には〈断罪〉と〈償い〉しか残されていないとわたしはいったが、罪を自分のものとして〈引き受ける〉道もあるのであり、父の残した対話の手がかりを本格的に拾いあげるとは、そういうことなのだと思う。

大文字の〈罪〉を、裁くと同時に引き受けること、それは〈拒む〉だけでなく、詩作をふくめて、何かをすることを促している。しま・ようこはいま、疑いもなく、その地点に立っている。

（『しま・ようこ詩集』土曜美術社出版販売、二〇〇三年一二月、加筆）

【現代詩人会】

現代詩人会に入会した頃のことなど――黒田三郎さんからの電話

わたしが現代詩人会に入会したのはたしか一九六二（昭和37）年のことだった。ある晩、黒田三郎さんから電話がかかってきて、入会しませんかと勧められたのだ。第二詩集『場所』（思潮社、一九六二年一二月）を出す少し前のことだった。

黒田さんには面識がなく、『荒地』の詩人として、『一人の女に』の詩人として愛読していただけだった。ただ当時会の主宰するH氏賞に関してH氏賞事件といわれる非民主的な不祥事が起こり、黒田さんたち若手の詩人たちが会の改革に乗りだしていることは知っていた。

その誘いで、この時期にかなり多くの新進詩人が入会したはずである。その後数年のうちに、これらの詩人たちの多くが退会していったが、わたしはあえて抜けなかった。黒田さんから何かの「委託」を受けたような気がしていたのかもしれない。

わたしはいまも、当時住んでいた下落合の生家の食堂の隅で、受話器をとり上げたときのことを覚えている。会話は数秒で終わり、わたしは迷いなく入会した。それ以来半世紀近くが経つ。

会の民主化が行なわれた――H氏賞事件のあと

主な改革は会長や理事長の任期を二期までと限ったことだったが、これは会の民主化のために非常に重要なことだったとわたしは考えている。これによって、少数の詩人が会長や理事長をつづけることに伴う弊害を防げるようになったからだ。どんなに優れた指導者でも、長期にわたる〝政権〟は腐敗する。この規約だけはいつまでも続けてほしい。「現代詩人会」が「日本現代詩人会」になったのも、その頃だった。

賞の選考委員は多い方がいい

その後H氏賞とならんで現代詩人賞が創設され、費用の関係からか一一人いた賞の選考委員は七人になった。現代詩人賞創設はよいことだったが、選考委員の数だけは前の方がよかったとわたしは感じている。小人数だと、一人の詩人の強力な主張がその場の雰囲気を支配してしまうことがあるからだ。熱心な主張はいいのだが、候補者のなかに選考委員の友人・知人や弟子がいることもある。選考委員が一〇人以上いるとその雰囲気を散らしてしまうためか、かえって一人ひとりが自由な発言をすることができる。さまざまな地方、さまざまな考え方をする詩人たちが選考に参加することが大事なのだ。

それにしても、選考委員の男女の比率はいまだにかなり偏っている。二、三年前に男性六人に女性一人という選考に参加して、そう思った。

民主的な会は長つづきするし、成果もあげることができる。なによりも会員が楽しく活動することができる。『新体詩抄』が出てから一三〇年、現代詩人会創立から六〇年近く経つ。現代詩が時代への迎合や言葉遊びから脱けだす機は熟している。

（『資料・現代の詩　２０１０』日本現代詩人会編、二〇一〇年四月、加筆）

【現代詩の会】

「現代詩の会」解散への私の疑念——現代詩と散文の不在

わたしがここで書きたいと思うのは、「現代詩の会」の解散がどのようにして行なわれたかということではなく、そこで実際に何が行なわれたかということである。それはまた、認識根拠がなかったため運営委員会の討議の途中でひき起されながら、その場で言うことのできなかった、この解散にたいするわたしの疑念を、たしかめ、表明するためでもある。このような内容は、本来『現代詩』に書くか、あるいは総会で発言する性質のものなのだが、今度の解散はそのような場を一切つくらないかたちで行なわれてしまったので、ある程度共通の読者によまれていると思われる本誌の誌面をかりて、「現代詩の会」の解散の意味を、わたしに現在わかるかぎり、また感じているかぎり、会員と読者に伝えたいと思う。

「現代詩の会」は、ことに最近の数年間は、一人一人の会員にとって、奇妙な不透明さと了解しがたさをもった会になっていたようにわたしには思える。それは規約にもとづいて入会したすべての会員にたいして開かれ、会員のなかから直接投票で選ばれた運営委員が民主的に運営しているはずの会でありながら、わたしの推察では、会員の多くが、会を自分にとって閉ざされた、オープンでないものとして感じていた。おそらくかなり多くの人びとが、たとえはっきりとでなくても、「現代詩の会」のことは具体的には自分は何も知らない、自分たちは何も聞かされていない、と感じていた。そしてたぶん運営委員にはわかっているのだろうと考えていた。運営委員の何人かも、おそらく同じようなことを感じていた。そして編集委員や事務局の人たちにはわかっているのだろうと考えていた。

わたしは何度か編集委員の誰彼から、何かを聞きとろうとしたが、何も聞くことができなかった記憶がある。会に関心をもっていた人たちが、漠然と、どういうわけかはわからないが、自分たちには何かが知らされていないと感じていたのだ。しかしそれが何であるかは、誰にもわからなかった。そのようなことの長いあいだの積み重なりが、人びとの自発性や自由な発言を、会にかんしても詩の創造にかんしても、次第に規制し、低調にしていった。わたしは最近、編集委員だった長田弘に会い、かれにとってもどこで何が行なわれているかわからないことがあったという点では、事情は同じだったことを知って、ひどくおどろいたと同時に、少しずつ事態の意味がわかりかけてきたのだ。それは次のようなことだ。

「現代詩の会」のことをすっかりわかっていた人間などは、もちろんどこにもいなかったし、現在もいない。会全体を見通し、会の責任を一人で全面的に引き受けられるような個人がいるはずがないのは、会の構造からいっても理念からいっても、あたりまえのことなのだ。しかしそれではなぜ「現代詩の会」は、会員の一人一人にとって、会のことがすっかりわかっていながら、それを自分たちに知らせないでいる人間（または人間たち）がどこかにいるかのような外観をつくりだしていたのだろうか。

わたしの感じていたことを言うと、会のことが全部わかっている人間、その責任を全部引き受けている人間などは確かにいなかったが、しかしあたかもそうであるかのように振舞い、また外から見てそう感じられるような行動をとっていた人間（または人間たち）は、実際にいたのではないかと思う。そのような行動や振舞いが、「現代詩の会」に、またその運営委員会や編集委員会の内部に、何か不透明な、その内側をうかがい知ることのできない主体のようなものが存在しているかのような外観をつくりだしていたのではないだろうか。

そしてもしそのような行動が必要とされ（少なくとも当人〔たち〕にとって必要と感じられ）、黙認されてきたとすれば、その背後には、創立以来の「現代詩の会」の創造主体の弱体と、方法的探求の欠如という基本的な欠陥が隠されていたように思われる。

今度の解散についてわたしがいちばん残念に思うことは、それがこのような会の根本的な欠陥を克服しようとする方向性と意欲を、内在的には全くもっていなかったわけではないにも拘らず、表現され、実現されたかぎりでは、いま述べたような、実際に何が行なわれ、何が討論され、何が問題になっているのか会員や読者にはうかがい知ることのできないような閉ざされた行動方式を一歩も出ない、むしろそれをそっくりそのまま踏襲したようなやり方で、行なわれてしまったということだ。

外にあらわれた意見の一致の背後に、実際にあるべきさまざまな意見の対立や対立の芽が、言葉にされないいま隠されてしまい、その結果、できたかもしれないさまざまな現状を変える試みや努力が道を閉ざされてしまったということだ。運営委員個々人の内在的な動機や運営委員会の形式的な理由づけは何であろうと、この外に表れた、実行された形式だけがこの解散の性格を限定し、その限界を形づくっていることを、わたしは認めなければならないと思う。

しかしなぜこのような形で解散が行なわれたのだろうか。わたしはそこに、「現代詩の会」を停滞させてきたものにたいする認識の不足、少なくとも討論の欠如があったと思う。運営委員会の席上では（わたしは主に、わたしの出席した一〇月七日の二回目の会合に焦点をあわせて言っているのだが）、会も雑誌も、ことに会がいまのままでは駄目だということについては、ほとんどの出席者の意見が一致しているように見えた。しかしなぜ駄目なのか、その原因はどこにあるのか、それをとり除くことはできないのかという点については、経済上のことや編集者がいないこと、会員が不熱心であること以外、ほとんどつっこんだ話し合いがなされなかった。しかも、経済上のことや編集者の問題が解散の本当の理由でないことは、何度も確認されていたのだ。

たぶん出席者の一人一人が、会がこうなった原因を考え、何かに思い当っていた人もあったにちがいない。しかしそれは少しも言葉にされず、話し合われなかった。その点にかんしてだけは、不思議な沈黙が支配しているようにさえ見えた。本誌二月号で松本俊夫が推察しているような、関根弘と他の人たちの対立としてさえ、その場の対立以上には発展しなかったのだ。かれらのあいだには、前回のとりきめを実行しなかったことをめぐって、やや上すべりした対立的な言葉が交わされていた。わたしはこの対立の背後には、「現代詩の会」を停滞させてきた原因につながる何かがあるのではないかと感じて、それをもっと話しあってほしいと言った。

わたしは年に二、三回開かれる運営委員会に出席するだけの自分より、編集委員や事務局の人たちの方が、会の矛盾や行きづまりの原因についてよりはっきり認識している、少なくともドラマとしてつかんでいるにちがいないと思い、それを聞きたかったのだ。そしてそれを解決する方法を考えるのが、運営委員会の仕事だと思っていた。もし編集委員長の関根弘と他の人たちのあいだに対立があるなら、その対立を明らかにすることによって、会は解散しなくても生き返ることができるかもしれないと思ったのだ。しかし話し合いはそれ以上の段階にはどうしても進まなかった。

なぜこのときの対立がもっと明らかにされなかったのか、わたしにはどうしても理解できなかった。会合の席でも言われ、会合が終わってからはもっと言われた、ボス的なやり方とか会の私物化というようなことが、もし実際にあったのなら、なぜもっと具体的な例をあげ、編集委員会の実情なども明らかにして、とり除くように努力しないのだろう？　具体的なことをあまりよく知らない他の運営委員にも実情を知らせて、協力を求めないのだろう？　しかもそういうことが、会合の席では一言か二言、投げつけるように感情的に言われ、会合が終わってからはまるで明らかな事実のように、まるでそれが解散の原因であるかのように一部の人によって言われることに、わたしは憤りを感じた。なぜそれを会合の席でもっと明らかにしないのか？　それが原因なのなら、批判し、のりこえることはできただろうに。

わたしはそのことの腑に落ちなさを、それからあとずっと考えてきた。そしてようやく結論らしいものに到達したように思う。結局、かれらは関根弘と、ほんとうは会の民主的な運営をめぐって対立していたわけではないのだ。すでに、何が悪の根源であるかということについてのある了解のようなものが、何人かの人たちのあいだに成立していたように思える。その根源とされていたのは、運営委員会のあり方や、方法的探求の欠如や、特定の個人の非民主的な行動ではなく、会の組織形態そのものである。そしてたとえ民主的でない行動があったとしても、かれらは本質的にはそのことで関根弘を非難したのではなく、関根弘が会の組織形態のある意味での代表者のような位置にいたから、かれを非難し、かれと表面的に対立したのだ。

このような判断の背後には、これもまったく語られなかったある種の芸術上の意見が、「現代詩の会」のこれまでの傾向や方針にたいする明確な対立的意見として発言されることも発表されることもなしに、組織形態そのものへの否定と癒着しながら、隠されていたように思われる。そこには停滞の原因をつきとめ、とり除くことで現状を変えることができるという意識は、最初からなかったと考えざるをえない。

そしてこのような芸術論的な問題にまでつながる意見の相違が、その場では全く語られずに、解散という結論だけが、停滞の原因を会員に転嫁するようなかたちで主張されたことに、運営委員会での会話が全く問題の本質にとどかない、問題のありかさえ明らかにすることのできない舌たらずなものになった原因があったと思う。鮎川信夫や長谷川龍生から出された、何とか雑誌をつづける方法はないのだろうかという発言も、まともな討論の対象にはならなかった。何が会と雑誌を停滞させているか、現状を変えるにはどうしたらいいかの追求が、最初から、ほとんど無意識のうちに避けられていたからなのだ。

会の形骸化の原因を、直接的に会の組織形態そのものに求めるということの考えは、「現代詩の会」の場合、あまりにも性急な、無媒介な考えであったとわたしは思う。そこにはまず運営委員会や編集委員会や事務局でどんなことが問題になり、どんなことが討議されているかを会員に知らせないことによって、会を一人一人にとって不透明な、了解しがたいものにしてきた自分たちへの反省が欠けている（もっとも実際には、散文で発表できるようなことは何も問題にならず、何も討議されなかったというのが、いちばん真相に近いのではないかと思えるのだが）。

第二にこの考えは、「現代詩の会」の組織と運動と芸術上の理念を、十数年前の『列島』の継続としてとらえ、それらをひっくるめて否定するところからきているらしいのだが、わたしの考えでは、それは間違っている。わたしが『列島』の読者として、また「現代詩の会」の会員として見てきたかぎりでは、少なくとも芸術上の問題にかんしては、「現代詩の会」および雑誌『現代詩』と、『列島』とは、ことに最近ではほとんど何の関係もない。もちろん『列島』以来の詩人たちの個々のモチーフやテーマとしては、屈折しながらも持続されていたものはあるだろう。しかしそれも、次第に縮小され、あるいは切りすてられて、そのある面だけが奇妙に水ましされて「現代詩の会」の方針らしきものや、雑誌の編集方針にあらわれていたに過ぎないのだ。そして『列島』が、いまとなっては誰の眼にも明らかないくつかの偏向や、作品の貧困という限界をもちながらも、なお戦後の詩に一つの衝撃を与えたもの、あるいは与ええたかもしれなかったもの、人間と潜在意識との、また人間と物質との関係に眼をむけて、詩を方法的に考えていこうとする方向性と意欲は、まったく受けつがれていないのだ。

そのようなものはむしろ積極的に否認され、切りすてられてきた（わたしはこのことについては、すでに別のところで何度も書いてきた）。わたしはこのような後退——組織が拡大されると同時に探求が失われ、雑誌の編集方針と会員の創作活動が、孤立した探求でなければ、何らかの政治的願望と、恣意と、時代への反応と、「よい詩」という茫漠たる基準にゆだねられてきたことに、「現代詩の会」の芸術活動の停滞と会の形骸化のほんとうの原因があったと思う。

「現代詩の会」の解散の内容を伝えようとして、わたしは運営委員会でほとんど語られなかったことや、全く言葉にされなかった考えにたいする反論を書いてきた。そこでの対象にとどかない言葉のやりとりからひき起されたわたしの不信の念をつきつめていくと、どうしてもそこにつきあたってしまうのだ。そしてこのような判断や意見が明らかにされないままで、表面的な理由や、他の運営委員の事情を知らないことからくる沈黙や、会がこのままでは駄目だという共通の感情と結びついて解散が決定されたということが、この解散にたいするわたしの疑問をますます強める。

自分の考えていることやしたことを集団の場ではっきり言わず、感情移入や以心伝心や、場合によっては前もって相談された何らかの意図を前提とする暗黙の了解に乗ってある行動を押し通そうとするような行動方式こそ、これまでの「現代詩の会」に、その主体が自分たち以外のどこか別のところにあるかのような見かけをつくりだし、創作者の自発性と会への主体的な関わりを殺してきたものなのだ。このような行動方式を温存しながら、「主体性」とか「創造」とかいくらさえずってみたところで、「現代詩の会」が生き返らなかったのはあまりにも当然だろう。一つの集団が、それなしには個々人の自由な活動を生かし、包括することのできない非人称性と透明性が、編集委員自身の手によって、人称的な、不透明なものに転落させられていたのだから。

組織そのものの構成や構造を問題にするのは、そのあとの段階だろう。集団が内容のある真の名称をもつのも、そのあとだ。わたしの結論では、「現代詩の会」を不透明な、了解しがたいものにしてきた原因と、それを今度のようなかたちでの解散に導いた原因とは、根本的には同じ一つのものであり、その両方をつらぬく行動方式を超えないかぎり、集団（たとえ小人数の集団でも）と創造活動とは、けっしてその接点を見出すことはできないだろう。また新しい、生きた集団をつくりだすこともできないだろう。

このような行動と意識の構造は、文学の問題として考えると、現代詩における散文と散文世界への対決の欠如と、正確に対応している。「現代詩の会」の解散が散文世界への対応をふまえた散文的な行為でなかったのは明らかだが、また「散文の廃墟に生まれる」詩的行為といえるものでなかったことも明らかだ。なぜなら運営委員会は、散文の廃墟を見きわめるまで話しあうことも、対立しあうことも、それを外部に発表することもしなかったのだから。もしそれがどこかへつながっているとすれば、それは言葉や表現の射程の縮小をともなう、共同体への郷愁や幻想をふくんだ暗黙の了解の世界への埋没ないし和解以外の何ものでもないだろう。

それを意識化し、変えようとすることは別として、そういうものとの暗黙の和解とだけはたたかっていきたいと思っているわたしは、その世界をだれかと共有し、それに言葉をあけわたすことには、賛成できない。二年ほど前、はじめて運営委員会に出席したあと、わたしは次のような詩句をふくんだ詩を書いて、この雑誌に発表したことがある。

涙のない男たち　涙もろい男たちの唇は閉ざされて　決して語られない言葉をそこに存在させる。

しかしわたしは思いちがいをしていたのではないのか？　語られるべき言葉や思想は、はたしてそこに存在していたのだろうか？

（『新日本文学』一九六五年五月）

〈付記〉長谷川龍生は「インタビュー　長谷川龍生さんに聞く　関根弘とその時代」（『季刊　びーぐる　詩の海へ』16号、二〇一二・七）で、「出版社との取引で勇み足をしたというふうに私は思っているわけ。勇み足をしてね、周りが気に喰わなかったんじゃないか。ボス交渉をしたんですよ」と語っている。「ボス的なやり方や会の私物化」の内容を、わたしははじめて公的に聞いたことになる。

これは、わたしが長編『百年の跫音』下巻で書いた次の一節と対応しているようだ。匿名を本名に戻して引用すると、

「一〇月一日、関根は飯塚書店に行った。会の解散を飯塚に通告することがかれに託されていたが、関根はそのことを飯塚にいわなかったらしい」(四六九頁)。一〇月七日の最後の運営委員会で、「関根がもう一度解散の可否を討議してくれないかと提案し、会は荒れはじめた。かれが飯塚書店に解散のことを伝えていないことがわかると、前回のとりきめに反していると非難が沸き起こった。(略)関根のとった行動はボス的だと非難され、岩田はこの会は一貫してボス的に運営されてきたとまでいった」(四七五頁)。

関根は飯塚に何を話したのだろう。かれが運営委員会のとりきめに違反したことは批判に価するが、それは解散を決めた後のことであり、解散のやり方全体を正当化するものではない。

「現代詩の会」解散への道——関根弘・花田清輝・堀川正美・黒田喜夫・吉本隆明・長田弘

1　創刊・詩人の戦争責任論・安保闘争

雑誌『現代詩』は一九五四年七月に新日本文学会詩委員会から創刊された。編集人は岡本潤、発行所は百合出版である。五八年八月に「現代詩の会」を結成して独立し、六四年一〇月号で終刊となった。一〇年間あまりで通巻一二〇冊を出している。

創刊翌年の一九五五年八月、黒田喜夫が菅原克己らに乞われて編集部に入り、新しい文学運動に批判的な党からの圧迫に苦しみつつ、いわゆる民主主義詩運動の脱皮に心をくだいた（阿部岩夫編「黒田喜夫年譜」『黒田喜夫全詩』思潮社、一九八五年）。党とは共産党のことだ。まもなく吉本隆明の「前世代の詩人たち――壺井・岡本の評価について」（『詩学』一九五五年一一月）から詩人の戦争責任論が始まったが、『現代詩』においてこの問題はほとんど深められなかった。花田清輝と吉本との確執は、この問題をめぐってのやりとりから始まっている。

編集長は吉塚勤治、秋山清とつづき、一九五七年九月号で中野秀人から長谷川龍生に、さらに半年で関根弘に変わり、発行所は飯塚書店になった。

一九五八年八月に「現代詩の会」が結成され、運営委員に鮎川信夫（委員長）、吉本隆明、大岡信らが参加し、会は関根弘を編集長として再出発した。編集委員は谷川俊太郎、大岡信、瀬木慎一、木島始、吉本隆明。運営委員にはほかに岩田宏、池田龍雄、大井川藤光、且原純夫、木島始、黒田喜夫、菅原克己、関根弘、瀬木慎一、壺井繁治、長谷川四郎、長谷川龍生（事務局長）がいた。

編集方針は次のようなものだ。「（A）過去における詩人の工芸的な創作習慣を否定し、戦後文学のエネルギーをつねに新しく汲み上げ、芸術革命の母体を構成する。（B）下からのエネルギー、大衆の中に眠っている文化一般のエネルギーを把握し、詩以前の問題をアクチュアルに取り上げ、（C）他のジャンルと交流して、大衆の中における批評の観点を高めていく。現在日本のあらゆるジャンルにおける芸術の方法を再検討する」。関根の方針説明には「イデオロギー的な規定を特に出さない」ともあった（中川敏「自由・総合・深化を目指した『現代詩』」、『新・現代詩』15号、二〇〇四年一二月、冬号）。

黒田喜夫によると、『現代詩』が新日本文学会詩委員会の機関誌という性格を離れたのは、文学・芸術運動への党の政治主義に対する深刻な抗争の末だった。黒田は五八年七月頃まで極度の経済的悪条件のなかで編集にあたったが、「現代詩の会」は精鋭で前衛的な文学・芸術運動の創出をめざす意図から外れたものとなり、編集をやめた。

八月、会の運営委員となる（前掲年譜より）。

運営委員は毎年の総会で選挙され、編集委員長と編集委員、事務局長と事務局員は総会後の運営委員会での互選だった。したがって顔ぶれは少しずつ変わったが、鮎川運営委員長と関根編集長は一貫して変わらず、編集委員の選定には関根の意向がつよく働いた。事務局長になった菅原克己と事務局次長の山田正弘も長かったと思う。

編集委員にはほかに飯島耕一、石川逸子、茨木のり子、堀川正美、のちに中川敏が参加した。最後には大きく顔ぶれが変わり、岩田宏と若手の長田弘が加わっていた。わたしも最後の二期、運営委員をしている。しかし前から『現代詩』によく書いていた清岡卓行は、結局会員にはならなかった。

一九六〇年二月、第一回総会を開く際に会員を一〇〇人に増やし、年会費三〇〇〇円をとることにした。このとき吉本隆明は参加しなかった。黒田喜夫は運営委員をつづけたが、右肺が自然気胸を起こして前年から代々木病院に入院していた。

この年には安保闘争があり、会は六月一五日の運営委員会で「安保批判の会」に集団参加することに決めた。茨木のり子は「恐るべき六月」で、総会では会の性格を確認することに力点が置かれ、せかせかしていて、安保に言及せず、その後も一人一人がいそがしさに紛れていて、怠慢だった、と書いている（中川前掲評論）。わたしは茨木さんの意見に共感したのを覚えている。

２ 『現代詩』の最盛期とその限界――一九五七年～六二年

中川敏はとくに一九五七年からの六二年まで五年間を高く評価している。「戦後詩いや現代詩は実に重要な過渡期を試行錯誤の苦労を重ねながらも、またアフター・ビートといえるものは出なかったけれども、かなり豊かな精神をもって通過していたのだという思いが強い。（略）五七年から、限界を超えるとは言わないまでも、飛躍に近い変化があった。総合的な姿勢で偏らずにあれだけ大勢の人を集め、かなりの仕事を残したのは、大いに注目されていいだろう」。

この時期の主な筆者は吉本隆明、長谷川龍生、小野十三郎、木島始、関根弘、堀川正美、黒田喜夫、飯島耕一、岩田宏、大岡信、中川敏、菅原克己、山田正弘、高良留美子、茨木のり子、谷川雁、石川逸子、秋村宏、城侑。新人賞は三木卓、伊豆太朗、谷敬、若松丈太郎、藤森安和、しま・ようこなど、『詩組織』に集まる若手の詩人たちが軒並み受賞している。

おそらくこの頃が『現代詩』の最盛期だったのだろう。それなりに面白く読み、充実感をもって書いた記憶はある。しかし『列島』のように保存しておきたい号はあまりなかった。のちに村田正夫との対談で、わたしは次のようにのべている。「いわゆるシュールリアリズム批判もやらなかったし、『現代詩』を広い詩人のプールのようにしていった。それはいいとしても、それと同時に微温的なものになって方法的先鋭さに欠けているような気がして、それで、もっと、例えば小野十三郎が戦前からやってきたことなどを、もう少し論理的に掘りさげるとか……」(「詩組織とは何か」『潮流詩派』68号、一九七二年一月)。前衛的な芸術的探究の面で不満があったのだ。

それが黒田喜夫の「現代詩の会」への批判とどう繋がるのか、どういう連繋が可能だったのか、一度じっくり考えてみたい。

3　終末期へ——民衆的伝統に可能性を探る、黒田喜夫の詩業

安保闘争後、時代は経済の高度成長に向かって走り出していた。一九六三年から、『現代詩』は誰も意識しない終末期に入る。この時期について検討したい。

堀川正美の「『伝統』についての感想風な短見」(『現代詩』一九六三年二月号、現代詩時評)を読むと、その数年間、

日本文化論がジャーナリズムで盛んにとりあげられていたことがわかる。堀川は「土着の文化にたちかえれ」流の図式的典型として、「朝日新聞」に出た中村稔の中原中也論を批判している。

三月号から特集「日本発見」がはじまる。この特集がなんと解散まで二年近く、ほぼ毎月のようにつづくのだ。松永伍一の民謡論、さらに農民一揆論がつづき、関根弘もさまざまな人を呼んで「こんにちは」で対談している。九月号から佐野美津男の「日本の女たち」が八回つづく。八百屋お七、阿部定、高橋お伝などの庶民の女列伝は面白く、後年の関根の詩集『阿部定』（土曜美術社、一九七一年）にも寄与したのではないだろうか。松永の論も力作で、示唆に富んでいる。しかしこの特集はいささか長すぎた。もっと多様な切り口ができなかったのだろうか。

伝統文化への関心と『現代詩』の接点には、一九五八年一〇月号に詩「毒虫飼育」を発表し、五九年に詩集『不安と遊撃』（飯塚書店）を出して病臥中ながらもっとも刺激的な詩を書いていた黒田喜夫の詩業があった。黒田の詩に強烈に表れている、近代化によって切り捨てられてきた人びとやその文化への関心があったと思う。当時の伝統ブーム・民俗学ブームの根底には、たんなる伝統回帰願望でなく、伝統のなかに新たな可能性を見出して、安保闘争後の挫折感から立ち直ろうとする意欲が働いていた。

問題は、この特集がどれだけ『現代詩』の編集を担っていた三〇代前半の詩人たちの創作活動と結びついたかということなのだが、その点は弱かったといわざるを得ない。堀川は前出のエッセーで、「明治以来の日本の近代化——換言すれば日本資本主義の発展が、どう否定しようもない発展である……今日の現代産業は、われわれにとっての本質的な条件ではないか。……敗戦はブルジョア民主主義革命のワン・サイクルのように追憶されていいのではないか」といっている。そして一方では、「近代資本主義の発展（とりもなおさず収奪）が農村文化を変化へ、さらに荒廃へみちびいた。……脱落農民たちはわれわれの父親である」と書き、黒田喜夫の詩を引用している。

この二つの認識、というより現実感覚のあいだで、堀川は宙づりになっていたように思える。ここから近代への一定の評価をしつつ〈近代を超える〉ための方法意識まではほんの一歩のようにも見えるが、実際には大きな距離があったのだろう。

わたし自身はそのような方法意識を自分の問題として感じるようになるのは、アジア・アフリカ文学運動に関わりはじめた一九七〇年以降のことであり、当時は『列島』によって示唆された、〈ものそれ自身をして語らせる〉ための方法論の深化を求めていた。いわば『列島』のつづきをやりたかったのだが、『現代詩』にそれを見出すことはできなかった。

3　近代以前を否定的媒介にして近代を超える——花田清輝のテーゼ

「日本発見」特集の連続は、民衆的伝統の掘り起こしという面ではかなり目覚しい成果を上げながらも、それを詩の創作と結びつけていく指針を提示することはできなかった。

花田清輝が〈近代以前を否定的媒介に近代を超える〉というテーゼを提示するのは、六〇年代半ばのことだ。もっとも花田は『列島』でフォークロアについてのべているし、一九五九年の「柳田国男について」においても、「柳田民俗学によって明らかにされたわが国におけるさまざまな前近代的な芸術の在りかた」を「否定的媒介にしないかぎり、近代芸術をこえた、あたらしい革命芸術の在りかたは考えられない」と語っている。なおこの問題は、現在もなお重要な課題でありつづけている。

『現代詩』最後のこの時期、花田は一度しか『現代詩』に登場していない。

関根との対談「悪人の肖像」（一〇月号）である。花田はこの一九六三年、戯曲『シラノの晩餐』『爆裂弾記』を未来社から刊行し、年末には『ものみな歌でおわる』を日生劇場で上演している。伝統文化や歴史の読みなおし、書きなおしにとりかかり、共同制作をもふくめて、死去するまでの最後の精力的な一〇年間に差しかかっていたのである。

この対談で、花田は名門の出身でない、下のほうから上がってきた中村仲蔵という脇役者の自叙伝を千田是也の『手前味噌』という本を借りて読んだといい、そういうエネルギーがまだ発掘されていない、といっている。「庶民的な教養みたいなものがあるんですね」という関根の言葉にもうなずき、「それは非常に立派なものだと思うんだけれど、……なにかそこには不屈のエネルギーがあるように思う」と語っている。

小野十三郎の自叙伝の連載がつづいていたほか、「日本発見」以外の特集としては、「書物を手がかりにした状況論」（七月号）、「北回帰線の詩」（アフリカ、ヴェトナム、南朝鮮、キューバの詩）と「フランスの新しい詩人たち」（ともに一〇月号）、「マスコミ芸術への公開状」（一一月号）があり、一九六四年には「映画について32ページのプロムナード」（八月号）があるだけだ。ベトナム戦争勃発は六四年八月だが、「北回帰線の詩」特集号にはすでにその状況が現れている。しかしこれらの特集は、（わたしも一つ書いているが）現代詩の未来を切り開くようなものではなかった。

いまよりはお互いの作品に関心をもっていたから、作品欄や作品の紹介・批評、現代詩時評、匿名批評などは熱心に読んだと思う。三木卓がしっかりした時評を書いている。また六三年七月号からの匿名の「現代詩新聞」も面白かった。しかしこの号の編集後記で、関根弘はいう。「率直にいってわたしは、現代において、詩は死に瀕しているると思う。この状態を放っておけば、詩は白鳥のように死んでしまうだろう。しかしそうしてはならない。この詩の閉塞状況を扇形に開くようにしていかなければならない」。だがそのために「ブック・レビューを兼ねた状況論を特集する」というのだから、いささか情けない。

4　オリンピック開催へ建設ラッシュ——民衆側の分裂

『現代詩』は詩壇的には一定の地位と信用を得ていたが、戦後革命敗北後のいわゆる五五年体制の持続と高度経済成長、そして大衆社会状況にたいしては、状況論で後追いをすることしかできなかった。いっぽう部分的核実験停止の問題が起こると、これに反対する文学者たちへの日本共産党からの除名がつづいた。この問題では、原水爆禁止運動が一九六三年八月に真っ二つに分裂している。

一九六四年三月末、「アカハタ」の猛烈な集中攻撃のなかで新日本文学会の第一一回大会が開かれ、会は大衆団体の言論の自由への政党の干渉を排除した（わたしはそれに賛同して入会した）。しかし『現代詩』五月号の「現代詩新聞」の小見出しがいみじくも指摘するように、「芸術創造の課題は依然未解決」だった。共産党系の詩人たちとそうでない詩人たちとの意見の相違は、『現代詩』にもときおり波頭を見せていたが、結局発行元の飯塚書店が『現代詩』から手を引くという意思表示となって秋に現れ、解散の大きな一因となった。

またこの年は、文壇で戦後文学批判が盛んに行なわれた年としてわたしの記憶にのこっている。佐々木基一までがそれに加わったのには、裏切られた思いがしたものだ。たしかに戦後文学を生みだした〈限界状況〉は、日本の社会から消え去っていた。一〇月の東京オリンピック開催のための建設ラッシュがつづき、東海道新幹線が開通して、経済成長は加速の度を早めていた。

5　立ち向かうべき詩的主体の側——北川透の評論

このような外的状況の行きづまりにたいして、それに立ち向かうべき詩的主体の側はどうなっていたのだろう。この問題については、北川透の力作評論「詩の不可能性——『列島』批判の一側面」（六四年五月号）が参考になる。再読して、関根弘詩集『約束した人』と安東次男詩集『CALENDRIER』への批判を、共感しながら読んだことを思いだした。

とくに、いい詩を書き〝アンツグ〟の愛称で親しまれていた論客の安東次男が、この時期以後『現代詩』の陣営からも詩作からも離れていったのは、むなしさとして残っている。そういうことだけはしたくない、とひそかに思ったものだ。

北川の関根批判はわかりにくいが、ほぼ当たっている。「関根弘が戦後の出発において持った詩的世界のリアリィティは、生活過程への復帰という上昇力と、戦争体験への感覚的下降とがそれぞれ牽引しあう緊張した意識のなかに、みずからのことばを発見していったところにある。しかし、その後、戦争体験への下降があくまで、感覚的な反応にとどまっていて、論理力として徹底されないまま希薄化していき、更に、戦後革命の敗退による大衆社会的な状況が生み出されるなかで、上昇的感覚そのものの根底的な基盤がつき崩されてくると、関根の詩の世界は、詩としての自立性を失った日常的な感性の秩序やことばが、無抵抗のまま露出してくるのである」と北川はいう。

このことは、関根の詩の最大の長所であるアレゴリーがほとんど消えていったことと対応している。北川のいう「戦争体験」は、必ずしも『荒地』の詩人たちのような戦地での体験でなくてもいい。関根には少年労働者としての体験があったし、のちに知ったが、家族のため花柳界にはいり、その後いわゆる〈水揚げ〉を避けて別の土地で〈一本〉になり、結婚後戦災死した妹さんがいた。ギリシアの奴隷だったイソップの童話に親近感を感じるような体験が、関根の詩のアレゴリーを支えていたのだ。

しかし「生活者の上昇的な感覚の領域を詩表現として成立させようとするとき、同時に、内部志向として、反『生活圏』的下降力ともいうべきものが、どれくらい強く働いていたか」と北川のいう「下降力」が、『現代詩』時代の関根弘には欠けていた。少なくとも減少していた。座談会などでも、かれは自分の労働経験をあまり前面に出すことはなかった。大学出の青年たちに囲まれて、少し気おくれしているようにもみえた。あのころの関根の恨めしそうな目つきは、その表れだったのかもしれない。

しかし北川透の『列島』観は、関根の〝抵抗詩〟批判「狼がきた」（『新日本文学』五四年三月号）にはじまる、いわゆる狼論争から「外延的に」迫ったものにすぎず、雑誌『列島』そのものの検討に基づいたものではなかった。北川は『列島』については、五二〜五五年の時期についてしか語らず、「その時、『狼論争』といわれるものがもたらした意味は、民主主義文学（詩）運動の内部が、（略）みずからの主体的危機を殆んど把み出せないでいること、従って、表現における創造的なヴィジョンをまったく見失っていることをわれわれに示したことにある」というだけだ。

この問題に関連して、わたしは次のようにのべたことがある。「『列島』にはこの時代の一種の流行でもあった抵抗詩や、あるいは民主民族統一戦線というような、なかば政治的なイメージもいくらかつきまとっているのですが、『列島』の真髄はそういうところにあったのではなく、やはり芸術的な追求にあったとわたしは考えます」（「戦後の詩の意味」新日本文学主催「詩の講座」にて、一九六七年七月、『モダニズム・アジア・戦後詩』御茶の水書房、一九九二年所収）。北川は『列島』2号で花田清輝が語った「表現における創造的なヴィジョン」と方法意識を、まったく見過ごしている。

6　『列島』と花田清輝への無理解──「無邪気な目」にこだわった関根弘

その点については、関根弘にも似たような傾向があった。2号の諷刺詩特集の座談会で、「ぼくがいちばんあこがれているのは無邪気な目でみるということなんです」という関根の発言にたいして、花田は、「それは一面、センチメンタルなものにもつながる。アンデルセンの「裸の王様」じゃ仕方がない」とのべ、さらに「動物を擬人化するのでなく動物自身に語らしめるというのが新しい寓話だ。それ自身をして語らしめるというところに大きな諷刺性がある。それを僕は記録性という言葉で云っているのだ」と語っている。

『列島』における創造的な方法意識の真髄は、これに尽きるとさえわたしは考えている。関根弘は『現代詩』で新作童謡を何度か特集したが、「無邪気な目」にこだわっていたのだろう。かれは初期には「沙漠の木」や「樹」など、「それ自身をして語らしめる」詩を書きながら、『現代詩』の編集ではそこには踏みこまなかった。後年の著書『花田清輝』を読むと、関根が花田を理解していなかったことがよくわかる。残念なことだが。そして『現代詩』には、関根に代わって月刊詩誌の編集ができる人は誰もいなかった。新人賞への応募作品も表層的なものが多く、最後の年は募集を打ち切った。

7　解散へ

内外の行きづまりを打開することができずに、「現代詩の会」は一九六四年秋に解散にいたった。しかも総会後第一回の運営委員会で、左翼伝統の〈緊急動議〉という手法によって。岩田宏と堀川正美が主導し、長田弘が先陣を切った。一〇月号が最終号となり、終刊号も出さず、総会も開かなかった。

総会の開催は、編集以外の事務いっさいを引き受けてきた事務局からも拒否された。鮎川は雑誌の継続を望んでいたが、「お客さん」を自認していたので強くはいわなかった。かれは会に加わることで『荒地』グループと喧嘩別れしていたのだ。運営委員会のあと、鮎川がマラリアの治癒者特有の手足をぶらぶらさせる歩き方で、新宿西口の飲み屋の看板のあいだを歩いていくのを、わたしは茫然と見つめていた。

この解散劇について、わたしは『新日本文学』六五年五月号と、近作長編『百年の跫音』上・下巻（御茶の水書房、二〇〇四年）で書いている。とくに後者では、一〇月七日の最後の運営委員会でせめて総会を開くべきだと発言しながら、つよく主張できなかったことへの自己批判をふくめて。前述したように、わたしは最後の二期、運営委員をしていた（前掲書では一期となっているが、記録を見ると二期つづけている）。しかし解散を決めた第一回運営委員会に欠席していたため、その後の最後の運営委員会で発言したのだ。

その後、わたしは二度、わたし自身をターゲットにした〈緊急動議〉による〝権力闘争〟をこうむっている。一度は一九九〇年ごろ「新日本文学会」のいわゆる〈変革〉騒動において、小林孝吉、古谷鏡子両氏と一緒に、二度目は二〇〇二年春、『新・現代詩』の総会において。それ以後、4号からわたしの名前は奥付の編集委員から消えている。

（二〇〇四年九月二三日、加筆）

〈付記〉この評論は1節のほとんどと2節を除いて『新・現代詩』15号（二〇〇四年一二月、冬号）の特集《戦後詩の検証》のために書いたものだが、「最後の数行を削除してほしい」という編集委員会の要請を断わったため、掲載を拒否された。

一九六五年の春、堀川正美は「現代詩の会」の解散について、「現代詩の会とは、われわれの戦後における愚劣な恥としか考えられない」と書いた。[1] 黒田喜夫はそれに対して、「誠に御愁傷様なことである。私も恥者の一人だ。（略）同志堀川よ、ここ二十年来、私たちが最も深くぬぐいがたく恥をかいているのは、こんなことをいっている一九六〇年代半ばの現在ではないだろうか」と答えている。[2]

黒田は「一九六〇年代の近代化・高度成長化のいけにえ」として、「出稼ぎにでたまま行方不明になってしまった男たち、村と家を捨てたか、捨てさせられたかした男たち」に思いを馳せていた。[3] そして吉本隆明『自立の思想的拠点』への批判において、吉本が「対となった共同性を獲得し、それが人間にとって自然関係である」として実体化した〈家〉、〈大衆の原像〉をそこに求めた〈家〉に、〈廃屋〉や、〈拠ろうとして拠り得ないもの、崩れ去り追うもの〉としての〈家〉および〈家なき生活者〉を対置した。[4]

「現代詩の会」解散から半世紀近く経ち、高度成長の帰結も見えてしまったいま、拙論を読み返してみると、堀川正美の〈宙吊り〉状態は、ある必然性をもっていたとは思う。堀川が「ブルジョワ民主主義革命」を肯定していたか否か、引用した文章からはわからないが、解散劇において堀川がとった民主的といえない行動は、都会人であるかれが「近代資本主義の発展」によって収奪された農民と結びつくことにも、黒田喜夫のような「村を追われた農民」と連帯することにも、繋がらなかった。堀川は〈宙吊り〉状態から抜け出す道を、自ら閉ざしたのではないだろうか。

二〇一一年三月一一日の東北大震災と福島第1原発の事故に遭遇したわたしたちに、黒田喜夫が戦後一貫して求めてきたこと、一九六〇年代後半かれが執拗に吉本隆明批判をつづけたことの意味が、新たな迫力をもって迫ってくる。

解散後、関根弘は復活したが、一九九四年に亡くなった。最晩年の関根弘と、わたしは小熊秀雄賞選考の席で木島始とともに年に一度会う機会があったが、ソ連崩壊に遭って痛々しいほど気落ちしていた。元労働組合詩人のリアリズム詩を推して、頑固にゆずらないこともあった。ソビエト政権の圧制をかれが知らないはずはなかったが、あくまでもソビエト社会主義は関根弘にとって唯一の希望だったのだ。

そのころ関根さんに軍隊のことを聞いてみたところ、「引っ越して歩いていたら、召集令状が届かなかった」といっていた。届く頃には別のところに引っ越していたというのだ。当時は「米穀通帳」がないとお米の配給を受けられなかったから、姿をくらますのも容易ではなかったはずだ。意図的な引っ越しだったのかもしれない。

〈付記〉の注

（1）「詩論展望」日本文芸家協会編『現代の詩65』（『詩と反詩――黒田喜夫　全詩集・全評論集』勁草書房、一九六八年五月所収）
（2）「保守化と喪失感の表現――一九六五年春の文学」（「三田新聞」一九六五年六月）
（3）「状況の隠された顔――詩（表現）の死」（『駿台論調』一九六五年六月）
（4）「知識人の流れの突端で――『自立の思想的拠点』について」（「日本読書新聞」一九六七年一月）

（『ぴーぐる　詩の海へ』16号、二〇一二年七月）

【『蛸』】

『蛸』のこと——文学運動壊滅からアジア・アフリカ文学運動へ

創刊——一九六九（昭和44）年五月

『蛸』を出そうという話が出たのは、竹内泰宏の長編小説『希望の砦』（河出書房新社、一九六八年一二月）と長編評論『想像的空間』（せりか書房、同年九月）、そしてわたしの詩論集『物の言葉——詩の行為と夢』（せりか書房、同年一〇月）の共同出版記念会を高田馬場の「大都会」で開いたあと、二次会の席上でのことだった。

『蛸』は花田英三、やまだ・はつお、原誠（画家）、牧東、竹内泰宏、高良留美子の六人を編集同人として出発した。花田が創刊号（一九六九年五月）の編集後記「「蛸」発刊までの裏話」に書いている。

「話は実に一七年前にさかのぼります。／一九五三年、竹内、高良、原は『エスポワール』という雑誌を拠点に、新しい総合芸術運動ののろしを揚げました。山田は、関根弘の雑誌『列島』に、「ヘイ・ユウ！」その他、革命的で、しかもエロチックな詩を発表し始めていました。花田は、のちに『あまだれのおとは…』という詩集にまとめられた詩を、仙台の便所もないあばらすどの一室で書き始めていました。牧は、当時のいわゆる国際派の一員として、革命理論の不利な形勢を、魔術的に有利に転換すべく、「モーツァルト論」を構想していました。また花田のよき助言者、けんか相手でもありました。

竹内と花田の出会いは、それから二年後、当時安部公房、安東次男らがやっていた「現在の会」でです。その会で竹内は優等生、花田は劣等生といった役割でしたが、サルトルや花田清輝を接点として、しだいに触れ合っていきました。その触れ合いが、ついに今に至るまで続いたのは、お互いにあった、文学に対する限りない情熱と、ある礼儀正しさ?だったと思います。その頃の、とくに竹内の文学に対する情熱といったら大変なものでした。花田が折りあるごとに挙げる例ですが、サルトルの話になると、竹内は食べかけのラーメンを口からどんぶりまで垂れ下げたまま、十分間も喋り続けるといったほどでした。――花田は『列島』にも参加し、山田と知り合いました。

『列島』がつぶれ、「現在の会」が解消した一九五五年、それがわれわれにとって第一のバラバラ時代です。

まず花田が映画会社に就職。カチンコを打ち続け、馬鹿々々しくなって一年で退職。牧は東大六年生の全学連副委員長として砂川闘争に参加。高良はフランスへ。竹内は『エスポワール』に連載の長編小説「希望」の完成に本格的に打ち込みました。原と山田も、それぞれの孤独な作業をそれぞれの小さな部屋で続けるほかありませんでした。

一九五七年二月、高良がフランスから帰り、翌年二月、詩集『生徒と鳥』を出した頃からが、われわれの第二期です。いろいろ紆余曲折しながら、五八年五月、花田、竹内、高良、牧で『南方』という小冊子を発刊。続いて竹内が、ただ達者な『南方』だけでは不満で、「口は重いが無限に問題を孕んでいる」朝鮮人や部落民出身の文学者とともに小冊子『冒険』を発刊。高良も『南方』だけでは実作をともなわないとして、『詩組織』、ついで「現代詩の会」に参加。と同時に、これは主として竹内の意向によるものですが、『南方』と『冒険』をなんとか一つにしようという彼の努力によって、一九六一年一月、ついに総合雑誌『21世紀』が誕生。しかしそれもいろいろな事情で創刊号だけで終ってしまいました。そして第二のバラバラ時代。――しかしその間の作品を主体として、まず高良が詩集『場所』を六一年末に刊行(H氏賞受賞)。竹内が六二年春に評論集『視点と非存在――20世紀文学批判』を。ややおくれて花田が六五年、詩集『餓鬼』を刊行しました。

『蛸』発刊の話が出たのは、竹内の長篇小説『希望の砦』（河出長篇小説賞受賞）、長篇評論『想像的空間』、高良の理論集『物の言葉』の出版記念会のあと、気心の知れた連中、つまりわれわれ六人が、二次会で高田馬場のある小さなスナックに集った時です。「雑誌を出そう」「自由な…」「で、名前は?」……「タコ!」と日頃無口な原が突然叫びました。あとで聞くと原はフランクリンの凧のつもりだったのでしたが、他の五人とも「蛸!そりゃあいい!」というぐあいに受け取って決定してしまいました。話は簡単でした。

ところで実は去年のいつ頃だったか、なにかの折りにやはり同じ六人が集った時、『オン・ザ・ロック・オン・ザ・ファイア』という雑誌を出そうという計画があり、竹内の「創刊の辞」から各人の作品まで集ったところで、花田と山田とがお互いの作品に対するそれぞれの評価の対立で、ついにおじゃんになってしまったというおそまつな一席があったことも、ここに書きそえておきます。

各人の主張

しかし、とにかくここに『蛸』第一号が出たのですから、なんとか長続きさせたいと思っています。各人の主張は各人さまざま。

高良留美子　新しい言葉をつくりだすためには新しい対象を、云いかえれば新しい行為を名づけなければならない。

竹内泰宏　氷と焔が宇宙をつくる。

花田英三　退廃という名の馬に私は賭ける。

原誠　文章など無駄なものなのだから、読む方でも何とかそんな気になるようなものをと心掛けている。

牧東　蛸よりもなまこの方がいいんだが。その方がグタッとしているし。

やまだ・はつお　作品の結晶に全力を集中すること。
滝口雅子、多田智満子両氏が、われわれの雑誌を祝福して原稿を寄せられたことを感謝します。（後略）（花田英三）」

滝口氏が2号から、多田氏が3号から同人に加わり、「これで蛸の足は八本になった」と花田が3号の編集後記に書いている。七〇年に訪日した南アフリカの詩人マジシ・クネーネが4号（七〇年六月）から加わってくれた。6号（七一年六月）が最後になった。モノクロだが、原誠が毎号秀逸な絵を出している。

密度の濃い仕事

『蛸』は高度経済成長期の真っ只中、『現代詩』をはじめとする文学運動の潰滅という困難な時期をしのいでアジア・アフリカ文学運動につなげた、過渡期の印象のつよい雑誌だが、わたしは三〇代後半の若さでもあり、三歳〜五歳の子どもをかかえて密度の濃い仕事をした時期だったと思う。

詩「一本のフィルムが廻る」を創刊号に、詩「焼跡」と「県立女学校」を2号に、、評論「無罪性の神話――西脇順三郎論」を2号と3号に、「生きものへの共感――山之口貘と沖縄」を4号に書き、詩「戦争期（少年）」を5号（七〇年一一月）に、アフリカ、モザンビークの詩人ホセ・クラヴェレイニヤの詩「わたしはドラムになりたい」を英語から訳して6号に載せている。

（二〇一五年九月）

〈付記〉原誠は二〇一二年一一月、肝臓がんのため八三歳で死去した。その絵画は現在、練馬区立美術館に収蔵されている。その経緯を含めて、わたしは「追悼・原誠――核時代のオリジナリティを刻む絵画」を『千年紀文学』109号（二〇一五年一月三〇日）と110号（同年四月三〇日）に書いた。

『蛸』編集後記

2号（一九六九年九月）**――文学そのものによるたたかいが少ない**

現在リトル・マガジンを敢えて出す理由は、自分のなかで言葉が疎外されていることを感じるからだ。また世の中に氾濫している言葉のなかで、ポエジーが疎外されていることを感じるからだ。

この二つの理由が密接にからみあっているとすると、三段論法的にいって私はこの雑誌でポエジーの言語化をもくろんでいることになるのだが、そのとおりだ。他の人には他の人の理由ともくろみがあるだろう。最初からア・プリオリにテーゼを決めて始めたのではなく、また単なる仲間意識でもなく、各人が各人の言葉に責任をもつことを最低線として始めた雑誌なのだから。私自身としては以上のもくろみの一環として、日本のモダニズム詩批判、さらにさかのぼって明治以降の近代詩論をしばらく続けたい。また詩と散文の新しい関係を探ることも、詩人と散文家の共同するこの雑誌の課題の一つであると考えている。

わたし達は、（私は敢えてこの言葉を使いたいが）決して現在の詩と文学の状況に満足してはいない。それどころか、大きな不満と批判をもっている。ひと言でいって、最近数年間の日本の詩は駄目になってしまった（私は「少数の詩人を除いて」というおきまりの限定もつけようとは思わない）。贋の運動感覚と共に上滑りに滑っているその一皮下では、詩精神の空洞化、真の徹底的な頽廃を避けた退化が進行している。私は警世家風の言辞を吐きたくはないが、これ以上の沈黙は文学的有罪に通じる。政治の季節などといわれているが、文学そのものによるたた

かいがあまりにも少ないのだ。（高良）

3号（一九七〇年一月）草案――**芸術家は小さいところから始める**

以前、画家の河原温が、「芸術家は小さいところから始める」といっていたのを私は最近ときどき思い出す。この言葉は、ふんころがしが小さなふんの塊から始めて段々大きくしていくイメージとも重なりあう。物事がそこから始まる小さな帰納的なものを見失うことは、芸術家にとってもその時代にとっても一つの危機だろう。そこにいわば〈すべて〉があるのだから。〝神は細部に宿る〟という言葉もある。

今度その〈小さなもの〉が動き出すきっかけを強力に作り始めたのは花田英三だが、第2号でようやく各人の内部が動き始め、それぞれがそれぞれの方向にむかって突っ走り始めた感じである。この雑誌は、たんに仲間意識で成り立っている雑誌ではなく、各人が自己の発言に責任をもつことで成り立つ雑誌である。そこからどのような共通のもの、共通の主張が出てくるかについては、私としてはある予感がないわけではないが、それをあらかじめ名づけることはかえって狭く限定することになるだろう。まず各人のうちに埋もれているものを外面化することから始めたい。（この草案は枚数の関係からか、掲載されなかった。）

6号（一九七一年六月）――**日本はアジアの辺境の国**

昨年の十一月、ニューデリーでのアジア・アフリカ作家大会に出席したあと、モスクワから中央アジアのタシケント、サマルカンドを廻って船で十二月はじめに帰国した。シルクロードの砂漠のなかの町サマルカンドはソビエトのウズベク共和国にあるが、バラックでインド映画が上映されていたり、タージ・マハールを建てたイスラム王の八代の祖先チムールの廟があったりして、インド文化との連携の深さを感じた。アジアの交通路であり、東西文化の交流地点でもあったこの地域では、少なくとも文化や文化交流にかんしては、国境というものがフィクションにすぎないことをわたしは感じた。日本人によく似た人たちも多く、タシケントのレストランには歌手の北島三郎そっくりのウェイターがいた。人びとは羊肉をいれた焼飯を丼で食べ、番茶に似たお茶を飲んでいる。

インドや中央アジアでわたしが感じたことは、日本がアジアの辺境だということだった。かつて東南アジアを通ってヨーロッパへ行ったときは港町ばかりを通ったせいか、それほど感じなかったが。今度はじめてアジア大陸の内陸部を通り、その征服につぐ征服、王朝の交代につぐ交代の歴史に、島国や鎖国という条件のため外国から隔離されていた日本とはまるでちがった環境を感じたのだ。そこには人の交流の密度、交代し沈澱する文化の密度、流された血の密度、人間の執着の密度がある。むしろ帰国してから、わたしは日本がいかにも辺境の島国であることを感じた。（略）

これからも詩と労働、詩と自然、詩と近代以前（アジア）というようなテーマにとり組んでいる詩人たちに積極的に寄稿を呼びかけていきたい。（高良）

山田初穂の詩——心の裏側に大空がある

初期の詩の軽快で自由な歩み——卒直な言語感覚

このたび『八月の歌は青の色たちが——山田初穂全詩集』（創樹社）が出版された。野間宏が跋文「山田初穂の詩の生死」を書き、友人の画家・原誠が装丁と装画を描いている。山田初穂《はつお》（一九二八〜七八）が生前には見ることのなかったはじめての詩集であり、全詩集である。ここには一九四九年に書いたかれの初期作品が一〇篇ほど収録されていて、わたしにとっても初見のそれらの詩は、かれがそれ以後の作品で見せたのとはまた違った、豊かな言語感覚と多様な方法的可能性をもった作品なのである。

山田初穂にはじめて会ったのは一九五二年、かれは「トロイカ文学集団」の若い詩人であり、わたしはまだ詩を書いていなかったが、雑誌『希望《エスポワール》』の一員だった。そのときのかれの柔らかな風貌と羞恥をふくんだ眼差しは、いまも印象にのこっている。しかしそれ以後のかれは、作品においても現実においても、そのような眼差しを見せることはなかった。

わたしたちは雑誌『トロイカ』と『列島詩集』（一九五五年）で、かれの作品「ヘイ・ユウ」と「運河」と「祝婚歌」を読み、それにもとづいてかれを評価していたが、数年前に『蛸』誌上で長詩「八月の歌は青の色たちが」を読むまでは、その三篇だけがわたしの読みえたかれの作品のすべてだった。

もし山田初穂が初期作品の一部でも見せてくれていたら、その後のかれとの対応は別のものになり得たかもしれないと、今となっては思う。これらの詩は、詩人の初期の作品にありがちな未熟さをほとんど免れている上、のちのかれの作品から姿を消した軽快で自由な歩みと、一定方向に固定化されない批評精神をもち、そしてなによりも、自分自身の矛盾に垂直に切りこむ、おどろくべく卒直な言語感覚をもっているのだ。

詩の好きな少年よ
わが友よ
君よ
怖れることなく常に思え
乾いた胃袋は幻影を求めがちなものだと
むしろ胸郭にたたきこめ
乾いた胃袋は現実の食料を求めているのだと
革帯をならしきゅっと腹をしめ
着実な食欲をわが手にし
えーてるのなか
ぱっしょんにうちふるえよ
歌えよ
空腹の切ない叫びこそ
豊かな満腹のうたごえと同《おん》なじだ
——やがて君の詩は胃袋を強くさせ

くりくり躍る小麦の肌の両足をもつ
詩の好きな少年よ食物を創造しろ
おお　詩の好きな少年よ
自惚れをきびしく開拓しろ
ピストルでわが身の結着をつけるな

（「乾いた胃袋――青年詩人の遺書――」後半）

火炎瓶闘争を否定して――矛盾を根底からすくいあげる

かれはイメージの詩人というより、むしろ雄弁の詩人という一面をもっている。詩と胃袋――これが山田初穂の抱いていた基本的な矛盾だった。やはり初期の詩「心の表側に母がいる」でも、かれはこの矛盾に別の面から切りこんでいる。

蒼空がある
心の裏側に大空がある
めじろおしに詩人なるものがものうくうたっている
うたごえは軀の内部をよろけさせる
心の内側にわが家が傾いている
黄色い噴怒を涙でいろどって母が腰をまげている
私が詩集をひらくと
母が悲鳴をあげる　かすかにもながく　食えやしないよ　食えやしないよ　食って

ゆけっこないさ

…………………

自分を肉体ごととらえている矛盾を一見さりげなく、しかし根底からすくいあげている。後の「ヘイ・ユウ」などにわたしが感じたのも、山田初穂の一種不安定、不均衡なものをふくんだ肉体感覚なのだが、そこでは初期の詩にあった（テーマは重くても）軽快で自由な歩みは、別のものに変化している。「ヘイ・ユー」の最終連を引用する。

や・つきあげてくる胃袋の唸りが一瞬夥しい砕片となってひしめきあい僕を傷つけるものだ僕の咽喉を貫き！〈畜生・いまにだあ・
生命《いのち》がたいせつ！〉

ときどきかれと会うようになった一九五四〜五六年ごろにかけて、山田初穂は生活的にも社会的にも、また詩の面でも、自由というものが全くないという顔をしていた。かれの心は烈しく自由を求めていたが、それはどこにもなかったのだ。かれはそのころ、日本共産党の火炎瓶闘争方式を否定し、入党のすすめを拒否したらしかったが、そういう自分を肯定できないでいる様子だった。また芸術論の面では、『トロイカ』での批評や論議を克明に記憶していて、わたしたちの前で繰り返したが、それはかれの詩を自由にする性質のものではなさそうだった。

わたしたち（当時『南方』という小冊子を出していた竹内泰宏や花田英三やわたし）は、火炎瓶闘争を否定し、〈生命《いのち》がたいせつ！〉という山田を無条件で支持したが、しぼり出すようにそう叫ばざるを得なかったかれにとって、わたしたちの支持はたぶんあっさりし過ぎていたにちがいない。少なくともわたしにとって、それは戦後の出発点で確認した自明の前提だったからだ。

一貫して一種の表現主義者──象徴主義とは対極のところに

山田初穂の詩の資質と可能性は、象徴主義とは対極のところにある。より二〇世紀的、現代的なのだ。一九世紀ブルジョワ文学の系譜をほとんど、あるいは全く引いておらず、むしろ二〇世紀前半のドイツやフランスで花ひらいた小市民芸術の系統に近い。かれはヴァレリーがきらいだった。初期の詩をみても、かれは小市民中・下層の生活者のもつ経済的、肉体的矛盾をかかえていた。

それと同時に、かれは自由と美へのつよい憧れを抱き、山田流箏曲の家元を祖先にもつという、美と芸の伝統をも受けついでいた。それは「武」の伝統とは全く別のものだった。そこにかれの詩が、やや暴力的なものをふくんでいた小市民芸術に、単純に接近しきれなかった理由があるのかもしれない。

しかし山田初穂は一貫して一種の表現主義者であったし、その面をもっと解放し、芸術方法的に意識化すればよかったとわたしは思う。五〇年代のかれの芸術的追究は、かれの詩をきたえ、高度にし、「不眠の夜のエクスタシー」などのすぐれた作品をうみ出したが、自分自身の矛盾に切りこむ方法的な態度は、やや少なくなっていったのではないか。芸術理論とかれ自身の矛盾とのあいだの乖離が、うっ積を生み、最後の「八月の歌は……」のやや私小説的な爆発へと、かれを導いたのではないだろうか。

かれはピストルでわが身の決着はつけなかった。しかし時間となにものかの暴力が、かれの肉体に決着をつけた。その晩年は一種の緩慢な自殺と考えられなくもない。

（『新日本文学』一九七七年一一月、加筆）

〈付記〉山田初穂がわたしたちに語った祖父の話を、この機会に書いておきたい。一八六八年、上野に集結した彰義隊にかれの祖父も参加する約束だったが、行かなかった。山田はそれを〈裏切り〉と表現していた。やがて祖父は山田流箏曲の家元〈株〉も手放してしまったという。山田は祖父のその不参加を、自分の火炎瓶闘争への不参加とどこかで重ねあわせていた。「琴のお師匠さんが彰義隊に加わっても戦えるわけがない」とわたしたちはいったのだが……。

家元はやめても、「家」を存続させる圧力はかれの母親の結婚を束縛した。いとこ同士の結婚から、かれが生まれた。「別離後日」という詩には、〈ぼくは天職に墓守かね／朝《あした》に水をそそぎ／夕《ゆうべ》に水をそそぎ／たちまち苔ふりた立派な堂々とした墓石にさせる／誓ってもいい／（誰のために）／ぼくのために！／（ほんとうか）／彼女のためにも！／（よし　それならばぼくが風化させてやるよ）〉という詩句がある。「彼女」とは、自殺した姉のことだろうか。

「劣性遺伝」という言葉をかれから聞いたことがある。三商時代には甲子園に出場する機会があったが、チームはかれのエラーで負けたのだ。そんな風に、かれは自分のまわりにマイナスの札ばかり集める傾向があった。そしてそれを一挙にプラスに転化させるなどとは、考えもしないらしかった。

山田の死は、高田馬場の地下鉄の階段で、誰かと衝突したのか突きとばされたのか、倒れたのが原因だった。翌日、目白病院に歩いて行ったが、そのあといけなくなったらしい。葬儀は浄土真宗によって行なわれた。

パートナーの小林定子さんが山田初穂を終生支えたが、彼女の兄は最初の海軍特別攻撃隊員としてレイテで戦死した海軍軍人だった。彼女は下町の料亭で仲居さんとして働きつづけ、残された両親を養った。『八月の歌は青の色たちが――山田初穂全詩集』の刊行メンバーに名を連ねているが、実質的な編者は彼女だと思う。かなり前に亡くなったと聞いた。（二〇一一年一一月七日）

花田英三――坂下の男の子

天皇から最も離れた沖縄へ

花田英三と知りあったのは、一九五四年頃のことだ。かれの年譜には、「又その頃安部公房らの「現在の会」に入り、竹内泰宏、高良留美子を知る」とある。『希望《エスポワール》』をやめたあと、竹内が安部公房にさそわれて「現在の会」にはいり、その後わたしもはいって花田英三と知りあったのだと思う。『南方』『21世紀』『蛸』などの雑誌を一緒に出した。四〇年近くにおよぶ長いつきあいである、しかしそのうちの半分ぐらいはぼんやり過ごしてしまったような気がする。

だから知りあった頃の花田英三について思い出そうとしても、喫茶店や目白の新居などが切れ切れに思い浮かぶだけだ。かれは旧制高校と大学を出たインテリなのに江戸っ子庶民風、エリートなのに軟派のヤクザ、左翼なのに云々というわけで、どこかつかみどころがなかった。それにわたしの方には、世のすべての男性に対してひどいこだわりがあったので、花田君にもほかの男の友人たちにもほとんど近寄らなかった。「男」というカテゴリーとしてしか見ていなかったふしがある。

しかしわたしにも、花田英三が二つのことに対しては相当本気な男だということは、見てとれた。一つはいうまでもなく詩であり、もう一つは天皇である。かれの天皇への関わり方は細部へのこだわりがはげしく、こんなに細かく考えているといまに天皇一家を愛してしまうのではないかと心配になるほどだった。かれがその種の危惧を感じたのかどうかは知らないが、日本では天皇から最も離れた沖縄へ行ってしまった。反米にはなり切れないと思うが……。

時間をかけて熟成したこくのある詩

詩についていえば、花田英三は最初の詩集『あまだれのおとは』にふくまれていた知的で批判的なものと、身体的で庶民的なものを渾然一体とするまでに、思わぬ時間がかかったのではないかと思う。かれの詩には、時間をかけて熟成したもののもつこくがある。かれが輸入文化のひしめく東京ではなく、山之口貘を生んだ沖縄に住みつき、山之口貘賞を受けたことには、天の配剤が働いていたと思えてならない。

一九七二（昭和47）年に、わたしが「敷石の幅」という小説を雑誌『人間として』（筑摩書房）11号に発表したとき、花田英三は思いがけない熱心さで褒めてくれた。これは小学校五年生の女の子が〈はなつまみ〉という仇名の街の男の子と大喧嘩をする話で、いわば住宅街の子供と商店街の子供との確執を書いたものだ。舞台は目白通り近辺、花田はこの小説を坂下の男の子と坂上の女の子の小説として読み、珍しくしみじみとこういったのだ。「高良さんは坂の上の女の子で、ぼくは坂下の男の子なんだよなぁ」。

なるほど、そういうことだったのか。

この辺りから、わたしに花田英三の実存のあり方みたいなものが見えてきたように思う。かれは坂下の男の子的な実存を、けっして手ばなすことはないだろう。

先日ある雑誌からの、「あなたにとって魅力的な男性とは」というアンケートに、わたしはこう答えた。「この社会で男であることはひどくダメなことではないかと、一度ぐらいは本気で考えたことのある男」。花田英三とは近頃さっぱり会わないが、そろそろ魅力的な男になっているかもしれない。

（『詩と思想』一九九二年五月より、加筆）

〈付記〉花田英三は一九九一年に詩集『ピエロタへの手紙』で第十四回山之口貘賞を受賞した。二〇一四年五月、八四歳で咽頭がんのため那覇市で死去した。

【『ユリイカ』】

伊達得夫という人

焼け跡に建つ書肆ユリイカ——新鮮だった『戦後詩人集』全三巻など

書肆ユリイカは上落合にあった。わたしの家から聖母通りを降り、下落合の踏み切りを渡って落合下水場の前を行くと、早稲田通りと交わるあたりの右手に伊達さんの家はあった。焼け跡に立つ簡素な木造家屋で、扉を開けるとすぐ本のたくさんある事務所兼客間が広がっていた。木の香りがした。わたしはそこに何度か詩集を買いにいった。一九五四、五年頃のことだったろうか。

そのあたりは敗戦の年の四月一三日の米軍空襲によって、なめるように焼けた地域だった。新宿、東中野の方から焼けてきて、早稲田通りを越え、上落合の家々を火が焼き尽くしていくのを、わたしは妙正寺川対岸の高良興生院の庭の防空壕で、板塀の下の横板のあいだから見つめていた。しかし伊達さんは空襲のことを知らないようだった。戦後住み始めたのだろう。

書肆ユリイカからは『戦後詩人集』全三巻などが出ていて、非常に新鮮だった。一九五七年、初めての詩集を出したいと思ったとき、わたしは伊達さんの家を訪ねた。

その部屋で伊達さんと向き合ったのだが、かれはわたしのことを覚えていて、「あなたは成績がいい方でしたよ」といった。

ちょっと高みから降ってくる、照れたような調子をよく覚えている。あまり聞きなれない言葉であり、調子だった。屈折していて、いささか対応に困るほどだった。その当時人びとはもっと素朴で直接的な言葉を生きていた。後になって伊達さんが朝鮮からの引揚者で、旧制高校~帝大出でもあることを知ったとき、少し納得がいった。わたしは小遣いのほとんどを詩集に費やしていたから、書肆ユリイカにとってはいいお客だったかもしれない。伊達さんはそのことを少し屈折した形で表現したのだ。

初めての詩集——あまり得をしてこなかった人

持参した詩集の原稿を読んで、伊達さんは「出しましょう」といってくれた。もちろん自費出版だが、割合安くできそうだった。その後は神田の路地裏の森谷均の事務所に同居していた書肆ユリイカへ行き、喫茶店ラドリオで具体的な打ち合わせをした。カバーには、姉の高良真木にデッサンを描いてもらった。タイトルは「昨日海から……」と「生徒と鳥」を考えていたが、名詞の方がいいのではないかという伊達さんの意見を容れて、後者に決めた。

翌年二月に詩集『生徒と鳥』ができあがったとき、伊達さんはお祝いに近くの飲み屋でお酒をおごってくれた。わたしは二五歳になっていたが、飲めない上にあまり親しくない男性と二人だけで飲むのは初めてだったので、話題に困った。「伊達さんのお名前の得夫って、どういう意味ですか」などとまのぬけた質問をし、「きっと親が得をするように付けたんでしょう」とかれが答えて、話題が途切れた。出征し、引き揚げてから書肆ユリイカを立ち上げるまでの伊達さんの苦労については何も知らなかったが、そのアイロニカルな調子は印象にのこっている。あまり得をしてこなかった人なのだ。

ブレヒトの詩を訳しているというと、伊達さんは「商人の歌」を『ユリイカ』一九五八年六月号に載せてくれた。またすすめられて「月と三人の男たち」という二三行の詩をもっていったところ、「短すぎる」といわれたのにはびっくりした。短い詩は組みにくいらしい。伊達さんはそれを詩誌『ユリイカ』の五八年一二月号に見開きで載せてくれた。

翌年一月、わたしは結婚して上目黒に住み、また伊豆太朗や三木卓らの『詩組織』に二号から参加した。「現代詩の会」にも入会し、雑誌『現代詩』に詩を発表するようになった。

次に伊達さんのところにもっていったのが、安保闘争のあとに書いた「場所」である。八五行なら文句はあるまいと思ったのだが、それを『ユリイカ』一九六〇年九月号に出してくれたあと、伊達さんは病気で入院し、翌年一月に亡くなってしまった。肝臓がんだった。

（「わが詩的自叙伝（3）」『詩と思想』二〇〇五年九月より）

【『現代詩手帖』】

言葉が読者に届く感覚——現代詩手帖創刊50周年

一九六〇年代、詩の最盛期——吉本隆明『固有時との対話』を批判

神保町の裏路地の二階にあった森谷均さんの昭森社は、詩誌『列島』、『ユリイカ』、そして『現代詩手帖』の誕生の地として、わたしなどの詩的世代にとってはある意味で神話的な故地である。

わたしが初めての詩集『生徒と鳥』を書肆ユリイカから出したのが一九五八年二月、思潮社から『現代詩手帖』が創刊されたのは翌年五月のことだった。ただその当時小田久郎さんと顔を合わせたかどうかは、定かではない。『現代詩手帖』から初めて原稿を依頼されたのは、評論だった。『現代詩』などに評論を書いていたためだろう。「石川逸子の寓話的手法」という評論が、六一年四月号に載っている。つづいて六二年二月号には、「『固有時との対話』との対話——吉本隆明と自我の時間性」を書いた。非反省的意識の自発性と非人称性が欠けているという、なかなか手厳しい論であった。

初めて同誌に書いた詩は「泥と針金と」（六二年七月号）だった。毎日都心に勤めに通っていたころ発想した詩である。

H氏賞を受けた第二詩集『場所』（同年一二月）は、先日亡くなった粟津潔さんの装丁で思潮社から出してもらった。だが最近調べたところ、二三篇のうち『手帖』に発表したのはこの詩だけだ。

わたしが『現代詩手帖』に盛んに詩を発表したのは、八木忠栄さんが編集長をしていた六〇年代半ば以後のことだ。第三詩集『見えない地面の上で』（七〇年四月）の二六篇のうち、九篇にのぼっている。とくに三〇代前半の時期に、「白木蓮」「帰ってきた人」「友だち」「海鳴り」「木」などを同誌に発表できたことは、いまでも充実感として残っている。

この頃は現代詩がしだいに政治や社会の問題から自分を切り離していく時期ではあったが、戦後現代詩の最盛期でもあり、詩は多くの読者を惹きつけていた。六四年一〇月に雑誌『現代詩』がつぶれたあと、『現代詩手帖』はこの最盛期の実現に重要な役割を果たした。

詩の雑誌を商業誌として持続――〈近代を超える〉課題

六〇年代後半から七〇年代にかけては、評論も書いた。荒地論の依頼が多かったと思う。谷川雁を論じた「命令する恋歌」（七六年七月号）は、フェミニズム批評である。しかし八〇年に詩集『しらかしの森』の原稿をもっていったときは、小田さんに断わられた。モダニズムを超えようとして日本人の深層にひそむ経験の層に錘を降ろしたこの詩集は、思潮社の方針に合わなかったのか、あるいは売れないと思われたのかもしれない。その頃は詩が売れていた時代で、自費出版ということは考えていなかった。

わたしにとって『現代詩手帖』は、言葉が読者に届くという感覚ぬきにはあり得なかった。現在でもそれは変わらない。近年の詩集『崖下の道』（思潮社、二〇〇六年）の冒頭近くに置いた四篇の詩も、同誌に発表している。

『現代詩手帖』の功績は、何よりも詩の雑誌を商業誌として半世紀のあいだ持続させてきたこと、時代の流れをつかみ、日本の詩のリーダーシップをとってきたことにあると思う。もっともその影響力の強さがマイナスに働く場合もあったことは否定できない。

日本のモダニズムは、アジアへの罪障意識を意識下に押しこめたところに成り立ってきた。五〇年代には『ユリイカ』がいわゆる感受性の詩人、フレンチ・モダニズムの詩人たちを輩出させたが、戦後左翼への批判意識をもっていた『現代詩手帖』は、より複雑な視野をもっている。言語至上主義の詩に傾いた時期もあり、女性への暴力詩については作者を批判せざるを得なかったが、近年は女性詩人への視野も広がり、アジアへの視点も見られる。『荒地』からポスト・モダニズムを経て、現在は日本の近代以前やアジア・アフリカの文化に関心を広げて〈近代を超える〉という二一世紀の最も重要な課題に直面しているのではないだろうか。

（『現代詩手帖』二〇〇九年六月、加筆）

【『詩と思想』】

笛木利忠——戦後という時代からしか生まれなかった人

関根弘への絶対的な敬愛——書かない人の純情

笛木利忠は土曜美術社、現在の土曜美術社出版販売の創設者であり、初代社長である。詩集『しらかしの森』（一九八一年二月）を出した頃から、付き合いがはじまったように思う。

笛木氏がつねづね「おれは人を批判するときは、当人のいる前ですることにしているんだ」と語り、それを実行していた。雑誌の編集人・発行人としての節度を保っていたのかもしれないが、なかなかできないことだ。かれは実際、当人の前でけっこうきつい批判をすることがあり、それで気分をこわしてしまう人もいるほどだった。

笛木氏の関根弘にたいする敬愛はほとんど絶対的なものがあった。『関根弘著作集』を出したいというのがかれの念願で、関根さんが江戸川区の方に引っ越してまもない頃、著作目録をつくった中川敏とわたしの三人でお宅に訪ねたことがある。しかしはじめての道で迷い、残念ながらわたしは別の約束のため途中で落伍してしまった。著作集はいまだに実現していないが、『東大に灯をつけろ』、『わが新宿！』などの評論選集と全詩集は、できたら土曜美術社出版販売から出してほしいというのがわたしの願いである。

かれが『列島』の復刻版（一九七九年）を出したときは、わたしも雑誌を提供して協力した。その後花田清輝編集の『総合文化』を出したいといっていた（これはのちに不二出版にいた越水治氏に提案して、実現した）。

笛木氏の関根弘への敬愛は、関根弘の花田清輝への敬愛に近いものがあったと思う。書斎で写した関根さんの写真の背後には、いつも『花田清輝著作集』の背表紙がきれいに並んでいたものだった。

関根弘は『花田清輝論』一冊を書いたが、笛木氏は関根論を書かなかった。書かない人の純情のようなものが、笛木氏にはあった。権力を獲得し維持するための男たちの結託を意味する〈ホモ・ソーシャル〉という概念と言葉は、まだその頃はなかったが、かれと関根との関係はそれとは全くちがうものだった。

いっぽう『列島』の詩人たちは、〈ホモ・ソーシャル〉どころか喧嘩ばかりしているようにわたしには見えた。『荒地』の詩人たちはその点ではるかに〝大人〟で、〝利口〟だった。『列島』の詩人たちはそれだけ支配階級から遠く、権力から遠いところにいたのだろう。しかし文学運動にとってはマイナスの面も多かった。

笛木氏は新潟の人で、あるときわたしが「戦争中塩沢に疎開していた」というと、「それはおれの生まれたところだ」といった。村じゅうが笛木だらけだ、とも。かれは塩沢の町で『列島』を手にしたのだろうか。笛木利忠は文学運動を志した人であり、関根弘と同じように戦後という時代からしか生まれなかった人である。

（二〇〇〇年代）

パネルディスカッション『詩と思想』の40年をふりかえる

（出席者）中村不二夫・高良留美子・麻生直子（発言順）

『列島』『現代詩』の継承・モダニズムの克服・吉本隆明批判・女性詩の台頭・戦後詩の総括……

中村　『詩と思想』創刊四十周年ということで、高良留美子さん、麻生直子さんが中心にいた時代を語って頂いて、それを四十年の総括に繋げていけたらいいなと考えて企画しました。よろしくお願いします。本来は、創刊時に出資をして土曜美術社という会社を立ちあげた相沢史郎さんとか、そういう方にもお話を頂ければ本来は良かったのですが、今日は体調を崩されてご欠席です。

私と『詩と思想』の関わりは一九八〇年代の半ばぐらいですので、そこでの関わりを持って二十五年位なんです。一九八〇年代の半ば、私が『詩と思想』に関わった当時、一番脂の乗り切った時期の高良さんが編集長としておられました。

他に木津川昭夫さん、佐久間隆史さん、しま・ようこさん、森田進さん、清水和子さんが編集委員で、周辺には一色真理さん、岡島弘子さん等がおられました。『列島』『現代詩』の詩的精神の継承、モダニズムの克服、吉本隆明批判とかフェミニズム、女性詩の台頭があったり、戦後詩の総括、詩言語の分析とか、現在に繋がる様々な問題提起をその当時の『詩と思想』はしておりました。

『詩と思想』にとっては一番大変な時期だったかもしれませんが、その時期が一番『詩と思想』らしかったのではないかと私は今でも思っています。大変だったというのは「このまま『詩と思想』は続いていくのかな」ということも含めて、一番大変だった時期に編集長として就任されたのが高良さんだったと思います。高良さんの編集長時代は一九八五年三月の三十号から始まります。その時に高良さんは非常に画期的な提案をされています。つまり経営者の紐付きではなくて詩人たちの手による編集委員会発行で『詩と思想』を続けていこうということを提言なさいました。そういうことも含めてまず高良さんに口火を切って頂いて話を進めていきたいと思いますのでよろしくお願いいします。

高良　皆さんこんにちは。私は『詩と思想』一九八五年の三月号に編集前記「新たな混沌」という文章を編集委員会の三人の署名で書いています。「『詩と思想』は商業誌であるからには、きちんと編集員をおいて定期的に発行し、できれば原稿料も払うべきだと詩人たちは言い、発行者のほうは、『詩と思想』は今は赤字を出しながらも一応商業誌の形をとっているけれど、本来は詩人たち自身によって編集発行される運動誌になるべきもので、土曜美術社はそれに協力する」という意見だったのです。

この対立がさして尖鋭化もせずに長年続いてきたのですが、一九八四年頃から十人ほどの詩人が集まって話しあい、比較的時間をひねり出せる人が二十八号から編集に入りました。三十号から協力メンバーも決めて正式に出発したのですが、三十一号で土曜美術社が一時倒産する騒ぎがあり、社員たちが給料の支払いを求めてロックアウトしている部屋に、ゲラ一冊分をとりにいきました。それで私はますます編集に深く関わるようになりました。

沖縄・在日・被差別部落の詩人たちの詩を掲載――小松川事件の衝撃

『列島』『現代詩』の詩的精神の継承、モダニズムの克服、吉本隆明批判、フェミニズムと女性詩の台頭、戦後詩の総括、詩言語の分析などの問題提起をしたことを中村さんが指摘してくださいましたが、付け加えるとすれば、マイノリティの詩人達を重視したことが挙げられます。在日や被差別部落の詩人たちの詩を載せ、アジア・アフリカの詩と文化に視野を広げたことです。沖縄の詩人たちの号は笛木さんが編集しました。一九六〇年代の新聞などを見て下さると分かるのですが、沖縄問題、在日問題、被差別部落問題は、次々と焦点化されて出版ブームにもなった問題です。最後は部落問題で、大きな書店の社会問題の本棚がこの問題で占められたのを覚えています。

もう一つ覚えているのは、一九五八年に在日少年の定時制高校の少年が、高校生の少女を殺した小松川事件のことです。彼は二人の女性を殺したことが分かって、未成年だったのにも拘らず六二年に死刑にされてしまいましたが、在日の年上の女性と交わした往復書簡が翌年発行されて、サルトルの『ジュネ論』の影響とも重なって衝撃を与えました。この事件がきっかけとなって、沖縄、在日、被差別部落の人たちを今まで差別し、踏みつけにしてきたという反省が広がったのです。

ウーマンリブからフェミニズムへ――経済の高度成長、バブル時代、エコノミック・アニマル

最後に極めつけのような形で一九七〇年からウーマンリブが始まりました。それがフェミニズムになって八〇年代にも続きましたが、この時期について「編集前記」は、「核をシンボルとする現代社会の矛盾が至るところで危機的状況を現わしているいま、人間は真の知性と想像力のあり方を問われ、価値観の転換を迫られている。二級市民とされてきた女性の大量参加、社会的に差別されてきたさまざまな人々の参加を得て、現代詩は本格的に近代を超える新しい地平の形成にむかうときにきている」と書いています。女性やマイノリティ、アジア・アフリカの人びとは、日本の近代がその上に成り立ちながら差別し、置き去りにしてきたものでありました。

六〇年代から始まった経済の高度成長が七〇年代もずっと続き、八〇年代半ばになるといわゆるバブル時代に入ってくるわけで、外に向かってはエコノミック・アニマルといわれるような、経済の優越的立場からの日本人のア

ジア進出があり、そのいっぽうで（あるいはそれが故に）精神は鎖国的状態に閉じ籠もっていったのです。詩における批評精神の衰退は甚だしいものがありました。「現代詩は何に向かって言葉を乗り越えるかという超越の本質的な契機を失って、退屈な言葉の練り物の中に溺れ死のうとしている」とも言っています。他者や世界への生き生きとした関心を呼び覚まし、その本来の輝きをとり戻さなければならないという意図から、「ナルシシズムの時代」「現代詩において他者とは何か」などの特集をしたのを覚えています。

苦しかった一九八〇年代――吉本隆明とコム・デ・ギャルソン

私は一九七〇年からアジア・アフリカ作家会議の運動に関わっていたのですが、一九八〇年代は私にとっても非常に苦しい時代でした。『詩と思想』の編集をしたのは一体いつだったのかも、「編集前記」を書いたことも実はよく覚えていなくて、苦しい時代だったので多分忘れたかったのだと思います。

さっき、この会場の近くにコム・デ・ギャルソンの建物を見かけたので思い出したのですが、吉本隆明がその洋服を着て登場し、現状肯定と賛美の姿勢をアピールしたのが一九八四年です。皆が現状肯定の方へ移っていこうとしていた時代でした。その中で激しい孤立感を感じながら、〝ああ、こういう風にして崩れていくのだな〟と思いました。カフカのある小説を引き合いにして、世界と自分が矛盾するときは世界の方が正しい、などという人たちもいました。日本人は本当に自分というものを信じきれないのですね。

九〇年代になるとベルリンの壁崩壊やソ連崩壊とか色々あって少し世の中が動き出しましたが、何しろ自民党一党支配のいわゆる「五五年体制」が始まって三十年、世の中が私たちの望む方へは少しも動かないという現状があって、そういう中で『詩と思想』と土曜美術社の存在は非常に大きかったと思います。

発行者と虚々実々のやりとりをしながら中村さんや森田さん、木津川昭夫さんその他の方々との会話が楽しかったのを覚えています。麻生さんとはその前にすでに「エスパース土曜」で詩の朗読の会をやっていましたね。「土曜ポエムナイト」。これは詩を立体化する試みでした。

『詩と思想』の創刊、一九七二年

中村　有難うございます。『詩と思想』は高良さんが今話されましたように、社会派ということでよく区分けされるのですが、これを嫌がるというか抵抗を持つという方もいるかもしれませんが、日本には『現代詩手帖』といういわゆる言語派の非常に立派な雑誌が一つ君臨して、名実ともに日本の詩壇をリードしています。それはそれで認めざるを得ないというふうに思います。

ただ『詩と思想』は逆の立場で社会派ということを名乗り続けていってもいいのではないかと思います。民主党も自民党化ということを今盛んに言われて（笑）、境界がないのが正に今の社会の一つの流れになってしまっているのですけれども、言語派モダニズムの『現代詩手帖』、社会派・生活派と言ってもいいでしょうか、『詩と思想』ということであってもいいと思うんです。

先ず七二年の創刊号、詩人が当時お金を出し合って土曜社というのを立ち上げたんです。これも凄い立派な行動だと思いますよね。私財を投げうってこういうものを作ろうという方々が相沢史郎さんをはじめ何人かいたということです。これが元々の創刊号ですね。

ただやはりお金が潤沢にありませんので、こういう方向はずっと続かなかったですけれども、そこで「土曜美術社」という形でスポンサーが現れて、第二次創刊号が一九七九年に出ることになりました。ここから先ほど高良さんが仰った、一方に経営者というのがあって、そことの対立構造を生みながら『詩と思想』は発行され続けていくことになるわけです。

次に麻生さんはその時の編集委員会には入っていらっしゃらなかった気がするんですけど、ただそれ以前の『詩と思想』との関わりもございますし、二十七号で中上哲夫さんたちと鼎談「体験を如何にして言語化できるか」というのにも出られています。二十九号には第二十一回「ポエムナイト」で岩田宏さん、井坂洋子さんの対談が麻生さんの司会で行われています。それから高良さんの時代を経て、次の一九八九年四月号で、高良さんから編集長を引き継いだのは、小海永二先生だったのです。こういうところの話も麻生さん出来ると思いますので、よろしくお願いいします。

「土曜ポエムナイト」一九八一年から——詩の新作発表と朗読の会

麻生　『詩と思想』四十周年おめでとうございます。現編集長も社を支えてこられた方たちも大変な思いをされたのだと思います。私は自分がまさか『詩と思想』の編集に関わろうなどと思っていませんでした。七〇年に私は詩を書き始めました。七二年に『詩と思想』創刊号、表紙と文字は粟津潔さんで、当時すごく有名で、エイリアンの主役などをやったような人です。四年位前に金沢の二十一世紀美術館に行きましたら、粟津潔さんの特別展がありまして、そこのイラストコーナーの中に『詩と思想』が三冊位飾られていたので、懐かしくて嬉しい気分でした。

私は六〇年位から現代詩を読んでいて、六五年から七〇年位まで『現代詩手帖』に岡庭昇さん、高良留美子さんという名前がいつも出ていまして、その当時高良さんの書かれたものとか、女性詩人の詩とか、茨木のり子さんの詩集『鎮魂歌』など色々読んでいました。七〇年代になるともの凄く詩は過激になるわけですけど、今まで総合的な編集方針だった『現代詩手帖』も少し言語派に片寄ってくるんですね。そういうものを見ながら私は「ああ、こんな詩もあるんだ」という思いでいました。

ところが一九八一年に高良さんが新宿の「エスパース土曜」という、そこは土曜美術社の画廊と事務所で、『詩と思想』の編集もしていまして、そこで詩の新作発表と朗読の会を企画されたので、「貴女も来ませんか」というお誘いを受けました。白石かずこさんの朗読や竹内泰宏さんのアジア・アフリカについてのお話などがあり、私も朗読させて頂いたのですけど、その時が初めて高良さんに直にお会いしたのだと思います。

その秋に関根弘さん、長谷川龍生さん、菅原克己さん、岡庭昇さん、中川敏さん、高良さんが発起人で「土曜ポエムナイト」という、これは私が勝手につけたのですが、私もその中の一人として入るように高良さんに言われて、一世代上の錚々たる仕事をされていたメンバーの中にお手伝いの役で入ったんですね。

毎回土曜日にどういう企画でどういう案内状を出すかというのを、事務所の女性たちと相談しながら企画を練りました。そのお蔭で沢山の詩人に来てお話をして頂くこともできたし、ディスカッションもできたと思うんですね。随分関根弘さんの毒舌にかかって（笑）途中で詩を二年位止めたとかいうような人もいましたけれども、私自身はこの約三年間本当に真面目に取り組みました（笑）。色々な人の詩を読むのが大変楽しくて、だんだん企画を練るようになりまして、それを笛木さんが『詩と思想』に取り入れてくれるようになりました。

今日見えている新川和江さんと伊藤桂一さんの対談を組ませて頂いたのですが、その頃言語至上だとかグロテスク、エログロナンセンスの詩が多かったので、若い女の子が「言葉への冒瀆だと思いませんか」と新川さんに質問したら、とても深く理解して頂いて、その後、朝日新聞に「「言葉への冒瀆」ということを若い子に言われてはたと考えました」というエッセイを載せて下さった、そういうこともありました。

作家の中上健次さんと同級生の田村さと子さんの対談とか、岩田宏さんと井坂洋子さんの対談も印象的でした。井坂さんは「朝礼」を『詩と思想』に投稿されたのですが、その時の選者が清水哲男さんや阿部岩夫さんでした。そういう新人を発掘する意味でも、かなりな実力のある詩人たちを選者にあてがっていました。今作家で有名な、ドイツに住んでいる多和田葉子さんもずっと昔から投稿されていました。対談や鼎談で岡庭昇さんと佐藤智之さんというフリーライター、荒川洋治さんとテレビドラマの演出家の今野勉さん、そういう人たちとメディア批判をするとか、色々な意味で「ポエムナイト」を続ける意義があったと私は思っています。その間編集のことで相談されたり、テープ起こしをしたりして、例えば小熊秀雄について木島始さんと岩田宏さん、黒古一夫さんが話されたこともあり、詩の問題点を学びました。

詩人たちの詩に批評性が無くなってきて、それを編集長の高良さんはとても嘆いて、時代的な意味でも運動的な企画をされるようになったので、私はむしろそこから自分自身のライフワークを見出し、仕事に戻りたいと思って、女性詩人論の原稿を書き出したんです。戦後詩のテーマが主論でしたので笛木さんにはいま流行の、伊藤比呂美とか井坂洋子の女性詩を扱わないのは面白くないといわれたこともありましたが、加藤幾惠さんが励ましてくれて九一年に『現代女性詩人論』を出版することができました。

小海永二編集長の時代、一九八九年から

詩を書く人は発表の場を求めてその間一生懸命だったと思いますし、本当に支えられていたと思います。そういう経験があって八九年ですかね、小海永二さんが全国の詩人たちに呼びかけて月刊誌を作りたいので、『詩と思想』の編集体験を踏まえて麻生さんにも入ってくれ」という要望があり、そこから中村さんや皆さんと全国誌の編集委員になりました。全国にいるすぐれた詩人や評論家を一人でも多く誌面に反映させたかった。

そこではアジアの詩を高良さんや秋谷豊さんとかアジアを広く学ばれている方たちに書いていただいたこと、「現代詩前夜」では戦中戦後も気骨ある詩を書いている詩人を改めて発掘したこと、「夢」という特集で三浦綾子さん夫妻と旭川でインタビューしたこと、「差別語」について高木正幸さんの対談や差別語の問題を特集しました。私自身困難なところで小海さんや加藤さんに助けられて責任編集をさせてもらいました。

編集委員たちの仲間がとても素晴らしくて、今でも会うと涙が出そうになるような良い時代を過ごさせて頂きました。佐川亜紀さんにその後女性の編集委員として代って頂いたのですが、もっと女性の編集者が増えてもいいかなぁと思っています。

〈付記〉ふりかえると詩の表現を支える思考性を高良さんに鍛えられたという意味で、『詩と思想』とのかかわりは私の大きな出発点でした。

現在までの流れ

中村　有難うございました。小海編集長の時代も少し語って頂きましたけれども、これは一九九〇年代の終わり位まで作ったのでしょうか、この時代というのは小海編集長も社会派の詩人評論家でしたので、高良さんが色々考え抜いていた企画は継承して編集に生かしていったと思います。

小海編集長時代の後に葵生川玲さんの編集長の時代が少しありまして、それから再度高木祐子さんの妹さんで急死された加藤幾惠さんが招集をかけて新たに又編集委員会を組織し、そこから一色さん、佐川さんが入った流れになってくるわけですね。

『詩と思想』が『詩と思想』として続いていくのであれば、やはり二人がずっとお話しされていますように、沖縄とか広島、長崎、核の問題、平和問題など、沖縄も在日もはいります。今日はご講演に和合亮一さんも見えていますけれど、そういう社会に広く目を向けた編集を粘り強くしていかなければいけないのだと思っています。

そうした特集への期待などもお二人とも編集委員を終えられた後、今はマスコミとか様々な媒体で大活躍されています。社会的な発言の影響力も大きいお二人ですので、この場で何かこれからの『詩と思想』に対しての思いというのを少し語って頂きたいと思います。高良さん、お願いします。

女性への暴力詩を批判——ただの「社会派」ではダメ

高良　言い残したことを申し上げますと、女性が大勢書くようになったのはいいのですが、皆さまもご存知のようにセックスの方が注目されるような時代があって、それから女性への暴力詩が出てきたのです。これを批判するのが大変でした。のぼり坂の詩人を叩くのは大変エネルギーが要ります。出版社の方も使いたいんですね。社主はそういう売れ筋の詩人の詩も載せたい。それに対応するのが結構大変でした。私は座談会のたびに女性への暴力詩を批判していました。

社会派の問題ですが、一応社会派と分類されたりしましたけれど、私は冗談で「ただの社会派」という言葉を使います。「ただの芸術派」「ただの自然派」という言葉もありますが、「ただの」でないのが良い詩だと思っています。ただの社会派では駄目で、生命や自然、宇宙にも視野を広げて、芸術性も備えた詩がほしいと思っています。

それからメディアについてですけれど、私はメディアは非常に重要な読者への通路だと思っていますので、もちろん運動誌は一番大切ですけれど、メディアは選びません。どこへでも、自分の考えを変えないで書きます。個人としてメディアを批判するのは自由ですが、メディア同士が内容について批判し合うのは、それぞれ営業の自由がありますから、よくないと思っています。

東北を忘れていた——女性詩人が少ない

今後のことですけれど、昨年の3・11の大震災と原発事故を経験して感じたことは、東北を忘れていた、無視していたという反省です。私の主催する「女性文化賞」のために東北の女性を探して、一条ふみさんという方を見つけたのです。東北の農民について、誰も書かなかったことを散文で書く方です。東北といっても関東、関西、と並ぶ平面的な意味での東北ではなく、沖縄との相似性もあると思いますが、東京や関東、日本を支えてくれた東北という存在を、その歴史を含めてちゃんと考えるべきだったと。

これは黒田喜夫さんがずっと考えていたことで、話は一九六四年の「現代詩の会」の解散まで遡るのですが、黒田さんが亡くなる前に吉本隆明批判を執拗に繰り返していたのですね。吉本氏が家族というものを自然過程として実体化する傾向をもっていたことに対して、黒田さんは農村から出稼ぎに来て事故で亡くなったり、蒸発したりして、残された家族はほとんど崩壊している、そして自分のように家族を離れて、或いは追われて東京をさすらっている人間もいる、といって、家族を実体化して大衆の原像として見る吉本氏に批判を繰り返していたのです。黒田喜夫の再評価をふくめて、東北という存在を考えていくのが大切ではないかと思います。

特徴的なのは、東北にも沖縄にも女性の詩人が少ないということです。男性詩人はいても女性詩人は少ない（おられるのですが、外にあまり発信されていない）。ある東北の女性詩人が、「東北では女が出てくると寄ってたかって叩きつぶす」と言うんですね。男たちがたたきつぶす、そういう傾向があるようです。抑圧がだんだん弱いものに向けられていくということがあるのだと思います。在日の女性詩人は頑張っていますが、今佐川さんたちと一緒に宗秋月さんの本を編集しています。一条ふみさんも亡くなりましたが、宗さんも最近六十代で亡くなってしまいました。

日本人の自然観、生命観を考えていくこと――アニミズムの再生を

もう一つ、日本人の自然観・生命観を考えていくことが大切だと思います。今色んな意味でアニミズムの再生が言われていますが、アニミズムを叩きつぶしたのは何かと言うと、日本の近代で言えば神仏習合を否定した国家神道や、教育制度などがありますが、もっと遡るとケガレの問題があると思うのです。これがいまだに部落差別の根源になっている。あらゆる物に魂が宿る、霊が宿るというアニミズムの生命観・自然観を何が歪めたかということです。ケガレと言われるような動物解体の問題、そして神道や仏教に残る女性の血のケガレの問題があります。共に、かつては聖なるものだったのです。

生産者や女性をふくめて、実際に自然に触れている人たちの生命観、自然観がなおざりにされていると思います。生命観・自然観を再検討して、是非アニミズムの再生を図って頂きたい。私は「宗教は何ですか」と言われると最近は「アニミストです」と答えるのです。キリスト教徒の母親から生まれてどんどんずれていって、今はアニミストだと思っています。もっともアニミズムだけでは個人の自由の問題などは扱えませんが、アニミズムから出発して、浄穢二元論や男女の二元論を超えて、近代を超える思想を積み上げていきたい。

麻生　初期の『詩と思想』は随分アバンギャルドで、写真芸術など色々な分野を越えて、唐十郎さんの詩や写真家の内藤正俊さんの東北とか六ヶ所村の写真、樋口さんの、モップをもって原発の放射能漏れの場所を掃除している作業員の写真など、総合芸術の雑誌をめざしたりしていました。高良留美子特集号にも注目しました。その特集とタイアップして「東北」特集がありました。私は辺境の問題をとらえたいと思っていましたけれど、沖縄も本土の人間には辺境です。これからもし「沖縄特集」を組むとしたら戦後という意識で書かないで、元々沖縄にあったもの、沖縄の言葉、方言札をぶら下げさせられて言葉を奪いとられ標準語に統一されてしまった沖縄人の感情や、東北の人たちの宗教的なものと土着的なもの、北海道の「蝦夷地」にいるアイヌの人の言葉、そういう詩的風土への視点をもっと取り込んで頂きたいと思っています。

（『詩と思想』二〇一二年一〇月より、小見出しを加筆）

〈高良付記〉「新たな混沌」（一九八五年三月号）でのべた主張は、ほぼ次のようなものです。

「現在、時代は大きな転換期を迎えようとしている。核を頂点としシンボルとする現代社会の矛盾がいたるところで危機的状況をあらわにしているいま、人間はその真の知性と想像力の在り方を問われ、価値観の転換を迫られている。二級市民とされてきた女性の大量参加、社会的に差別されてきたさまざまな人たちの参加を得て、現代詩は本格的に近代を超える新しい地平の形成にむかうときにきている。

しかし現代詩の現状をふり返ると、とうていこのような時代の危機的状況に応え得ているとは思えない。地球規模の発想が求められているときに、現代詩は事実上の鎖国的精神状況のなかに閉塞している。詩における批評精神の衰退ははなはだしいものがある。現代詩は何にむかって言葉をのりこえるかという超越の本質的な契機を失って、退屈な言葉の練りもののなかに溺れ死のうとしている。詩は時代のるつぼのなかでもう一度自分自身を鍛え直し、他人や世界への生き生きした関心を呼びさまし、その本源の輝きをとり戻さなければならない。

これからの意図としては、ほぼ次のようなことを考えている。第一に、批評をきちんとしていきたい。現代詩の世界からまともな批評が消え去って、久しい。詩の批評家が育っていないし、ジャーナリズムは詩の批評家を育てていない。この点をなんとか変えていきたい。

第二に、真の個我意識は他人との関係のなかで形成され、他人たちへむかってひらかれていくはずのものなのに、いま現代詩をおおっているのは他者との関係性をつくりえず、状況に抗する独立性も連帯性ももたないひよわな自分意識でしかない。みんながわたし、わたしとわめきながら系列化され、管理され、お互いに監視しあっている。

この関係を組みかえ、いい詩が生まれないという行きづまりを切りひらいていくために、さまざまな試みをしていきたい。読者と執筆者による『詩と思想』研究会をひらいて、新人出現の場としたい。

第三に、『列島』『現代詩』の方向をのばしていきたい。これらの詩運動がもっていたドキュメンタリーや、物そのものに語らせることによる諷刺の方法など、社会的物質と対決し、近代詩をこえる詩の方向性は、現在でもなおアクチュアリティをもっている。しかし『列島』『現代詩』の運動を忘れて以来、現代詩は一挙にシュールリアリズム以前のところまで戻ってしまった。

最後に、できるだけ口語でつくる雑誌にしていきたい。

文学、芸術は文学運動、芸術運動のなかでしか新しく甦ることはできない。しかし現代詩は、時代に抗しえないその脆弱性によって、悪しき時代の先駆者ともなってきた。この前の戦争のときは詩からくずれた、とは花田清輝の言葉だが、一九六〇年代の経済の高度成長期においても、詩は真先にだめになった。文学、芸術の地盤沈下がきわまった感のあるいま、真先にだめになった詩は、文学、芸術の基盤と存在理由と形式を問い返すことを通して、真先に甦る義務があるというものだろう。

現代詩の活性化といっても、一定のイデオロギーでお互いを縛ることなどは考えてもいない。あくまでも芸術運動の独立性をふまえつつ、自立した諸個人の連帯をめざして、創意をつくして編集していきたい。そしてできたらこの二十年間動かなかった岩盤を、現代詩の現状への不満をてことして、内側から動かしてみたい。（後略）」

私が『詩と思想』の責任編集をしたのは、30号から37号までの八号です。30号記念号、特集「現代詩総批判」（一九八五年三月）、31号、特集「スキャンダル・詩歌・男女」（同年七月）、32号、特集「ナルシシズムの時代」（同年一二月）、33号、特集「日本の詩百年を問い直す」（一九八六年四月）、34号、特集「現代詩において他者とは何か？」（同年八月）、35号、特集「ことばと現代詩」（一九八七年一月）、36号、特集「〈戦後詩〉と詩の現在」（同年四月）、37号、特集「性・男と女」（同年六月）。

私は売れる本の編集は得意でなく、土曜美術社に経済的な迷惑をかけるのは不本意だったので、小海永二氏に交代が決まったときは自分の仕事に戻れると思って心底ほっとしました。

「土曜ポエムナイト」については、次のような第一回の呼びかけ文が残っています。

「詩の新作発表と朗読の会」　現代詩はモノローグの世界に押しこめられ、対話の精神と機会を失っています。この集まりは毎月最後の土曜日に、詩人たちが集い、お互いに新作を発表しあい、詩の音声化、身ぶり化を通して現代詩を生き生きしたものにしようとする試みです。すべての参加者、聴衆が自分の新作をもちこむことができます。ゲスト詩人の朗読と対話、第三世界詩人のコーナー、立体方式による朗読、音楽など、多彩な内容が溢れるはずです。

第一回　とき・１９８１年1月31日（土）　6：30〜8：30

テーマ・エロスについて　ゲスト・白石かずこ、アフリカ詩人のコーナー　マジシ・クネーネの詩（ズールーの叙事詩朗読テープ、白石かずこと竹内泰宏の話ほか）、司会　高良留美子

参加費　５００円　ところ・エスパース土曜　参考図書・マジシ・クネーネ『太陽と生の荒廃から——アフリカ共同体の詩と文学』アンヴィエル刊、竹内、高良編訳

この会の記事は『詩と思想』12号に出ています。第二回のテーマ「発想について」、ゲスト・荒川洋治、第三回はゲスト・吉野弘「おかしな日本語を触発する」耳から聴く第三世界の詩・レンドラ（朗読テープ）、舟知恵「インドネシアの詩人たち」、青木とも子　ギターで歌う

【芸術運動について】

芸術運動の不可欠性をめぐって——花田清輝と吉本隆明

〈社会的物質〉と詩の方法について——中村不二夫の評論

『新・現代詩』二号（二〇〇一年一〇月）の評論「戦後社会派の系譜と可能性——「列島」とアレゴリー言語」で、中村不二夫は一九八五年当時の雑誌『詩と思想』の編集委員会とそのあとの二次会に触れ、「私にとって二次会はさながら詩の道場といえた」とのべている。それでわたしは思い出した、いつもそこにいて、今は姿を見ることができない笛木利忠のことを。また若き中村不二夫の生き生きと輝いていた目を。『詩と思想』二月号（二〇〇二年一月）で「『詩と思想』の三十年」特集が組まれたことでもあり、笛木氏については別の機会に述べることにしたい。

中村氏はこの評論の二章で、わたしのいう〈社会的物質との対決〉と詩の方法について、ていねいな理解をしている。つけ加えたいことがあるとすれば、一つは、社会的物質は生産や生活の素材・基盤・環境としての自然をふくむということであり、もう一つは、わたしの考える〈もの〉とは精神と物質という二項対立のもとに考えられた物質ではないということである。評論集で何度か書いたつもりだが、それは〈ものと等価にされた人間〉、〈ものにまで押しつめられた人間〉をふくむのである。そこには〈ものにまで押しつめられた生きもの〉もふくまれている。

そういう〈もの〉に近い人間の例として労働者を考えたこともあるが、実際にはもっとひろく考えていた。子ども、多くの女性、少数者、被差別者など……。

中村氏のいう「外部を内部に転化する技法」とは、したがって実は技法などではない。物のなかにどのような〈人間〉や〈生き物〉、〈主観性や能動性〉を見るかということであり、詩の書き手としての自分の身をどのようにして〈もの〉にまで押しつめ、夢や無意識を醸成し、〈もの〉を内側から開かざるをえないところに置くかということである。そのための「道場」が文学運動の場であり、当時の『詩と思想』が中村氏にとって「さながら詩の道場」であったとすれば、そこに多少とも文学運動があったということになる。

現代詩が現実批評を切り捨ててきた二度の転機――9・11同時多発テロ後の今日は

『新・現代詩』三号（二〇〇二年一月）の中村氏の評論「続・戦後社会派の系譜と可能性――アンガジュマン詩と同時多発テロ」は、日本の戦後現代詩が現実批評的なテーマや方法を切り捨ててきた二度の転機を正確にいい当てている。

一度目の一九五一年は朝鮮戦争の最中であり、日本がアメリカなどと単独講和条約を結び、日米安保条約を結んだ年である。二度目の一九九〇年は湾岸戦争の年である。戦争を契機として日本がアメリカのふところにより深くとりこまれていく過程と、現代詩の批評性喪失の過程とが平行していることがよくわかる。9・11同時多発テロにたいするアメリカのアフガン空爆、西欧・日本のそれへの協力をめぐる今度の機会では、そうなってはならないし、この出来事をきっかけとして、現代詩の批評性喪失の傾斜を逆転させたい。

内部から外部へ――一切の運動から手を引いた吉本隆明

この問題については、一九六〇年前後の花田・吉本論争をもう一度検討する必要があるとわたしは考えている。論争のひとつの焦点であった内部世界と外部現実の関係について、花田と吉本との最大のちがいは、芸術運動の契機を不可欠なものとして重視するか否かという点にある。花田は「内部の世界と外部の世界とのあいだには断絶があり、それらの二つの世界を媒介するものが、実践以外にないことはいうまでもない」（「林檎に関する一考察」『アバンギャルド芸術』未来社、一九五四年所収）という。吉本もはじめのうちは、「自己の内部の世界を現実とぶつけ、検討し、理論［論理］化してゆく過程」（『文学者の戦争責任』一九五六年）というように、実践や運動の観点をもっていたのだが、論争のなかでそれは急速に後退していき、一九六一年以後、一切の運動から手を引くことを宣言する。そして「めだかはとかく群れたがる」などとうそぶき、若い世代への影響を通して日本の芸術・文学運動と社会・政治運動に重大な打撃を与えた(1)。

一九六四年の「現代詩の会」解散においても、解散を主導した岩田宏、堀川正美への吉本の思想的影響を考えざるを得ない。そのとき繰りかえされた「集団から個の場へ戻るべきだ」という言葉が、それを物語っている。また最近好村冨士彦『真昼の決闘――花田清輝・吉本隆明論争――』（晶文社、一九六八年）を読んで論争の過程を思い出し、そのことを再確認した。

花田に主導された戦後の芸術運動は、ほぼ〈内部から外部へ〉という方向性に沿ってなされたと考えていいと思うが、この四〇年間、内部と外部の断絶を芸術運動によって媒介し、統一することをおろそかにした結果、とくに近年の少年や大人の犯罪に見られるように、わたしたちの内部には実に奇怪なる内部が堆積している。そのせき止められた〈内部〉が運動を阻害し、人と人との関係を断ち切っていることを日々感じないではいられない。それは自らを内側から解放することを断念した〈もの〉となって、惨めな負け犬の自分を許してあげることのできない人の内部にうずくまっているのである。それを韻律によって流そうとするのではなく、自分自身の奇怪な姿に立ちどまり、見つめることが大切ではないだろうか。

（『新・現代詩』4号「現代詩時評」欄、二〇〇二年四月より）

注

（1）吉本隆明は「前世代の詩人たち――壺井・岡本の評価について」（『詩学』一九五五年一一月）において、日本的庶民意識を、「日本の社会的なヒエラルキイにたいして、論理化された批判や反抗をもたない層の意識」と捉える。そして「わたしたちは、いつ庶民であることをやめて人民でありうるか」という自ら立てた問いに、次のように答える。

「自己の内部の世界を現実とぶつけ、検討し、論理化してゆく過程によってである。この過程は、一見すると、庶民の生活意識から背離し、孤立してゆく過程である。／だが、この過程には、逆過程がある。／論理化された内部世界から、逆に外部世界へと相わたるとき、はじめて、外部世界を論理化する欲求が、生じなければならぬ。いいかえれば、自分の生活意識からの背離感を、社会的な現実を変革する欲求として、逆に社会秩序にむかって投げかえす過程である。正当な意味での変革（革命）の課題は、こういう過程のほかから生れないのだ」。

この時期、吉本は「社会的な現実を変革する欲求」を肯定し、従来の芸術運動を批判しながらも、芸術運動そのものを否定していない。しかし安保闘争前後から『共同幻想論』（一九六八年）にかけて、吉本は庶民批判もやめて大衆肯定に転じていく。そしてあらゆる政治運動・芸術運動を批判し小さなグループまでも否定して、日本の芸術運動に破壊的な影響を与えた（「清岡卓行と『アカシヤの大連』」の注（1）参照）。

Ⅶ

現代詩の地平——詩壇時評より

楕円はなぜ円になったか

1　楕円体《だえんたい》だった戦後詩――『荒地』と『列島』

現代詩は大きな意味での回路の修正を必要としている、と近頃わたしは考えている。現代詩の回路が歪んでいる、あるいは混線している。そのため創造と発表に必要な空間が保てなくなってしまっているのだ。少し過去にさかのぼって考える必要があるのではないだろうか。

まず戦後の詩が、一九五〇年代あたりから、『荒地』と『列島』という二つの中心をもった楕円体だったということを、考え直してみたい。この二つの中心的な運動体がいつのまにか消えてしまっている。いや消されてしまっている。現在消えているだけでなく、歴史的にも戦後詩は『荒地』からはじまり、戦後詩の中心は『荒地』だったという通念が詩人たちと読者を支配しているのだ。これが最大の混線、いや混迷である。

二つの中心をもつ楕円体であったものが、一つの中心をもつ円だということになると、まず二つの中心のあいだにあった対立がなくなる。対話がなくなる、緊張がなくなる。そして新たに（唯一の）中心となったものが自己を相対化、対象化するきっかけがなくなってしまう。中心に居すわったものがお山の大将になり、天皇になるという構図が、必然的に出現してしまうのである。

さらに、二つの中心の「中間」とか「以後」という位置にあった者の位置や役割が不明確になってしまう。かれらは、唯一の中心になったものに同化するか、その位置をねらうか、周辺へと出ていくか、あるいは沈黙するしかない。それは二つの中心をともに含みながらそれらを乗りこえるという道を不可能にする。戦後詩の乗りこえ、という課題がいつまで経っても実現されないのは、おそらくそのためではないだろうか。

楕円はなぜ、いつから円になったか。戦後詩人たちはなぜ一人一人がお山の大将になり、天皇になり、しかも全体としてただ一つの中心（またはその幻影）のまわりを廻るようになってしまったのだろうか。

わたしは「現代詩の会」の解散以来の運動不在について考えていたのだが、最近になって（おそまきながら）、もう少しさかのぼって考える必要があると思いはじめた。「現代詩の会」の成立自体が、『荒地』と『列島』という二つの中心をもつ楕円を一つの中心をもつ円にしようとする傾きをもっていたということに気がついたのだ。

おそらくそのために、「現代詩の会」はつぶされたのだ。つぶされなければならなかったのだ。高度経済成長と保守化にむかう時代のなかで、「現代詩の会」は存続することを許されなかった。第一に「唯一の中心」になろうとしていたがゆえに、第二に左派主導であったがゆえに。個々の詩人たちの意識や思惑を超えて、この会の成立と解散のドラマには、唯一の中心を求める天皇制日本の意識構造が現れていたのではないだろうか。

2　批評にさらされない作品主体は堕落し衰弱する

保革伯仲に直接なぞらえるつもりはないが、中心は一つではいけない。二元論にこだわるつもりもないが、中心は二つ、あるいはそれ以上なくてはいけない。天皇制日本では、反対派は永遠に少数の反対派でありつづけなければならないかもしれないとしても。中心にいるものは、つねに他者からの批判や相対化の波にさらされていなくてはならない。それが腐敗や惰性に陥らないための必要条件なのだ。

現代詩はこの二〇年近くのあいだ、一つの中心しかもたず（それは『荒地』そのものではないが）、そのために腐敗や惰性に陥ってきた。そのことの自覚さえないことが、最大の危機ではないのか。

今年一年間、詩集の批評欄を受けもつことになった。わたしとしては一二年ぶりの詩集時評である。作品を作品として、作者の私生活等からは一応切りはなしてよみ、評価するのは当然の前提だが、それだけでなく、その作品にひそむ価値観や思想を作品自体のなかから洗い出してきて評者の判断を加える、ということも積極的にやっていきたいと思う。

作者自身の思想とは一応別に、作品にはその作品の思想があり、価値観があるとわたしは考えている。芸術作品という形のもとに、古い価値観や甘えや差別が横行していることもあるのだ。作品を作者から切りはなすことで、作品の内包する思想や価値観の批評まで断ち切ってしまい、作品と現実との通路を断ち切ってしまうことは、近年の悪しき傾向であり、批評のおちいってきた袋小路であった。そこでは作品を成立させている作品主体の在り方が問われることは絶えてなかった。作品主体は批評にさらされることなく温存され、堕落し、衰弱する……。

この前の戦争のときは詩から崩れた、とは花田清輝のいった言葉だが、このことは最近二〇年間の文学についても当てはまる。文学はまず詩から駄目になり、小説に移り、現在はそれが底をついた状態にある。詩がよくなる徴候は皆無ではないが、それにしては批評があまりにも駄目になりすぎている。批評なき詩はかぎりなくコピーに近づき、コピーに喰いつぶされていくのだろうか。

3　吉岡実詩集『薬玉』の父権制家族——女たちは不幸におちいるしかない

吉岡実詩集『薬玉』（書肆山田）はフィクショナルな一族大集合図である。ただしこの一族は（当然のことかもしれないが）父権的・天皇制的家族で、「菊の花薫る垣の内」での祝宴に集まる「一族の肉体の模型図」の「至高点とは今も金色に輝く」「神武帝御影図」なのである。母や妹や姉たちは不幸におちいるしかない。

薬玉とは一族の人間たちの肉体がつくる薬玉であり、またこの詩集の末ひろがりの各行が集まってできる薬玉であろう。しかし吉岡氏は「祖父」にたいして「父」を原初的存在として賛美していて、その意味でもこの詩集の世界は、一つの球体として閉じられている。「嗚呼　薬玉は割られ」（「薬玉」）と作者は書くが、父権の薬玉の神話はこわれていない。

4　ねじめ正一の女性差別詩批判――批評家たちにも責任がある

ここまで書いたところに『現代詩手帖』一月号が到来した。詩集評の範囲からは逸脱するが、このなかのねじめ正一作「愛人チラシ」に一筆論評を加えておきたい。

これは題名を「豚の愛人チラシ」とするべきであった。「カミサン」が「豚」なら本人も「豚」である。こんな簡単な事実が、この男にはどうしてわからないのか。私生活のことをいっているのではない。作品にも何にもなっていないが、ともかく作品レベルでいっているのだ。「カミサン」が「豚」なら本人も「豚」である。これが詩的事実であり、詩的真実だということぐらい、「日本文学学校」で鈴木志郎康先生から習わなかったのだろうか。これは「豚」の「愛」であり「豚」の情事である。主人公を「豚」として書くべきなのだ。もちろん「豚」にも「愛」の自由はあり、情事の自由もある。浮気の自由だってある。それは「豚」夫婦の問題だ。しかしこんなものを書いているようでは、豚にも申し訳が立たない。

こういうものがのさばるのは、「管理社会の閉そく感を突き破る情念の突破口」とか何とかいっておだて上げる批評家たちの責任でもある。まるでおんぶにだっこだ。女に甘え、カミサンに甘え、自分に甘え、世の中に甘えるのもいいかげんにしてもらいたい。

次号ではこのもんだいをてってい的に考える。

（『詩と思想』一九八四年二月より、加筆）

〈付記〉わたしは怒っていたため、ねじめ批判はいささか言葉が乱暴だが、思い出すのもいやな出来事の記録として、原文通り記しておきたい。ねじめ正一の女性差別・女性への暴力詩は、もちろんこれだけではない。一九八〇年代のはじめから数多く書かれ、『ねじめ正一詩集』（現代詩文庫90、思潮社、一九八七年）などに収録されている。

一九八八年の座談会で、わたしはねじめの詩について少し広い視野に立ってふたたび発言している（「詩の現在・〈戦後詩〉は超えられるか」一色真理・野沢啓・中村不二夫・添田馨・高良留美子・佐久間隆史（司会）、『詩と思想』36号、一九八七年四月）。

「ああいうふうに言葉を出す時に、どうして他者をないがしろにしてしまうのかと思いますね。そこが淋しいですね」。「〈他者〉を無視しているという意味では、ねじめ正一は日本人的な〈生きる〉という時の常套タイプじゃないかと思う。そういう意味で〈反倫理〉や〈悪〉じゃなくて、無倫理、倫理以前。自分と肉親しかなくなっちゃうところが、何ともむなしいわけですよ」。「言論は自由ですから、誰が何を書いてもいいわけですよ。けれども、無視された他者が抗議する自由もあるわけね。それで、三年ほど前にこの雑誌の詩誌評で、ねじめ正一を批判したんです。（略）登場人物にたいする作者の批評がない」。「女性を一個の他人としてでなく、何をやっても許してくれる〈お母ちゃん〉としか見ていない。そして、それが女性だけでなく人間を侮蔑することだということに気づいていない。私としては一応、あそこで反論しておく義務があったわけですよ」。「義務というより、あれはねじめ正一への最大限の礼儀だったと、私は思っています。結局、ああいう意識で日本人はアジアに侵略していったわけですからね。」

「朝日新聞」二〇一六年八月二六日夕刊は、「人生の贈りもの　わたしの半生」欄で、ねじめの「ヤマサ醤油」からひどい一節を引用している。「変態詩人、暴力詩人、便所の落書きとまで言われました」というのも次の回での編集部の言だが、当時のねじめの詩が女性差別・女性への暴力詩だという自覚と反省は編集部にも本人にもないようだ。いやむしろあるからこそ、女性読者を失いたくないため隠しているのだろう。このようなものを「過激な詩」として称揚する傾向こそ、昨今のヘイトスピーチや障害者排除の時代風潮と連動しているのだ。

作詩主体の無意識と庶民ブリッコ――書いている自分とは何であるか

1　どう身をかくすか、身をやつすか――価値観のボルテージを低下させる

一冊の詩集を読んで批評の意欲をかきたてられるのは、その詩集を成り立たせている作詩主体の在り方や構造が見えてくる作品に出会うときである。その作品がその詩集のなかで最高の作品であるとはかぎらない。むしろ欠点を露呈していることもあるのだが、そういう作品を含まない詩集はおもしろくない。

そういう作品はしばしば、その作詩主体が危機にさらされながら、あるいは自らを危機にさらしながら作られているからだ。批評する者は犯人を追う探偵のように、その種の作品をかぎつける。そしてそこを手がかりにしてその詩集全体を解き明かそうとするのだ。

しかし詩人たちは作詩主体のくらまし方がうまくなった。作詩主体とは、私生活上での詩人本人のことではない。それと無関係ではないが、あくまでも詩の言葉を成り立たせている主体のことだ。しかしあたかもそんなものはありませんよという顔をしている詩集が多い。正真正銘、言葉だけで成り立ってますといいたがっているようだ。しかしその場合も、やはりそれがその詩集の作詩主体の在り方だということに変わりはない。

作詩主体をどうくらますかということに、三〇代あたりの詩人たちの営為はこのところ集中していたといっても、いい過ぎではない。どう身をかくすか、身をやつすかということだが、対象に憑《つ》く、何かになり変わる、という巫者的な姿勢にもつながる。いわば両義的な、どちらにでも転びうる方法だといえるだろう。

作詩主体をくらまし、その価値観のボルテージを極度に低下させると、詩は広告コピーと地つづきとなる。ある売れっ子のコピーライターは、コピーを作るとき、その会社の誰か——社長でも受付の女性事務員にでも——になり変わったつもりで作るという。もちろんコピーには人をひきつける要素がなければならないが、いつでも商品の価値観やエネルギーに道をゆずれるルートを作ってやることが肝心なのだ。

ある人が大衆社会について、現代は田中角栄のような政治家までが大衆や庶民の顔をしてそのなかにまぎれこもうとしている時代だといっていたが、そうやって個人を際立たせず、その責任をうやむやにしてしまうやり方が、現代の日本の高度資本主義社会をつくり上げ、支えていることも確かだと思う。

2　書いている自分とは何であるか、という問い——戦後詩がつくり得なかった主体とは何か

現代詩に話を戻すと、さっき両義的といった、この方法のもう一つの、積極的な面にも目を配らなければならないだろう。作詩主体を個人としては際立たせず、人びとのなかに埋没させることを通して、日本の近代詩や近代文学がすくい上げることのできなかった肉体や幻想を形象化する、という方法もあるように見える。しかしこの「埋没させる」とは、意識化しない、無意識だ、ということと同じ意味なのだろうか。

「寺山修司」(『現代詩手帖』一九八三年一一月臨時増刊)のなかの谷川俊太郎、九條今日子、それに担当医をふくめた座談会で、寺山氏が最後まで個体としての自分の死に直面しようとしなかったことが明らかにされている。「文学者の死ではあったけれども、一方で本当に庶民の死だったとも思うね」と医師の庭瀬康二はいう。文学者の死か庶民の死かという二分法はもちろんこの際無意味であって、寺山修司という人がそういう(この二分法を無意味にするような)文学者だったとしかいいようがない。

最初にこの問題をとり上げたのは、戦後詩がつくろうとしてつくり得なかった主体とは何か、ということを考え

たかったからである。それは谷川俊太郎のいうような近代的個人の「私」をふくまないわけではないが、それを踏み越えたところにあるものであり、寺山修司が形象化しようとしていたものとも大いに関係があるものだ。

またこの問題をとり上げたのは、書いている自分とは何であるか、という問いを欠落させた詩が多いことを感じるからである。自己の作詩主体にたいして無意識のまま、人気者になって愛されたい、という詩がたいへん多い。

先号で「てってい的に考える」といったことも、このことと関係がある。自己の作詩主体にたいして無意識のまま、あるいは自己欺瞞的にそれをくらませて、ときには他人や他の性を差別してまで他人を面白がらせ、自分を押し出す、そういう主体とは、どんな主体なのか。少なくともそれを問う自由はあるだろう。

金時鐘詩集『光州詩篇』（福武書店）は、自己の作詩主体についておそらくもっとも自覚的な、自覚的であらざるを得ない詩集の一つだと思う。そこには「きまってそこにいつもいない」自分への問いかけ、その対象化を通しての祖国とその大地の発見を見ることができる。〈そこにはいつも私がいないのである。／（略）／おぼえてもないほど季節をくらって／はじけた夏の私がないのだ。／きまってそこにいつもいないのだ。／光州はつつじと燃えて血の雄たけびである。／瞼の裏ですら痴呆ける時は白いのである。／三六年を重ね合わせても／まだまだやりすごされる己れの時があるのである。／遠く私のすれちがった街でだけ／時はしんしんと火をかきたてて降っているのである。〉（「退せる時のなか」より）

作詩主体へのこのような問いかけ抜きに詩を書くことと、「三六年」（「大日本帝国が朝鮮を直接統治した植民地期間の年数」＝作者註）とは密接な関係がある。

（『詩と思想』一九八四年七月）

詩の〈外部〉への眼

1　詩的言語の解体、言語の拡散状態、平板な生活詩を経て——最近の詩のポジティブな傾向

戦後の詩は、昭和初年以来詩的な言葉づかいとされてきたものを、批判的にとり入れ、現実に拮抗する詩的で暗喩的な表現として鍛えてきた。そして国際的にも通用する一定の成果を生み出してきた。そして六〇年代以降の詩は、そのような言語や認識方法の解体過程として大きく捉えることができると思う。その解体を押しすすめた過渡的な作品として、六〇年代の詩や、鈴木志郎康のプアプア詩などがあったとわたしは考えている。

詩的言語の解体は、都市的で街頭的な言語の拡散状況をつくり出し、それはいまもつづいているが、その押しつけがましい騒々しさのもつ生命力は、都市の生命力の消失とともに、消え去ってしまったように見える。七〇年代に流行った生活詩もまた、平板さのなかに溺れようとしている。言葉をその暗喩的な呪縛から解き放とうとする試みは、物としてはあまりに具体的な迫力や存在感のとぼしい言語の特性の前に、つまずいている。一時盛んに見られた神話化の試みも、具体との緊張関係を欠くとき、退屈な見世物と化してしまう。

現在、この過程が底をついたところで始まろうとしているのは、これまでとは少々ちがった傾向であるように思われる。この一年間詩集を読んできた結果、感じとれるのは、いわゆる詩的な言葉づかいをほとんどあるいは全くせずに、しかも言葉というものが物とはちがって（あるいは物のなかでもっとも）暗示性を帯びてしまうという特性を無理にしめ殺そうとせずに、〝生きられたもの〟の内容や読み手へのメッセージを柔軟に詩のなかに埋めこん

でいこうとする傾向である。

わかりやすい言葉で現実の二重性、あるいは重層性をとらえること、語られていない詩の〈外部〉を暗示すること、そしてその解釈や感受を読者にゆだねることなどが、最近の詩に見られるポジティブな傾向である。

2　ロースト・ジェネレーションからの出発——一色真理の発言

雑誌『そんざい』（NOVA出版）の八月号で、一色真理が「破砕された世代」というエッセイを書いている。「自死、狂気、そして反世界への亡命。この三つの道を辿って、私達の世代は確実にロースト・ジェネレーションと化しつつあるように思われてならない。（略）私達の世代は、全共闘の解体・敗滅とともに完膚なきまでに打ち破られ、砕け散ったのだ。私達の世代はその時、世代としてのアイデンティティを失ったのである。／無念であるとはいえ、その確認から私達は改めて出発する以外にないのだ。私は、そう考えている」。

世代でも個人でも、日本で何かしようとすれば必ずローストと化すのだ。そこでふたたび何かをしようとするなら、ロースト・ジェネレーション、いやロースト・マンやロースト・ウーマンの連合をつくるしかない。すでに七〇年代ウィメンズ・リブの世代もロースト化しつつあるようだ。わたしとしては仲間が増えるのはうれしいが、孤立感のなかで先を急がないでほしい。

3　生きものに食いこんだアメリカ軍政への諷刺——川崎洋の諷刺詩

川崎洋『魚名小詩集』（花神社）には魚の名にちなんだユーモラスな詩が沢山はいっているが、自然の生きものに食いこんだアメリカ軍政を諷刺する「ウミヤドカリ」をあげる。記録詩でもある。

〈小笠原が返還された一九六八年の夏／父島の海辺で／貝殻のかわりに／薬莢を背負って歩いていた／ウミヤドカリ〉

詩論集はあまり読むことができなかったが、国鉄詩人連盟編『詩の革命をめざして——国鉄詩人論争史』（飯塚書店）が、戦後の詩運動の一翼を担ってきた国鉄労働者詩人たちの活潑な論争を伝えて、なまなましい。労働をどうとらえるかという、重要なこれからの問題がここから浮かび上ってくる。

（『詩と思想』一九八四年一二月）

『サラダ記念日』論と詩壇の腐敗

1　天皇の病気と飯島耕一の発言

天皇の病気が話題になり、沖縄国体に皇太子夫妻が出かけるころ、市ヶ谷の自衛隊の近辺は完全武装した警官にとり囲まれていた。近くに職場をもつ友人は、毎朝警官の壁に迎えられて地下鉄の階段を昇っていった。ちょっとした荷物はすぐに調べられるが、人びとは進んで鞄をあけたという。皇居の方を向いたマンションやビルの窓には、すべて警官が張りついていた。尨大な警備費（税金）が使われたにちがいない。

マスコミや大手出版社は、万全の準備を整えている。Xデーの直後にはご清潔な原稿ばかりが集まるよう、連載物の筆者にはすでに依頼状が飛んでいる。

わたしたちが生きている「豊かで自由」な日本とは、どういう国かということを示す風景である。とくに清潔さを価値として押し出してくるのは、いやだ。生きている者の差別につながるからだ。生きて働いている者は、清潔にばかりしてはいられない。死者は、片づけてしまえば清潔にもなりうるが。

あの世から天皇を呼んでいる者が沢山いるだろう、といった友人がいた。『現代詩手帖』連載中の詩で、飯島耕一が天皇の病気に触れている。〈天皇に肉体があることは／いまでも　少量の眩暈を　起こす〉というところには、世代的な実感が出ている。

しかし飯島氏はいつからゴヤだのセザンヌだのクレーだの、すでに声価のかたまった芸術家を詩にもちこんでくるようになったのだろう。この詩にも「馥郁タル火夫ヨ」や『地獄の一季節』が出てきて、正直、またかと思わせる。〈昭和〉を語るためというのはわかるが、こういう書き方は詩全体が既成の価値評価に頼ることになりはしないか。一種のこけおどしにもなりかねない。かつて飯島氏の発言に時代の良心を感じたこともある人間としては、やはりひと言いっておきたい。

2　警官にすぐ鞄を開けるのがポストモダン？

去年は長谷川四郎さんが亡くなり、菅原克己さんが病気で入院された。小野十三郎さんもこの数年、身体が弱っておられるようだし、関根弘さんも一時病気療養中だったと聞く。

鮎川信夫氏の死去が戦後詩の終焉と結びつけて論じられたのはついこのあいだのことだったが、戦後の詩運動をつくり、支えてきた世代は確実に年老いていき、そのあとの世代は自らも責任のある混迷のなかにいる。そして若い世代は育っていない。

戦後の詩がもっていた活力は、あくまでも文学運動のなかから生み出されてきたという事実は、何度強調しても し過ぎることはないと思うが、もはや文学運動といい詩運動という言葉が何を意味するのかさえ理解されなくなっている時代だから、この時評のタイトルも「現代詩の考古学的考察」とでもするほかないのかもしれない。

わたしたちが戦後詩の第一世代から受けつぐ時代とは、単純に戦前に回帰していく時代ではなく、すでに新しいたたかいがはじまっている時代である。しかしそのことを自覚している人は少なく、多くの人びとは抵抗もせずに城を明け渡していくように見える。鞄のなかに何が入っていようといなかろうと、警官に鞄を開けさせられるときは、相手の所属ぐらいは聞いてその場でメモしておいた方がいい。すぐに鞄を開けるのが〈ポストモダン〉なのかもしれないが。

鮎川信夫や吉本隆明のやりかけた文学者の戦争責任論も、途中で腰くだけになってしまったが、あの程度でもやっておいてよかったといまになっては思える。占領軍が真先に放棄した天皇の戦争責任論は、いまや奥崎謙三の出演する映画『ゆきゆきて神軍』に引きつがれている。あの世から天皇を呼んでいる沢山の人がいる、といった友人の言葉の意味がこの映画を見るとよくわかる。戦争責任論のあれ以上の追及は、鮎川のような近代主義者には無理だった。

3　現代詩の危機は批評精神の危機——歴史性のある抒情を

抒情と批評の問題もいまではすっかり忘れ去られているが、戦後の文学思想の原点として再確認しておきたい。

最近小野十三郎の『現代詩手帖』（創元社、一九五三年）を読み直して、戦後の詩人は日本的抒情にたいして、強烈な批評の刃で立ち向かったのだ、ということを再認識した。

「詩をただ漠然とした「音楽」の状態においてとらえるのではなく、これを「批評」として感知できる能力、これが問題なのだ。ざっくばらんに言えば、現代詩とは抒情の内部にあるこの批評の要素の自覚から出発している詩であると言ってよい」と小野十三郎は書いている。

近年になって、抒情の再建とか、やはり詩は抒情だとか、ふやけたことをいう人がいるが、問題はその抒情の質なのだ。戦後の抒情批判をくぐりぬけて、その先に批評精神をもった新しい歴史性のある抒情をつくり出すのでなければ、抒情を語っても何もいわないことに等しい。

現代詩についての論議もなかなか盛んで、現代詩の危機が語られているが、抒情の内部にある批評の問題として現代詩を論じている人は一人もいない。現代詩の危機とは、ほんとうは批評精神の危機なのだが。

いっぽうでは戦後詩の終焉につづいて現代詩の危機が語られ、他方では俵万智『サラダ記念日』が二〇〇万部ともいわれるほど売れて、短歌という形式の根づよさが改めて話題になっている。この二つのジャーナリズム上の現象は、むろん関係がある。『詩と思想』一九八七年の年鑑の座談会でも触れたが、この問題はもう一度考えてみる価値がある。

4 『サラダ記念日』は現代版「かわいい女」

女性の表現という面でも興味をもって、わたしは手に入れた第二三七版目の『サラダ記念日』を再読三読してみた。口語を定型のリズムにのせる上で工夫があり、日常語を大胆に使っている点は新しい感じを与えるが、それがほんとうの新しさであるとは思わなかった。

『サラダ記念日』の人間像は、残念ながら現代版「かわいい女」を出ていない。その点で、短歌形式を逆手にとって、「やわ肌の熱き血潮」で男に迫った与謝野晶子には遠く及ばない。文学者ではないが、裏切った男に「出て行ってほしい」というローザ・ルクセンブルクにも。「かわいい女」から出るとき、俵万智の言葉は短歌形式を破るだろう。「山の動くとき」で女性解放をうたったとき、晶子の言葉は短歌にではなく、詩に結晶したのだ。

5　小野十三郎の短歌論――リズムと思想の関係

わたしはここで、「短歌的なものを否定しなければ詩の発展はのぞめない」と考えていた小野十三郎の、短歌についてのモニュメンタルな文章を引用しておきたいという誘惑に駆られる。戦後とはどういう時代だったのか、もう若い人たちにはわからなくなっていると思うが、端的にいって、こういう発言がなされる時代だったのである。

短歌は実に世界に稀に見る思想抒情詩である。……一見してそこに思想らしい観念形態をとどめていないところに、短歌は思想抒情詩としての完璧さを持っているのである。花鳥諷詠、雪月花などとのんびり考えているうちに、短歌はたいへんなものになってしまった。（略）では具体的には、その短歌における思想というものはどういうところにかくされているかというと、その形式、三十一音字音数律が生む一定のバイブレーションの中にそれはかくされているのである。この一定の秩序を持った波を、私はリズムとよんでもいいと思うが、このリズムにはまた一定の思想しか乗り得ない。短歌の発生を歴史的にかえり見ると、これを封建の所産と見ることはできないだろう。しかしそれは何よりも封建的な思想感情の安住の場所となって今日に到っていることは否定し得ないと思う。かりにそこに封建的服従的人間像ではない、それとちがった新しいイデオロギーがはいってきても、そこでは忽ち変質してしまう。そういう作用をこの短歌形式と音数律は持っているのである。

これは私の極端な考え方かも知れないが、私は短歌に対してつねにこういう恐怖感をもっている。

ここでいわれているのは短歌のリズムと封建的服従的思想との関係だが、短歌をとりまく人間関係とも無縁ではない。詩の内包するリズムや内容、人間像などと、それが生み出され発表される環境や人間関係とは、けっして別々に切りはなせるものではないからだ。「封建的服従的人間像」を内包する文学が、たとえば「近代的民主的人間関係」のなかから生み出されることはないし、またその逆ということもあり得ない。

6 文学運動と民主主義——現代詩の危機は足場が腐っているところにある

戦後の現代詩が文学運動のなかから生み出されてきたことをわたしが重視する一つの大きな理由は、文学運動が生きて動いているとき、そこには必ず、民主的で生き生きした人間と人間の関係が生まれていることを知っているからだ。逆のいい方をすれば、グループ内の民主主義が危うくなり、一部の人間による会の私物化や家元制度化、親分子分の関係がはじまるとき、文学運動は活気を失い、作品や批評は創造性を失う。

同人雑誌についても、まったく同じことがいえる。このことを現代詩の世界に則して考えるとき、わたしは背筋が寒くなるのを感じる。現在、全国に存在する数多くの同人雑誌グループのうち、一体どれだけのグループが民主的に運営されているだろう。長年のあいだに次第に宗匠的、親分子分的な性格を帯びてきて、会員は親分の顔色をうかがわなければ自由にものもいえなくなっているグループも、多いのではないだろうか。

多くの詩人たちが、発表の場がほしいために我慢しながらそういうグループに属しているうちに、次第に詩壇ピラミッドのなかに組みこまれていき、そのグループ内での「出世」を考えるようになるという笑えない図も、しばしば見られる。

現代詩の危機を、たとえば『文芸』秋季号の現代詩特集での座談会（荒川洋治、大岡信、谷川俊太郎）のような形で論じるのも一つのやり方だが、いわばピラミッドの上にかかった雲の上での座談会だから、かれらには自分たちの足もとが見えていない。その足場の上に乗っかっているからだ。しかし現代詩の危機は、ほんとうは足場が腐っているところにあるのではないのか。

足場が家元制度に近づいているところでは、詩は短歌を超えるどころか、伝統ある短歌形式に太刀打ちできるはずがない。それは考えてみるまでもない、必然的な事実なのである。

（『詩と思想』一九八八年三月）

すべてはシミュラークル？——言葉と経験が切り離される

1　吉本・武井の文学者の戦争責任論——「言葉への信頼」の裏に貼りついていた「言葉への不信」

戦後の文学に精神の自由の風を吹きこみつづけた作家の石川淳が亡くなった。島尾敏雄、深沢七郎もすでに亡い。戦後という、ある意味できわめて創造的だった時代がいよいよ終わろうとしている。新しい文学世代の台頭が求められているのも、高度成長期以後作家になった中年の世代がいささか頼りないのも、詩の世界に限ったことではない。

小説と詩が別々の世界に分離してしまったのは、小林秀雄が中原中也と富永太郎しか詩人として認めなかったからだという説がある。それが本当かどうか知らないが、戦後の一時期、詩と小説とはいまよりもう少し近い、ダイナミックな関係にあったのではないだろうか。

戦後文学を読み、戦後詩を読むことは、少なくともわたしたちの世代にとって、ほとんど境界のない、一つながりの経験だった。そしてたとえば一九五五年に吉本隆明と武井昭夫が文学者の戦争責任論を始め、壺井繁治、岡本潤など前世代の詩人たちの戦争期の作品と戦後への移行の没主体性と無責任性をはげしく糾弾したとき、かれらの言葉は狭い詩壇のなかだけでなく、日本の文学そのものに、棘のようにつきささったのだ。

こういう論争が起こったこと自体、前号でも触れたように、戦後という経験が何にも増して言語の経験であったことを物語っている。『荒地』が表明した「言葉への信頼」の裏側には、びっしりと「言葉への不信」が貼りついていたのであり、戦後の経験は、まずそこから始まったのだ。たとえその不信が、徹底的なところまで押し進められなかったとしても。

2 在日文芸の文学運動――『民濤』の発刊

一月に在日朝鮮人の文芸誌『民濤』（民濤社）の発刊祝賀会が開催された。三〇〇人以上が集まってこの画期的な文芸誌の発刊を祝ったという。代表の李恢成と『アリランの歌』の著者ニム・ウェールズの対談もおもしろいが、詩人としては金時鐘、崔龍源、姜舜の三人が詩を書き、宗秋月がすぐれた小説を書いている。

在日の作家や詩人たちが踵を接して出てきたのは、一九六〇年代だったと思うが、それ以来二十数年、韓国民衆の民主化への動きや民衆文化運動にも刺戟されて、在日文芸は次の世代のためにも、いよいよ文学運動に向かって動き出してきたことが感じられる。

文学運動とは、文学以外の政治目的やイデオロギーをもちこむことだと考えている人がいまだに多いようだが、そこに必要なのは普遍的な価値観と方法上の仮説である。ただその価値観は、はじめから普遍的だと認められるわけではない。はじめのうちは、その運動を担う集団の特殊利益の主張だと考えられるのだ。フェミニズムの運動もそうだった。

大韓航空機事件など以来、日本人の民族差別が強まっている現在、『民濤』の今後には困難も予想されるが、期待して読みたい。ここでも評論家が不足しているらしく、「評論家よ出でよ」とうたった原稿募集が目についた。

3　労働者文学運動の苦悶——国鉄民営化以来の激動のなかで

『民濤』の出発とは対照的に、現在労働運動の困難な状況のなかで苦悶しているのが、労働者文学運動である。しかもその苦悶と苦闘は、ほとんど外部の人の目には見えていない。労働者文学が一つの文学運動であったし、現在もあり続けようとしていることを、わたしは近年になって再認識したのだが、そこには労働者の「連帯」「団結」という明確な価値観がある。わかりやすくいえば、「労働者同士は競争しない」ことだといってもいい。しかしその価値は実現されていないどころか、価値観そのものがゆらいでいる。

職員から四〇人以上もの自殺者を出した国鉄民営化以来の激動のなかで、起こったのは、自分（たち）が生き残るための変身、変節だけではない。仲間を踏み台にし、考えや立場のちがう者を明らさまに差別することの正当化と、当局への差別要求が行なわれている。それも労組の委員長によってである。「今の組合は当局よりもこわい」と職場でささやかれる状況になってしまっているのだ。「今回の国鉄解体は、部内労働運動の徹底的な解体であり、また、個々の労働者に対する「意識変革」、つまり人間性の解体であった。そのことだけははっきりいえる」と、国鉄作家集団の小田美智男は書いている（『労働者文学』19号）。

4 吉本隆明の『前世代の詩人たち』――壺井繁治、岡本潤の戦後の戦争責任

詩人の稲葉嘉和は、最近ＯＢになったばかりの国鉄大井工場の長年の労働者だが、ワープロの個人誌『トムとジェリー』３号で、前述した変節や裏切りへのとまどい、批判を書いたあと、次のようにのべている。「戦後四十年、私たち労働者の詩はどれほどのことをしてきただろう。端的にいえば、……一九五五年と一九五六年に、『前世代の詩人たち』（吉本隆明）『戦後の戦争責任と民主主義文学』（武井昭夫）として書かれた問題を未だに自分たちのものとしていなかった、あるいは、乗りこえていなかったことに非常に残念な思いがする」。そして「適切な解説」として、武井の文の前半部分を引用する。「吉本隆明の『前世代の詩人たち』（詩学五五・一一）さらにさかのぼっては『高村光太郎ノート』（現代詩五五・七）は、戦後民主主義詩運動において主導的役割をはたしてきた壺井繁治と岡本潤に対して、かれらが戦争末期（太平洋戦争期）から今日まで演じてきた醜悪な喜劇の本質を、完膚なきまでにえぐり出してみせた。それは壺井や岡本ばかりではなく、民主主義詩運動全体を震がいさせるにたるものであった。吉本は、壺井・岡本の過去の戦争責任を単に道義的・倫理的に追究したのではなく、それが今日にもちこされているかれらの思想構造の頽廃と芸術方法の貧困をあきらかにしたのであった。私はかれの二つのエッセイをまえにして、私たち民主主義文学運動内部にあった戦後世代がついにそれをなしえないでいた怠慢・無気力・無責任を見せつけられた思いであった」。

稲葉は「今の労働者の詩作品」と「私たちの詩の運動の底の浅さ」への反省として、これを書いているのである。戦後の戦争責任論ばかりでなく、花田清輝の芸術運動論、そして日本の労働者像についての熊沢誠の一連の仕事な

どにもさかのぼって、労働者の詩について、またその運動の価値観について考え直すことを、ねばりづよくつづけてほしいと思う。

5　吉本隆明の現在

競争原理が咽喉もとまで詰まってきてわたしたちを窒息させている現在、競争を排して人間の集団的な連帯を求める労働運動と労働者文学運動の価値観は、稲葉が『新日本文学』冬季号で指摘しているような家族意識、血縁意識をこえて、普遍的な価値として実現されることが望まれる。

しかし過去と現在とは、メビウスの帯のようにねじれながら繋がっているらしい。文学者の戦争責任論以来三〇年、誰の手もきれいなままでいることはできなかったとしても、前世代の詩人たちへの吉本のラディカルな批判は、自分自身の吐き出す言説へのきびしい自己省察として、自分に戻ってくることはなかったのだろうか。かれが意識的・無意識的に同世代の戦争の死者たちの立場に立っていたことが、その批判に純粋無垢な外観をあたえ、一種の絶対性をさえ帯びさせたのだが、現在吉本は、かれの言葉を批判する〈見えない死者たち〉の声を、聞くことができるのだろうか。

武井昭夫の推奨にもかかわらず、吉本隆明は芸術方法の問題を追求してきたとはいえない。そしてこの姿勢は、基本的に吉本の後継者たちにも受けつがれている。

6　六〇年代の詩人たち——添田馨の良質な批評

添田馨『戦後ロマンティシズムの終焉——六〇年代詩の検証』（林道舎）を読んで、久しぶりに六〇年代という時代を思い出すとともに、戦後詩を対象化する良質の批評に出会ったよろこびを感じた。

一九六〇年代という時代は、若い詩人たちが輩出した時代だった。反安保闘争のなかから、あるいはその周辺から、天沢退二郎や長田弘、吉増剛造、岡田隆彦、渡辺武信、鈴木志郎康といった大学出の詩人たちが出てきて、『ドラムカン』だの『暴走』だのという、やたらにぎやかな名前のついた雑誌に拠って活躍した。そのころわたしはかれらに大岡信や堀川正美の影響がつよいのを知って、驚いた記憶がある。五〇年代の、いわゆる感受性の詩人たちである。

添田は戦後ロマンティシズムの時代を「詩に時代的な希望、そういって悪ければ時代の肯定的な要素が言語表現上の可能性となって鮮やかに刻印された一時期」と名づけ、その最初の崩芽をこれら五〇年代詩人たちにみている。ただし、「彼等を積極的に評価することは、とりも直さずまがりなりにも平和と繁栄を実現した戦後日本の現実とそこに育んだ感性とを、たとえそれが政治的虚構のうえに成り立ったものであるにしろ、積極的に評価するということに他ならない」と限定づけながら。

このあとにやってきた六〇年代詩人たちの時代性について、添田は次のようにいう。「戦後の政治的虚構がそのするどい裂目を露わにした六〇年反安保闘争以後ほぼ十年間、この裂目は広がりつづけ、一方で高度経済成長を築きながら、他方ではアメリカの世界戦略体制に組みこまれていく日本の現実に対し、広汎なレベルで反対行動が起ったし、そのひとつが六九年の連合赤軍事件で象徴的に幕を閉じるまで、詩はみずからの自由と思想性が相剋しあう緊迫した領域をひとつの試練として過激に昇らざるを得なかった。これこそ六〇年代詩が本質的に闘わねばならなかった課題であり、戦後ロマンティシズムはここに至ってその理念としての敗北と矮小な多様化の中へ否応なしに解体していく。戦後がすでに可能性ではなく不条理な停滞として私に意識されだすのも、高校に入学した七二年頃からであった」。

添田の批評はアジアとの関係には届いていないが、その長所は前号でのべたような、詩の方法や形式について論じることのできる資質であり、また言葉が「本当の言葉になるための不可欠の条件」(森有正)として、「経験の深まり」や「経験全体の変容、その成熟」(同)について思いをこらしていることである。そしてそのことが、「言葉も思想も体験も歴史までもが、すべて断片的に生起する現象、現象の断片として反映するしかない。それらを結び付けているのは、ただ、無関係という関係、無秩序という秩序いがいの何物でもないのだ」という現状と、批評的に出会うための行為としてなされていることだと思う。

7 すべてはシミュラークル?——入沢康夫と〈言語至上主義〉

わたしたち日本人が、まさに「経験」を盗まれているのであり、それ故に「経験の深まり」も、「経験全体の変容、その成熟」も、そして「本当の言葉」ももちえないでいるということを痛切に感じたのは、国鉄が一夜にしてJRに変わった時期のことだった。国鉄労働者の「怠慢、怠惰」がマスコミのキャンペーンで叩きに叩かれ、多くの人たちがそのキャンペーンに乗って踊ったとき、わたしたちは国鉄労働者が長年にわたって既得権として積み上げてきた、「気持ちよく働く」という価値観をあっさりと手離したのであり、明治以来の国鉄にまつわる民衆のさまざまな経験や記憶を、深めることなしに手離してしまったのである。

少し古い話になるが、『現代詩手帖』一九八七年一一月号の岩成達也との対談で、入沢康夫が、詩は言葉でつくられるということを否定したがっている人がいまだに多い、という意味のことを語っている。芭蕉の言葉までもち出しての、もうすっかり身についた恫喝と殉教の身ぶりで。さすがに岩成はこの種の誘いには乗らないが、こういう言辞が相変らず詩壇を跋扈しているおかげで、言葉と経験との関係はますます切り離され、断片化し、詩人の言葉は一部で物神化されるだけで人びとの経験とは何の関わりもなくなり、言葉はわたしたちを見放していくのだ。入沢康夫の詩論は、言葉さえあればそこに詩があるんだという〈言語至上主義〉へ、そして詩人と詩の言語の自己神格化へとつながっていったといわざるを得ない。

もはや「本当の言葉」などどこにもない、言葉にかぎらず経験も、思想も、現実も、他者も、世界も、すべてはシミュラークル（擬《まが》いもの、模擬経験）だ、という声が聞えてきそうだ。しかしそれはむしろ、シミュラークルをつくり出して売りつける者の戦略にひっかかった意見であろう。

8　ライフスタイルの販売人は誰か

いま『ミカドの肖像』（猪瀬直樹、小学館）という本を読んでいるが、西武の創始者・堤康次郎が、大正時代に「郊外生活」というライフスタイルを売り出したくだりは、おもしろい。都市郊外に私鉄を通し、周辺の土地を買い占めて分譲し、ターミナルにデパートを、郊外に遊園地をつくる。そして軽井沢には大衆にも手のとどきそうな別荘を。これは現在の都市居住者のライフスタイルの原型であろう。ウィークデーには都心に通勤し、休日にはターミナルのデパートで家族連れで食事や買物をし、あるいは遊園地に行く。そしてこうなると、郊外に住む者、いや郊外にしか住めない者は、こういうライフスタイルを選択するしか道がなくなる、というところがおそろしい。

それればかりではない。戦後大方の日本人が食うや食わずの暮らしをしていたころ、堤康次郎は臣籍降下して生活に困っていた元皇族の都心の広大な屋敷を、巧妙なやり方で次つぎに買いとっていた。それらはいま、皇室の威光を高級イメージのブランドとした各地のプリンスホテルとして、「差異」をつくり出し、大衆の新たな欲望をかき立てている。

そういう現在という断片の集積を結びつけているのは、添田馨のいうような「無関係という関係、無秩序という秩序」というよりも、やはり陰の演出家、陰の仕掛人がいてわたしたちの欲望をあやつっていると考えた方がより正確だろう。それは特定の個人ではなく、一つのシステム全体であり、またそのシステムにコミットしていく諸個人の集団であろう。その集団の利害が、たとえば天皇や皇室というシンボルを大衆操作のために必要としているのだ。

わたしなども私鉄の沿線で生まれ、たまには豊島園に行ってグリコを食べた「郊外生活」の出身者だが、豊島園の経験は、想像力を養う民衆文化の蓄積の密度において、当時の縁日の経験にかなわない。その縁日は、そのころ中井の方にあった化《ば》っけが原という広い原っぱの横穴に住む、膝から下のない乞食の親分が仕切っているとうわさされていた。戦後四十数年、わたしたちはまだ、縁日に匹敵する民衆文化の空間をつくり得ていない。

（『詩と思想』一九八八年五月、加筆）

〈付記〉入沢康夫の「詩は言葉でつくられる」には、黒田喜夫の次の言葉を対置したい。「ことばのないところにおれはいない／また　ことばだけがあるところにおれはいない」（「詩書をあとに」『燃えるキリン　黒田喜夫詩文集』共和国、二〇一六年所収）。

比喩について――出口のないところに出口を見出そうとする人間の営み

1　所得格差はさらに広がるだろう――個人の内面に踏み込む国家

新聞では毎日のように政治家の株式利益の取得や脱税事件、地上げの利益を注ぎこんだ大がかりな仕手戦の成り行きが報道されている。ところがサラリーマンは一生働いても家が買えないことになってきたし、場末の酒場では、東南アジアや中国の若者たちが低賃金で働いている。税制改革やインフレの追い打ちがかかれば、所得格差はさらに広がるだろう。

最高裁は、自衛官だった夫の護国神社への合祀を断わったキリスト教徒の妻の訴えを、完全に退けた。静かに自分の宗教で夫の死を悼もうとする個人の内面の自由を、否定したことになる。国や国がらみの集団が、個人の内面に踏みこんでいいというのだ。

国という枠組みはしっかり固め、地方自治などは最小限にとどめ、何につけても中央に頼り、国に頼らなければ生きられない仕組みをつくり上げておいて、経済の面でだけ世界の一流国になり、国際化をうたい上げても、日本人が人間として国際人になり、世界の一流国人になることはあり得ないだろう。国の発展と個人の成長、経済の堅実さと文化の蓄積のあいだのギャップがありすぎるのだ。

2　〝あるがままの日本人〟がポストモダン？――清水昶「うめぼし」

現代詩の世界でも同じことだ。奥さんを豚呼ばわりする詩人がいるかと思えば、今度はうめぼし呼ばわりする詩人が現れた。清水昶という名前で、『現代詩手帖』一九八八年五月号に「うめぼし」という詩を書いている。うめぼしと日の丸をひっかけたシャレのつもりだろうが、駄ジャレにもなっていない。

考えてみれば、国は江戸時代の幕府や藩権力とそう変わらずに、個人の人権や内面の自由を踏みにじって省みようとしないのに、個人だけが他人の尊厳を尊重する国際人に成長するなどとは、あり得ない話かもしれない。

個人だの主体だの内面などが〝発生〟したのは近代だからというので、近ごろのポストモダン論議によれば、〝地〟のままの日本人に還り、〝あるがまま〟の日本人であれば、おのずからポストモダンであるということになったらしい。江戸の流行も、そんなところからもくるのかもしれない。清水昶も江戸の小話から「いまどき「真人間」は酒でも飲んでいないと、やってられないや」という言葉を引いて、自己韜晦＝自己正当化している。

しかし江戸時代の人間が現代の詩人と決定的に違うところは、前者が豚はともかくとしてうめぼしと、しっかりつき合っていたことだ。真下章詩集『神サマの夜』（紙鳶社）を読むと、豚とつき合うとは、そして豚から学ぶとはどういうことかを教えられる。また生きものや人間もふくめて、ものが比喩になるとはどういうことかを思い出させてくれる。

3　ものとの関わりを通して価値が形成される——出口を求めて

ものが喩になるのは、表面的には〝類似〟を媒介にしているが、深層のレベルでは人間とものとの長いつき合いを背景にして、人間がものと等価になり、ものと入れ替わる経験が凝縮されたとき、そこから生き返ろうとして喩は成立するとわたしは考えている。

戦後詩のすぐれた比喩、たとえば〝M〟の胸の傷（鮎川信夫「死んだ男」）は、Mという戦争で殺された青年の生そのものを凝縮しているし、〝台所のすみで／口をあけて生きてい〟るシジミ（石垣りん「シジミ」）は、〝うっすら口をあけて／寝るよりほかに〟ない〝私〟の人生を凝縮している。黒田喜夫「毒虫飼育」のなかの、蚕でも尺取虫でもない毒虫は、戦後革命においてけぼりを喰った民衆の下意識の、〝有毒の〟願望を体現していたし、関根弘「樹」のなかの焼けた樹々は、東京の下町大空襲で焼け死んだ人々の叫びをはらんでいた。

また比喩が価値に連なるのは、そういう人間がものと等価にされた低い位置から、ものとの関わりを通して、そこからの出口を求めて価値判断がなされ、価値が形成されるからである。〝Mの胸の傷〟を書いてしまった鮎川は、ある意味で自分の意識さえ超えて、戦争（というより戦死者）に対する価値判断をしてしまったのであり、その後、かれが次第に右傾化していったとしても、そこには一定の歯止めがかけられざるを得なかった。

そういう意味で、すぐれた比喩には作者さえ超えて作者を縛る、ある〝物質的な〟ものがある。すぐれた比喩をふくんだ作品が読者に働きかけ、影響を与える仕方にも、ほとんど〝物質的な〟ものがあるのだ。それはすぐれた比喩が読者のなかで、人間とものとの価値関係を変えるからである。

4　比喩を通して表れる価値判断を見落としている――北川透の比喩論

北川透は『荒地論』（思潮社、一九八三年）の最後のエッセイで、すぐれた比喩についての中桐雅夫の言葉を引いて、そこにある〈価値〉の概念に注目しながら、直喩と陰喩の区別や吉本隆明の思弁的な比喩論に足をとられて、喩を通して表れる価値判断という詩の本質的な機能を見落としている。それは北川において、即自的な経験が〈欠損〉や〈疎外〉とのみ結びつけられていることと、おそらく関係がある。

経験に欠損や疎外がないというのではない。北川は「即自的には経験の欠損でしかない表現者の固有の現存が、経験の表現となるためには、あたかも《客観的な意志》のように感じられる、表現の連続性が媒介される必要がある」と書いているが、わたしの考えでは、表現者の固有の現存が経験の表現となるために必要なのは、ものをくぐって生き返ろうとする人間の根源的な生命力であり、自由であり、出口のないところに出口を見出そうとする人間の営みである。その営みのなかで、人間はものをくぐりぬけて比喩として生き返ってくるのである。当然そこには身体性や感情が関わってくる。詩において、比喩を通してあらわれる価値判断は、たんに理知的な判断ではなく、身体までふくんだ全体的な価値判断なのである。

5　現代社会が〈価値〉を消費するやり方——間接的になったものとの関係

高度成長期以後の日本の詩が、戦後詩のすぐれた作品に見られたような大型の、いわば表現主体が世界と刺しちがえるような正面切った比喩をつくり得なくなったのは、誰もが感じているように、日本人の経験の変化に大きな原因がある。それが始まったのは、ものがすべて石油の変形のように見えてきた一九六〇年代の半ばからだった。いまや日本人のものとの関わりはすっかり間接的になって、いちばん具体的でしんどいところ、汚ないことや危険なことは、下層労働者や被差別部落民、アジア人労働者に押しつける構造ができ上がってしまった。

いやこれは新しい構造ではなくて、大方の日本人の生活水準が、円高や経済成長のおかげで少しばかり底上げされただけなのだが。その意味で、真下氏の前掲詩集の今年度H氏賞受賞は喜ばしい出来事だが、これがテレビなどでとり上げられて話題になったのは、豚がいわゆる〝画になる〟からだけでなく、仔豚をペットとして飼うのがブームになっているからだという話を聞くと、あきれてものがいえなくなる。詩集の価値とは関係ないが、現代社会が〈価値〉を消費する仕方には、やはり驚くべきものがある。そこでは適度の泥くささも商品になるのだ。

真下氏とちがって近年の中堅詩人たちは、ものと直接関わりをもてず、暗喩よりは喚喩、比喩よりはずらしなどといいながら、その実きわめて恣意的な、ものの裏づけのない比喩に表現をゆだねている。しかしわたしは、現代詩が戦後詩の比喩に戻れるとも、戻ればいいとも考えていない。新しい経験の質、ものとの関係の新しい質と身振りをつくり出していくしかないだろうと思う。

6　長谷川四郎の「逃亡」という抵抗戦――浅田彰の「逃亡」との相違

その意味で、昨年亡くなった長谷川四郎の生涯と仕事は、わたしたちになにかを語りかけてくれるように思う。この詩人・作家について、『新日本文学』夏号は、「これから長谷川四郎」と題して充実した特集を組んでいる。そのなかで、若い会員の市橋秀夫が書いている。「防衛庁の目論見は、池子の森を保護対象としての「自然」というステレオ・タイプへ、まず囲い込むことにある」のにたいして、「長谷川の描く民衆たちの抵抗のモラルとでもいうべきものがエコロジカルなモラルであり、つねに自然や歴史との対話――労働や技術的実践――というトレーニングによって彫琢されていること、ここに「これから、《ママ》長谷川四郎」のひとつの可能性があるように思えてならない」。

長谷川の小説「鶴」のなかの「私」は、鶴の身ぶりから逃亡を予感するのである。

> 国境監視哨に立ったある日、猟人に狙われた一羽の鶴が、寸前、「非常に正確に、ゆっくりと羽搏いたかと思うと、不思議な賢明さを以て、悠々と飛び立った」のを見て、「私はひそかに、だが正確に、私の背後から迫ってくる死神の黒い影を感じた。」これが私に逃亡を予感させる最初の契機である。「死神の黒い影」に刻印されているのは、一個人の死ではないだろう。矢野や私の、炊事の雑事や薪割り、洗濯などの、民衆的モラルのトレーニング場としての労働。（略）

そして、長谷川は生命へのテロルに対する「逃亡」という抵抗戦を、断固擁護する。一瞬撃たれたかに見えた鶴の飛翔が矢野や私に呼びかけたことは、部隊を立ち去り、「物質の正義」と格闘して別様に生きよということである。私が死に際に見るユートピアもまた、物質の正義に基礎をおく小宇宙だ。「道路はよみがえり国境線は消えた。それは広々とした耕地に変わったのである」。(略)

長谷川四郎とF・カフカは、現代とは、そこに生きる人間がみずからを立ち去って生きることがいかに困難な時代であるのかということを熟知していた。終わりなきロールプレイの欲望回路からおりてみずからを立ち去ることは、現代資本主義の強制してくる諸関係への執拗な抵抗戦術なのである。と同時に、みずからを立ち去り得ない者は他者の異質性を承認することができない——ゲーム相手以外の存在として他者をみることができない——という意味で、共生のためのもっとも基本的な技術でもあるのだ。「鶴」が死の問題を冷厳に見すえながらも、どこか突き抜けた明るさを感じさせるのは、個人の死が抵抗の痕跡を残すと同時に共生の予感をはらんだ、大地に落ちた種子のような、そんなものだからではないだろうか。

ここで語られている長谷川四郎の「逃亡」は、一時流行った浅田彰風の「逃亡」を、はるかにものの方へと突き抜けたところにある。

7　エコロジーは自然や歴史との対話から学ぶ抵抗の思想——民衆のモラルとしての

このエッセイで、エコロジーという言葉が、自然やものとの関係で新しく定義されていることに注目したい。エコロジーというと、技術や科学を全否定した自然回帰や、高みにいる「所有者」としての人間がステレオタイプの「自然」を「保護」するというニュアンスがつきまとうが、それでは一九世紀的なブルジョワ的自然観を越えることができない。

現在求められている思想としてのエコロジーとは、まさに自然や歴史との対話のなかでみずからをトレーニングする民衆のモラルとしてのエコロジーであり、「物質の正義」から学ぶ抵抗の思想なのである。

わたしは何年かのあいだ梅干をつけ、梅酒や梅のジュースをつくってきたが、とりわけ梅干からは、実に多くの学ぶものがあった。とても日の丸弁当などに譲るわけにはいかない。梅干だけでなく、二〇年近い育児と家事労働から、その労働の分配の仕方にいつも疑問をもちながらも、多くを学んだように思う。

子どものころ、戦争中の強制的な農作業や勤労動員からでさえ、学ぶものはあったのだ。ものと格闘するとき、ひとは人間からも学ばないわけにはいかない。とりわけ人間のからだから、ひとは多くのものを学ぶ。からだの大きさ小ささ、力の強さ弱さ等々を知り、それを労働のなかでトレーニングしていくのだ。また人間と人間の関係、協同作業者や隣人との関係を調整していくのである。

ひとが物質から学んだものもまた、人間のからだに蓄積される。それは知識としてあらわれる場合もあるが、多くの場合、事に応じての仕種や身ぶりとしてあらわれる。長谷川四郎の作品のなかで鶴が示す「不思議な賢明さ」を、働く人間は皆どこかにもっているのだ。

しかし同時に、強制労働は人間を堕落させる。そして現代の労働には、多少とも強制労働の要素がある。長谷川四郎はシベリアで数年間、強制労働に従事したが、シベリアへ行ったのはかれの自由意志だった。[1]その自由が、かれを堕落から救ったのだと思う。

「労働者に必要なものは詩であってパンではない」とシモーヌ・ヴェイエにいっている。「民衆の阿片は宗教ではない。革命だ。／労働者からこの詩が奪われているからこそ、あらゆる種類の堕落が生じているのだ」。長谷川四郎には、そういう意味での詩があった。

8　人びとは〝国のやり方〟について学習を積みつつある——農民がからだに蓄積してきたもの

三年後に牛肉とオレンジの関税自由化が決まり、米の環境もきびしくなって、日本の農業社会がゆれ動いていることが、都会にいる者にも感じられる。「図書新聞」で土井淑平と三上治が米の問題をめぐって論争していて、わたしは米つくりの生態系的な環境保全力を視野に入れている土井氏の議論に説得力を感じていたところ、最近「朝日新聞」の経済欄に、納得のいく指摘を見出した。

「農業は商品としての食糧を生産しているだけではない。それは自然環境システムと社会経済システムをつなぐ生命系の営みである。古来いくたの文明はこの農業を疎外することから滅びた。地下水と石油に頼り、表土の流乏と無機化、砂漠化のリスクを冒している米国の大農的機械化、粗放化農業と、片や水・緑・土の巧みな均衡と循環、きめ細かな作付け、土壌との共生で比類のない人口扶養力を保持してきた日本の農業のいずれに歴史の支持があるだろうか」（六一弥）。（一九八八年七月六日夕刊）

農民は古来、土や水や日光との具体的な関わりを通して、支配階層が言葉にしてきたよりはるかに豊富な身ぶりや〝情報〟を、代々そのからだに蓄積してきた。それをわずかしか表現の言葉にしてこなかったのは、日本の文学者の責任である。

三里塚の経験を経、三宅島、宍道湖、米価、原発の問題などを通して、いま日本の民衆は〝国の仕打ち〟、〝国のやり方〟について学習を積みつつある。国の打ち出している税制改革の裏に何があるかも、そろそろ明白になってきた。こういう人びとの経験の成長をよそにして、日本の詩人たちは幻の〝庶民性〟にしがみついたり、お坊ちゃんのお遊びをつづけていくつもりなのだろうか。

（『詩と思想』一九八八年一〇月）

注

（1）長谷川さんが亡くなったとき、追悼文にわたしの書いた文章の一部を、少し加筆してここに記しておきたい。

「十年ほど前、新日本文学会で偶然、長谷川さんのお話を聞いたことがあった。敗戦のときの話だった。召集されてソ満国境の小さな丘に配属されていたとき、奥さんと面会するために部隊をはなれていた、そのあいだにソ連軍の進攻がはじまって部隊は全滅し、長谷川さんは生命びろいをしたのだった。その後ばらばらになって逃げていく途中、長谷川さんはある地点でくるっと向きを変えて、別の方向にすたすたと歩き出したのだった。それはソ連軍の捕虜になって、シベリアへ送られる道だった。／長谷川さんは黒板に河の地図などを書きながら、淡々と話しておられた。黒板はいつのまにか広大な中国の平原に変わっていた。長谷川さんは左から右へ一本の横線を引き、あるところでそれを上の（北の）方へ引っ張り上げた。その方向へ行けば、捕虜になることはわかっていたのだ。わたしはこのときほど、人の話を聞いて、感動したことはない。自分というものを、その立っている地面ごと見ることのできる人間がここにいる、と感じた」（「長谷川四郎さんを悼む」「社会新報」一九八七年五月一二日、『失われた言葉を求めて』御茶の水書房、一九九二年に収録）。

「満州国」で協和会の事務長をしていた自分の責任を感じていた故の、〈戦犯意識〉からの行動だったと思う。

日・満・漢・蒙・朝の五族協和を実践しようとして協和会に入り事務局長になった長谷川氏は、数十人の「満州」の青少年を国境地帯の飛行場建設に送りこんだ。しかしかれらは秘密保持のため確実に殺されてしまったのだ。氏の〈戦犯意識〉がそこから始まる。「どうして私が今あるごとき私になったかと、きかれるならば、私は、自分の意思に反して、とこたえるほかないだろう」（「シベリヤから還って」）という後年の言葉も、そこから出ている（「長谷川四郎を読む――長谷川元吉『父・長谷川四郎の謎』を批判する」『新日本文学』二〇〇四年一・二月合併号参照）。

女性・戦争・アジア——詩と会い、世界と出会う

初出一覧

Ⅰ　女性詩人

石垣りん・詩にひそむ女の肉体、女の性（書き下ろし）

茨木のり子・日常の視点から世界へ——「生きているもの・死んでいるもの」（一九八八年度NHK第二放送「季節の詩《うた》」で放送、加筆）

新川和江・暮らしから生まれた幻の恋のうた——「ふゆのさくら」（一九八八年度NHK第二放送「季節の詩《うた》」で放送、総合詩誌『PO』156号、二〇一五年二月、加筆）

滝口雅子・異質なものに開かれた目——戦前文学の継承と変容（『詩学』一九九五年六月、原題「〈先達詩人としての滝口雅子〉戦前文化の継承と変容」）

宗秋月・在日への挽歌と賛歌（『宗秋月全集——在日女性詩人のさきがけ』土曜美術社出版販売、二〇一六年九月、原題「宗秋月の詩と出会う——在日への挽歌と賛歌」、加筆）

Ⅱ　追悼

黒田喜夫氏の死を悼む——時代を共にした思い（「短い詩を見直そう」『詩と思想』一九八四年一〇月より、加筆）

滝口雅子さんを追悼する——孤独感とつよい意志（「日本現代詩人会報」89号、二〇〇三年一月一五日、加筆、原題は主題のみ）

石垣りんさんを悼む——生の孤独な根源に根すえる（共同通信配信・「中国新聞」二〇〇四年一二月二九日、「信濃毎日新聞」「山陰新聞」「徳島新聞」一二月三〇日、「京都新聞」「静岡新聞」一二月三一日、「岩手日報」「山梨日日新聞」「琉球新報」二〇〇五年一月六日、「日本海新聞」一月一〇日、「長崎新聞」一月一一日、「秋田さきがけ」一月一四日。『追悼文大全』共同通信文化部編、三省堂、二〇一六年に収録）

茨木のり子さんの手紙——追悼（『現代詩手帖』二〇〇六年四月、原題は主題のみ、加筆）

Ⅲ　アジア、戦争、植民地支配

タゴールの詩と日本の現代詩——生誕150年祭のために（日本詩人クラブ主催「タゴールの故郷を訪ねる旅——生誕150年祭のインドへ」セミナー開会式での基調講演。デリーの国際交流基金日本文化センターにて、二〇一二年二月三日、原主題「タゴールの詩と日本の詩について」、加筆）

鮎川信夫「サイゴンにて」からベトナム戦争へ——自由主義国家への憧れ（書き下ろし）

清岡卓行と『アカシヤの大連』——日本的モダニズムの精神的態度としての〈白紙還元《タブラ・ラーサ》〉（書き下ろし）

金時鐘詩集『新潟——長篇詩』——死者たちさえもが語る（『新日本文学』一九七一年四月、原題「金時鐘詩集『新潟』」）

こぼれ落ちてきた日本人の戦争と植民地支配経験（書き下ろし）

六〇年代の詩とモダニズム——〈個〉と〈全体〉の亀裂から（『ユリイカ』一九七一年五月より）

子供時代の悪の責任をどうとるか——ブレヒト「子供の十字軍」（書き下ろし）

「ボヘミアン・ラプソディ殺人事件」の謎——〈してしまったこと〉のとり返しのつかなさ（『新日本文学』二〇〇二年九月、原副題「〈クィーン〉とイギリスのインド支配」）

歴史に照射される現代――ニヒリズムと向き合う（『文学時標』一九九六年一月）
植民地主義の原罪と文学――9・11以後を考える（シンポジウム「東アジア同時代の文学――『9・11』以後の日本・韓国・在日の文学をめぐって」にて、二〇〇四年一〇月一〇日）
いわゆる自虐史観をめぐって（『軍縮問題資料』二〇〇五年一二月）
『辻詩集』への道――以倉紘平における故郷と国家（『詩人会議』二〇一六年九月、加筆）

Ⅳ　人ともの――社会主義は死んだネズミか

花田清輝と『列島』――物質に憑かれた詩人たち（『詩と思想』一九八〇年七月、原題「物質としての自己――『列島』と花田清輝」）
黒田喜夫『地中の武器』――ひとつの裂け目となった生（現代日本詩集8『地中の武器』解説、思潮社、一九六二年一二月、原題は「解説」、詩の引用は『黒田喜夫全詩』思潮社、一九八五年に拠った）
関根弘・社会主義と「死んだネズミ」の寓意《アレゴリー》（『新・現代詩』4号、二〇〇二年春号、加筆）

Ⅴ　詩と会い、世界と出会う旅

カフカの小路で（『ＲＩＭ』環太平洋女性学研究会会誌第1巻第2号、城西大学国際文化研究センター、一九九四年九月、加筆）
日常のなかの終末――クリスタ・ヴォルフ『夏の日の出来事』（クリスタ・ヴォルフ選集5『夏の日の出来事』解説、一九九七年一一月、原題は主題のみ）
アラブの詩人アドニス（「詩のしんぶん」7号、一九七四年八月一日、加筆）

アラビア語版日本現代詩集『死の船』のために――ムハンマド・オダイマ氏の質問に答える〈付〉詩人　高良留美子さん（ムハンマド・オダイマ／山本薫訳『死の船』ダール・マワーキフ社、一九九三年）

モスクワ通過（「華沙里通信」83号、一九九一年五月）

アレキサンダー・ドーリン氏を囲んで（「日本現代詩人会会報」一九九一年五月一日）

女性シンガーソングライターを招く――ヴェロニカ・ドーリナさん（二〇〇一年執筆、『千年紀文学』98号、二〇一二年五月に発表、加筆）

ソビエト崩壊時、モスクワ車事情（『千年紀文学』36号、二〇〇二年一月）

映画『私は二〇歳《はたち》』の中の同時代――言葉の氾濫（ロシア文化通信『群　GUN』6号、一九九五年四月）

ガーナの恋歌は月夜の晩に――日本の歌垣とアフリカの口承文学（「東京新聞」一九九六年二月二〇日夕刊、原題「日本の歌垣とアフリカの口承文学――ガーナの恋歌は月夜の晩に」）

日本とアフリカの口承文学――ガーナ大学の国際会議に出席して（「毎日新聞」一九九五年一一月二二日夕刊）

口承文学会議設立の経緯および現在までの活動概況（「国際交流基金　国際会議出席助成事業申請書」一九九五年六月）

日本の掛け合い恋歌の伝統について――アフリカ口承文学会議における発表（一九九五年一〇月、ガーナ大学における第二回口承文学会議にて発表、加筆）

アフリカの女性の地位（『ＲＩＭ』6号、城西国際大学ジェンダー・女性学研究所、一九九七年三月、原題「第二回アフリカ口承文学会議に出席して」、加筆）

アフリカに来て――ここはアフリカだ！（『千年紀文学』6号、一九九七年一月、原題は主題のみ）

サンゴール氏の来日（「公明新聞」ことば歳時記、一九七九年五月一七日、原題「ものいえば」）

マジシ・クネーネとの再会――大地への責任（「毎日新聞」一九八三年四月一一日夕刊）

白人支配社会の終末相――南アフリカの女性作家ナディン・ゴーディマの小説を読む（「図書新聞」一九九五年一

月二一日、原副題「ゴーディマの想像力という鏡に映された南アフリカ」）
アメリカ先住民の口承詩――金関寿夫氏の仕事（「金関寿夫先生追悼号」『城西文学』一九九七年七月、原題「金関寿夫先生追悼」）
日韓女性文化の再発見と交流のために（『地球』147号、二〇〇八年一二月、加筆、副題：「日韓現代詩交流35周年記念・アジアの詩のつどい」にて）
実に遠い道をきた――ワシントンで日韓・詩と音楽の交流（「毎日新聞」二〇〇八年一二月三日）
済州島で文化芸術の祭典――舞踏や詩の朗読などで交流（共同通信配信・「四国新聞」二〇〇九年一〇月八日、「山陰新聞」一〇月一一日、「京都新聞」「中国新聞」一〇月一四日、加筆）
拒食症と暴力――負の連鎖、物語へと昇華（共同通信配信・「神奈川新聞」「神戸新聞」「新潟新聞」「埼玉新聞」「山陰中央新聞」「大分合同新聞」「東奥新聞」二〇一一年七月一〇日、「愛媛新聞」七月一七日、「熊本新聞」八月二八日、原題は主題と副題が逆、『書評大全』共同通信文化部編、三省堂、二〇一五年に収録）
ネパール・創作意欲盛んな女性詩人――バニラ・ギリさん（「東京新聞」一九九八年八月二六日夕刊、加筆、原題「世界の文学　ネパール　創作意欲盛んな女性詩人」）
中国の太湖石と人間の頭脳（書き下ろし）
木を愛したタゴールとコルカタの動物供犠（佐々木久春氏との対談「アジアの先達詩人タゴールと私たち」二〇一二年七月一四日より、『詩界通信』日本詩人クラブ、61号、同年一一月、加筆）
『地に舟をこげ』の終刊を惜しむ（『地に舟をこげ』7号、二〇一二年一二月、加筆）
詩における東と西――アジアからの孤立（『地球』99号、一九九〇年九月、『文学と無限なもの』御茶の水書房、一九九二年に再録）
沖縄で考えたこと――女性の性的被害を根底にすえた戦後文学を（『新日本文学』一九九九年八月、原題「女性の戦後文学を――沖縄で考えたこと」）

幕末の国内難民――映画「ほかいびと〜伊那の井月〜」の監督への手紙（『伊那路』666号、二〇一二年七月、加筆）

Ⅵ　詩誌と詩人会、詩運動へ参加

『詩組織』をめぐって――フェミニスト詩人を輩出（書き下ろし。『詩組織』14号（一九八四年四月）に書き、終刊21号（二〇〇五年三月）に再録した「『詩組織』のこと」からの引用を含む。原題は主題のみ）
『詩組織』編集後記（『詩組織』3号・一九五九年一二月、6号・一九六一年八月、原題「編集後記」）
谷敬とビラの行方――一九六〇年を歩きつづけた詩人（詩とエッセイ『光、そして崖』栞、津軽書房、二〇〇〇年一二月、加筆）
しま・ようこを読む――父の戦争（『しま・ようこ詩集』土曜美術社出版販売、二〇〇三年一二月、加筆、原題は主題と副題が逆）
現代詩人会に入会した頃のことなど――黒田三郎さんからの電話（『資料・現代の詩　２０１０』日本現代詩人会編、二〇一〇年四月、加筆）、原題は「入会した頃のことなど」。
「現代詩の会」解散への私の疑念――現代詩と散文の不在（『新日本文学』一九六五年五月）
「現代詩の会」解散への道――関根弘・花田清輝・堀川正美・黒田喜夫・吉本隆明・長田弘（『ぴーぐる　詩の海へ』16号、二〇一二年七月、加筆）、原副題には長田弘の名前がない。
『蛸』のこと――文学運動壊滅からアジア・アフリカ文学運動へ（書き下ろし）
『蛸』編集後記（『蛸』2号・一九六九年九月、3号・一九七〇年一月、6号・一九七一年六月、草案）
山田初穂の詩――心の裏側に大空がある（『新日本文学』一九七七年一一月、加筆）
花田英三――坂下の男の子（『詩と思想』一九九二年五月より、加筆）
伊達得夫という人（「わが詩的自叙伝（３）」『詩と思想』二〇〇五年九月より）
言葉が読者に届く感覚――現代詩手帖創刊50周年（『現代詩手帖』二〇〇九年六月、加筆、原主題「より広い視野へ」）

笹木利忠――戦後という時代からしか生まれなかった人（書き下ろし）

パネルディスカッション『詩と思想』の40年をふりかえる（出席者）中村不二夫・高良留美子・麻生直子（『詩と思想』二〇一二年一〇月、小見出しを加筆）

芸術運動の不可欠性をめぐって――花田清輝と吉本隆明（『新・現代詩』4号「現代詩時評」欄、二〇〇二年四月より、原題「中村不二夫氏の評論を読んで――〈もの〉・芸術運動・二項対立」）

Ⅶ　現代詩の地平――詩壇時評より

楕円はなぜ円になったか（『詩と思想』一九八四年二月より、加筆）

作詩主体の無意識と庶民ブリッコ――書いている自分とは何であるか（『詩と思想』一九八四年七月、原題は主題のみ）

詩の〈外部〉への眼（『詩と思想』一九八四年一二月より）

『サラダ記念日』論と詩壇の腐敗（『詩と思想』一九八八年三月より、原題「『サラダ記念日』再論と詩壇の腐敗」）

すべてはシュミラークル？――言葉と経験が切り離される（『詩と思想』一九八八年五月より、原題「ライフスタイルの販売人は誰か」）

比喩について――出口のないところに出口を見出そうとする人間の営み（『詩と思想』一九八八年一〇月より、原題は主題のみ）

あとがき

この評論集は、時間的には一九五九年から現在までの五八年間、空間的にはアジア、アフリカ、アラブ、東ヨーロッパなど世界の広い範囲に渡っている。目次にも表れているが、わたしとしては外向的な、ある意味では攻撃的な論をふくんだ本になった。

Ⅰ章には女性詩人についてのエッセイを入れた。わたしが詩を書き始めた一九五〇年代以降、女性詩人の数は大幅に増えたが、女性詩への評価は十分とはいえず、その評価基準は確立していない。ことに批評家たちが見逃しているのは、女性詩の時間スパンの長さと生命や自然との関わりの深さである。これらの特徴が女性詩を、一時的には強力で影響力の強い男性詩よりむしろ、時間の風化に耐えるものにしている。

Ⅱ章には二〇〇〇年代に相次いで亡くなった女性詩人たちへの追悼文を、黒田喜夫氏へのそれと共に入れた。さまざまな刺激と影響を受けてきた戦後第一世代の女性詩人たちの逝去は、わたしにとって衝撃的な出来事であった。

Ⅲ章にはアジア・戦争・植民地支配に関するエッセイを、一九六〇年代に書いた評論をふくめて収録した。大連のモダニスト・安西冬衛の「有罪性」から「無罪性」への急速な転換を指摘したが、同じ大連出身の戦後詩人・清岡卓行が提唱した「白紙還元《タブラ・ラーサ》」は、無意識のうちにそれを継承したといえるだろう。

『荒地』のリーダー的存在であった鮎川信夫の限界も、アジアにたいする日本の加害性への認識不足にあったと思う。しかし「無罪性」や「白紙還元《タブラ・ラーサ》」は、意識下における「有罪性」や「白紙還元不能」の自覚の、裏返しの観念にほかならない。後続の詩人たちは戦後詩とは違う詩を書こうとしながら、この点だけは無批判に受け継いできた。

「「ボヘミアン・ラプソディ殺人事件」の謎」は、イギリス人が自己の加害性とどのように向き合い、錯乱したかという一つの例である。〝国民的錯乱〟とさえいえるこのような錯乱は、実はわたしたち日本人の内部でも起こっていたのではないだろうか。その自覚が足りないのは、個人の責任意識が欠如しているためだろうか。

この章の最後に、現代の〝国民詩〟のはしりに対する批判的エッセイを入れた。このような詩の出現は、国家を再び神話化し社会を国家に一体化しようとする近年の危険な政治的動向に呼応するものであろう。

日本では伝統的に、〈私〉と社会が国家に支配され、国家と一体化する傾向がつよい。〈私〉と社会が国家を批判する力をもっていないのだ。しかしそれらが国家と一体化するとき、国家は暴走し、七〇年前の日本のように国と〈私〉たちを破滅に導くことになる。国家とは決して神話的・形而上的な権威をもつ存在ではなく、人間にとっての真の価値を生み出せるのは、〈私〉たちがつくる社会、地域、そして家族やカップルなのだ。「この前の戦争のときは詩から崩れた」とは、文中でも繰り返した花田清輝の言葉だが、故郷と国家を同一視して国家を無条件に賛美しようとする〝国民詩〟の出現を、黙って見過ごすわけにはいかない。

Ⅳ章では花田清輝、黒田喜夫、関根弘を通して、詩誌『列島』のもっていた可能性を探った。この章は未完であり、次の本では「物と等価にされた人間」というタイトルで、石垣りん、黒田三郎、小野十三郎と大岡信などについても論じたいと思っている。またこの間に書いた多くの詩集評を収録したい。

Ⅴ章には諸外国、ことにアジアの詩人たちについてのエッセイを入れた。アラブ、ソビエト・ロシア、アフリカ、韓国、インドの詩人たちとの交流は、一九七〇年代から二〇一二年までの四十数年に及んでいる。七〇年にアジア・アフリカ作家運動に参加したのが重要なきっかけとなったが、〇八年からの韓国の詩人たちとの交流、一二年のインド旅行がそれにつづいた。

Ⅵ章には一九五九年の『詩組織』以来わたしの関わってきた詩誌、詩人会、詩運動に関する文章を、友人詩人たちについてのエッセイと共に入れた。「「現代詩の会」解散への道」には、黒田喜夫の初期『現代詩』への深い関わりと、『現代詩』の限界について加筆した。黒田は極度の経済的悪条件のなかで『現代詩』の編集をつづけたため結核が再発したのだが、そのたたかいは一方では左翼公式主義との、他方では『現代詩』の（一種の）折衷主義とのたたかいであった。

また八〇年代の詩的状況をよく表している中村不二夫・麻生直子両氏との「パネルディスカッション『詩と思想』の40年をふりかえる」（二〇一二年）を再録させていただいた。

Ⅶ章には一九八〇年代に『詩と思想』に書いた詩壇時評の主要部分を収録した。バブル経済のなかで日本人がひどく内向きになっていたこの時代、前記ディスカッションで「非常に苦しい時代」として振り返っている時期のものだ。吉本隆明の「修辞的な現在」（『戦後詩史論』大和書房、一九七八年）は無視したが、コム・デ・ギャルソンに情けない思いをし、女性への暴力詩の出現に怒った時代でもあった。吉本隆明論は目次には立てていないが、主にⅢ章の「清岡卓行と『アカシヤの大連』」の注（1）に、評価と批判をふくめて書いた。

ちなみにこの時期の詩壇時評のうち、原発反対運動についての二篇は、『世紀を越えるいのちの旅――循環し再生する文明へ』（彩流社、二〇一四年）に収録した。また本書の既発表の文章には、新たに小見出しをつけた。

金時鐘『新潟――長篇詩』の書評（一九七一年）と「宗秋月・在日への挽歌と賛歌」は、章を横断して入れた。日本人が植民地支配を白紙還元《タブラ・ラーサ》した面の上で生きざるを得なかった在日詩人は、日本人にとって切実な〈内なる他者〉でありつづけている。

次の評論集では、詩に現れた日本人の自然・人間・社会観を石垣りん、茨木のり子、黒田喜夫などについて考察し、また小野十三郎、滝口修造を中心に戦中の詩人たちの抵抗の思想について考えたいと思っている。いま、その考察が再び求められる時代がきている。

最後になったが、詩の国際交流に力を尽くしてくださった方々に感謝するとともに、本書の出版を引き受けてくださった土曜美術社出版販売の高木祐子氏に、心からお礼を申し上げたい。

二〇一六年一一月二日

高良留美子

著者による本

〈詩集〉

『生徒と鳥』書肆ユリイカ　一九五八年

『場所』（第十三回H氏賞受賞）思潮社　一九六二年

『見えない地面の上で』思潮社　一九七〇年

『高良留美子詩集』思潮社・現代詩文庫43　一九七一年

『恋人たち』サンリオ出版　一九七三年

『しらかしの森』土曜美術社　一九八一年

『仮面の声』（第六回現代詩人賞受賞）土曜美術社　一九八七年

『高良留美子詩集』土曜美術社・日本現代詩文庫34　一九八九年

『風の夜』（第九回丸山豊記念現代詩賞受賞）思潮社　一九九九年

『神々の詩《うた》』毎日新聞社　一九九九年

『崖下の道』思潮社　二〇〇六年

『続・高良留美子詩集』思潮社・現代詩文庫224　二〇一六年

『その声はいまも』思潮社　近刊予定

〈小説〉

『時の迷路・海は問いかける』一九八八年　オリジン出版センター

『発つ時はいま』一九八八年　彩流社
『いじめの銀世界』一九九二年　彩流社
『百年の跫音』上下　二〇〇四年　御茶の水書房

〈評論集〉
『物の言葉』せりか書房　一九六八年
『文学と無限なもの』筑摩書房　一九七二年
『高群逸枝とボーヴォワール』亜紀書房　一九七六年
『アジア・アフリカ文学入門』オリジン出版センター　一九八三年
『女の選択――生む・育てる・働く』労働教育センター　一九八四年
『母性の解放』亜紀書房　一九八五年
自選評論集全六巻『高良留美子の思想世界』御茶の水書房
1『文学と無限なもの』一九九二年
2『失われた言葉を求めて』一九九二年
3『モダニズム・アジア・戦後詩』一九九二年
4『世界の文学の地平を歩く』一九九三年
5『高群逸枝とボーヴォワール』一九九三年
6『見えてくる女の水平線』一九九三年
『岡本かの子　いのちの回帰』二〇〇四年　翰林書房
『花ひらく大地の女神――月の大地母神イザナミと出雲の王子オオクニヌシ』御茶の水書房　二〇〇九年
『恋する女――一葉・晶子・らいてうの時代と文学』學藝書林　二〇〇九年

『樋口一葉と女性作家　志・行動・愛』翰林書房　二〇一三年
『わが二十歳のエチュード――愛すること、生きること、女であること』學藝書林　二〇一四年
『世紀を超えるいのちの旅――循環し再生する文明へ』彩流社　二〇一四年

〈編書・共編書・共訳書〉
マジシ・クネーネ著『太陽と生の荒廃から――アフリカ共同体の詩と文学』アンヴィエル　一九八〇年
『タゴール著作集　第一巻　詩集Ⅰ』第三文明社　一九八一年
『アジア・アフリカ詩集』土曜美術社・世界現代詩文庫１　一九八二年
『タゴール著作集　第二巻　詩集Ⅱ』第三文明社　一九八四年
『天皇詩集』オリジン出版センター　一九八九年
『フェミニズム批評への招待――近代女性文学を読む』學藝書林　一九九五年
『高良武久詩集』思潮社　一九九九年
『女性のみた近代』第Ⅰ期全25巻　ゆまに書房　二〇〇〇年
『高良とみの生と著作』全８巻　ドメス出版　二〇〇二年
『世界的にのびやかに――写真集　高良とみの行動的生涯』ドメス出版　二〇〇三年
『女性のみた近代』第Ⅱ期全22巻・別巻６　ゆまに書房　二〇〇四～二〇〇五年
田島民著・高良留美子編『宮中養蚕日記』ドメス出版　二〇〇九年
フェミニズム批評の会編『大正女性文学論』翰林書房　二〇一〇年
高良美世子著・高良留美子編著『誕生を待つ生命――母と娘の愛と相剋』自然食通信社　二〇一六年
『浜田糸衛　生と著作――戦後初期の女性運動と日中友好運動』上　ドメス出版　二〇一六年
『宗秋月全集――在日女性詩人のさきがけ』土曜美術社出版販売　二〇一六年

著者紹介

高良留美子（こうら　るみこ）

詩人・評論家・作家。一九三二年東京生まれ。東京藝術大学美術学部、慶應義塾大学法学部に学ぶ。中学・高校時代から女の問題を考える。一九五六年、海路フランスに短期留学、アジアの問題に目覚める。

詩集『生徒と鳥』『見えない地面の上で』『しらかしの森』『神々の詩《うた》』『崖下の道』など九冊、『高良留美子詩集』『続・高良留美子詩集』がある。共編訳『アジア・アフリカ詩集』、評論集に『物の言葉』『文学と無限なもの』『失われた言葉を求めて』『高群逸枝とボーヴォワール』『恋する女──一葉・晶子・らいてうの時代と文学』『岡本かの子　いのちの回帰』『花ひらく大地の女神──月の大地母神イザナミと出雲の王子オオクニヌシ』『樋口一葉と女性作家　志・行動・愛』『わが二十歳のエチュード──愛すること、生きること、女であること』『世紀を超えるいのちの旅──循環し再生する文明へ』『誕生を待つ生命──母と娘の愛と相剋』ほか、小説に『発つ時はいま』『いじめの銀世界』『百年の跫音』（上・下）ほかがある。

詩集『場所』で第13回H氏賞、『仮面の声』で第6回現代詩人賞、『風の夜』で第9回丸山豊記念現代詩賞受賞。一九八九〜九六年城西大学女子短期大学客員教授。一九九七年「女性文化賞」を創設。日本現代詩人会、日本文芸家協会、新・フェミニズム批評の会、千年紀文学の会、日本女性学会、総合女性史学会会員。

女性・戦争・アジア——詩と会い、世界と出会う

二〇一七年二月一日　第一刷発行

著　者　高良留美子
装　幀　狭山トオル
発行者　高木祐子
発行所　土曜美術社出版販売
〒162-0813 東京都新宿区東五軒町三－一〇
電　話＝〇三（五二二九）〇七三〇
ＦＡＸ＝〇三（五二二九）〇七三二
郵便振替＝〇〇一六〇－九－七五六九〇九

印刷・製本　モリモト印刷

ISBN978-4-8120-2352-5 C0095